"十三五"国家重点图书出版规划项目

21世纪海上丝绸之路与广东发展研究丛书（第2批） 主编：张燕生 王义桅

21 Shiji Haishang Sichou zhi Lu
yu Guangdong Gaodeng Jiaoyu

21世纪海上丝绸之路与广东高等教育

李盛兵◎著

中山大学出版社

·广州·

版权所有　翻印必究

图书在版编目（CIP）数据

21世纪海上丝绸之路与广东高等教育/李盛兵著. —广州：中山大学出版社，2020.8

（21世纪海上丝绸之路与广东发展研究丛书·第2批/张燕生，王义桅主编）

ISBN 978-7-306-06780-7

Ⅰ.①21… Ⅱ.①李… Ⅲ.①海上运输—丝绸之路—中国—21世纪②地方教育—高等教育—教育研究—广东 Ⅳ.①K203 ②G649.286.5

中国版本图书馆CIP数据核字（2019）第274649号

出 版 人：	王天琪
策划编辑：	金继伟　徐　劲
责任编辑：	徐诗荣
封面设计：	林绵华
责任校对：	卢思敏
责任技编：	缪永文
出版发行：	中山大学出版社
电　　话：	编辑部 020 - 84110771，84113349，84111997，84110779
	发行部 020 - 84111998，84111981，84111160
地　　址：	广州市新港西路135号
邮　　编：	510275　传　真：020 - 84036565
网　　址：	http://www.zsup.com.cn　E-mail: zdcbs@mail.sysu.edu.cn
印 刷 者：	佛山市浩文彩色印刷有限公司
规　　格：	787mm×1092mm　1/16　19.25印张　286千字
版次印次：	2020年8月第1版　2020年8月第1次印刷
定　　价：	48.00元

如发现本书因印装质量影响阅读，请与出版社发行部联系调换

总序一

打开丛书，翻开一本本书稿，醒目的主题指引、鲜活的思想碰撞、深邃的智慧启迪、扑面而来的南国文采，深深吸引、打动和感染了我。"21世纪海上丝绸之路与广东发展研究丛书"是"十三五"国家重点图书出版规划项目、国家出版基金资助项目，第1批包括了《21世纪海上丝绸之路与广州发展》《21世纪海上丝绸之路与广州国际化大都市建设》《21世纪海上丝绸之路与广州离岸文化中心》《21世纪海上丝绸之路与广东自由贸易区》《21世纪海上丝绸之路与广东旅游发展》，第2批包括了《21世纪海上丝绸之路与广东国际贸易》《21世纪海上丝绸之路与广东海洋经济》《21世纪海上丝绸之路与广东会展发展》《21世纪海上丝绸之路与广东高等教育》《21世纪海上丝绸之路与广州国际航空枢纽》《21世纪海上丝绸之路与深圳科技产业创新》，涵盖了经济、社会、文化等不同主题。这是一套值得仔细阅读、慢慢品味和深入思考的好丛书，实在令人惊喜。

2018年是我国改革开放40周年。在人类社会的历史长河里，40年可谓弹指一挥间。然而，在中华民族数千年上下求索、连绵不息的文明史中，这40年则有着非同寻常的重大意义。在历史上，中华民族在大多数时期执行的都是开放包容的政策体系，由此创造了人类社会唯一没有中断的灿烂的中华文明。然而，作为历史片段的一项闭关锁国政策，再加上内部缺少变革活力和发展动力，最终造成了中华民族近代被动挨打的惨痛经历。习近平指出，人类社会发展的历史告诉我们，开放带来进步，封闭必然落后。中国开放的大门不会关闭，只会越开越大。这是中华民族从近代历史中汲取的惨痛教训，已凝练成中国人民永世难忘的集体记忆，成为推动中华儿女前赴后继勇于变革的强大动力。

习近平指出，古代丝绸之路打开了各国友好交往的新窗口，书写了人类发展进步的新篇章，"积淀了以和平合作、开放包容、互学互鉴、互利共赢为核心的丝路精神"，这是人类文明的宝贵遗产。今天，我们要乘势而上、顺势而为，推动"一带一路"建设行稳致远，迈向更加美好的未来，将"一带一路"建成和平之路、繁荣之路、开放之路、创新之路、文明之路。①

历史之问：古代海上丝绸之路时期，广东海外贸易为什么长盛不衰？广东是中国2000多年来唯一一个海外贸易长盛不衰的地区。只是在宋元时期，泉州曾经超过广州成为中国最大的海外贸易地区。即便如此，那个时期以广州为核心的广东地区海外贸易也没有衰落。② 这套丛书的作者告诉我们，唐宋时期在广州居住的外国商人和侨民有十几万人，占广州居民的三成以上。广州在元朝已与众多国家和地区有贸易往来；在明朝成为我国朝贡贸易的第一大港；在清朝成为我国唯一的对外通商口岸，史称"一口通商"；在19世纪中叶成为世界十大城市之一，是仅次于北京、伦敦、巴黎的世界性大城市。③

今日之问：广东作为21世纪海上丝绸之路最主要的始发地，未来仍能够引领国家海外贸易乘势而上、顺势而为、高质量发展吗？在新时代，广东站在了一个历史的新起点上，开始了现代化的新征程。无论是21世纪海上丝绸之路的建设，还是粤港澳大湾区世界级城市群的打造，

---

① 习近平：《携手推进"一带一路"建设——在"一带一路"国际合作高峰论坛开幕式上的演讲》，载《人民日报》2017年5月15日。
② 王先庆：《21世纪海上丝绸之路与广东自由贸易区》，中山大学出版社2018年版，第2页。
③ 姚宜：《21世纪海上丝绸之路与广州国际化大都市建设》，中山大学出版社2018年版，第26页。

推动高质量发展、建设现代化经济体系、解决不平衡不充分发展的矛盾都是新时代的新要求。习近平指出:"高质量发展,是能够很好满足人民日益增长的美好生活需要的发展,是体现新发展理念的发展,是创新成为第一动力、协调成为内生特点、绿色成为普遍形态、开放成为必由之路、共享成为根本目的的发展。"[1]

21世纪海上丝绸之路的相关经济体大多数是发展中国家。一方面,这些国家多是制度风险、政治风险、经济风险、市场风险和经营风险显著高发地区。越是艰险越向前,这是广东人的开放天性和独到本领。广东是我国第一侨乡,海外侨胞占全国的2/3,其中,在海上丝绸之路沿线东南亚国家的华侨占广东海外华侨人数的60%以上,因此,广东具有其他地区无可比拟的侨商优势。[2] 只要将广东人的特色与21世纪海上丝绸之路当地人的优势相结合,加上与在海上丝绸之路相关地区有百年以上从商经验的欧洲、北美、东北亚的企业、金融机构和社会组织开展全方位的国际合作,就能够取得双赢、多赢的结果。另一方面,21世纪海上丝绸之路相关经济体有着强烈的发展需要。广东可以聚焦于21世纪海上丝绸之路上的重点国家、重点地区、重点领域,开展双边、多边合作,尤其是推动第三方合作;基于共同合作意愿,推动交通、能源、电力、信息、通信基础设施建设、农业、先进制造业、服务业等领域的优势互补、互通互动、互利共赢的合作;通过构建21世纪海上丝绸之路建设的"项目群、产业链、经济区"等多种形式,打造利益共同体;通过最大限度发挥广东软实力优势,推动与21世纪海上丝绸之路相关经济体之间的人文交流、离岸文化、旅游休闲、社会民生、绿色发展等领域

---

[1] 中共中央宣传部:《习近平新时代中国特色社会主义思想学习纲要》,学习出版社、人民出版社2019年版,第112页。
[2] 秦学:《21世纪海上丝绸之路与广东旅游发展》,中山大学出版社2018年版,第10页。

的合作。

21世纪海上丝绸之路建设的定位是"我国今后相当长时期对外开放和对外合作的管总规划"①,"本质上是通过提高有效供给来催生新的需求,实现世界经济再平衡"②。广东在推动21世纪海上丝绸之路全方位国际合作方面有着独特优势和社会责任。我们期待,这套丛书能够从全球经济、社会、人文等不同角度,推动社会各界关心、关注、关怀21世纪海上丝绸之路建设的方方面面,最大限度满足人民日益增长的美好生活需要,推动高质量发展,建设现代化的经济体系。同时,祝愿广东人民、全国人民、"一带一路"沿线各国人民乃至全世界人民在合作中生活得更加美好。

(张燕生,国家发展和改革委员会学术委员会委员,研究员、博士生导师,中国国际经济交流中心首席研究员)

---

① 中共中央文献研究室编:《习近平关于社会主义经济建设论述摘编》,中央文献出版社2017年版,第276页。

② 习近平:《让"一带一路"建设造福沿线各国人民》,见习近平著《论坚持推动构建人类命运共同体》,中央文献出版社2018年版,第357页。

总序二

"一带一路"建设是我国未来一段时期最重要的发展战略之一,对于世界有着深远的影响。围绕如何推进"一带一路"建设,很多专家学者高屋建瓴,从国家层面提出了合理化建议。各省份也在积极探讨如何融入和对接"一带一路",以期准确抓住经济社会发展新的战略机遇。在"21世纪海上丝绸之路"建设中,广东省无疑具有举足轻重、不可替代的作用。系统地研究"21世纪海上丝绸之路与广东发展",对作为我国改革开放前沿地、"海上丝绸之路"起点之一的广东省的未来发展具有极其重要的指导作用,对我国推进"一带一路"建设也将起到应有的促进作用。"21世纪海上丝绸之路与广东发展研究丛书"就是在这种背景下的及时之作。

广东作为改革开放的前沿地,在过去的40年里取得了辉煌的成就,为全国提供了重要的经验借鉴,也正在为"一带一路"沿线国家提供经济发展的样本。在建设"一带一路"的新历史时期,积极参与到国家的战略建设中,既是广东的机遇,也是广东的责任。广东地区的一批专家学者围绕国家的战略方向,结合广东地区发展的实际,从经济、文化、城市发展等角度,深入探讨"一带一路"建设带来的历史机遇,分析广东具有的优势,提出了一系列新观点、新思路和富有建设性的对策建议,在此基础上,汇集成为"21世纪海上丝绸之路与广东发展研究丛书",既有深远的学术价值,也有深刻的现实意义。

这套丛书的最大优点是把握住了国家战略与地方发展的互动。在我国当前的体制下,国家战略导向既是地方发展的重要机遇,也是各地许多已有研究成果的出发点。同时,各地在贯彻落实国家战略的过程中,形成各具特色的"走出去"模式,成为推进国家战略的有力支撑。广东由于其特殊地理位置和历史传统,在"一带一路"建设中,尤其是在21世纪海上丝绸之路的建设中,再次发挥着引领作用,甚至可以说在一定程度上影响着国家战略的实施效果。这套丛书对这种互动关系进行了深入阐发,具有较高的学术价值和指导意义。

作为"专题式系统研究之学术著作",这套丛书及时填补了"'一带一路'与区域发展"研究领域之空白,具有较高的史料价值。

这套丛书的鲜明特色是把握住了广东地方发展的实际与推进"一带一路"建设的优势。从国家层面来看,"一带一路"建设必须综合协调有序推进,但是从地方实践出发,必须扬长避短并形成区域优势。这套丛书的研究内容与广东地方实际结合得非常紧密,这也是广东最能发挥特长并在全国范围内形成示范的领域。相信这套丛书的出版,能助推广东再次成为改革开放的先锋,为全国各地贯彻落实"一带一路"倡议提供借鉴。

(王义桅,中国人民大学国际关系学院外交学教授、博士生导师,国际关系学博士)

内容提要

在"一带一路"倡议和《推动共建丝绸之路经济带和21世纪海上丝绸之路的愿景与行动》框架下，我国教育部发布了《"一带一路"教育行动计划》，提出建设"一带一路"教育共同体的使命以及发挥教育为"一带一路"提供人才支持、智力支持和民心基础的重要作用。广东省作为21世纪海上丝绸之路的重要经济和教育省份，亟须主动地落实国家"一带一路"教育行动计划，动员、整合广东省高等教育资源、力量，积极参与21世纪海上丝绸之路教育共同体建设，推进与"海丝"沿线国家在教育互联互通、人才培养、师资培训、教育援助和教育机制平台等方面进行全方位的交流与合作，做出自己的贡献。本书全面分析了广东省"海丝"高等教育合作的背景、政策、现状、问题与对策，深度解读了省域"海丝"高等教育合作的使命、挑战与应对，对广东省乃至其他省域"海丝"高等教育合作提供了政策依据和对策。

前言

自2015年国家发展和改革委员会等部门发布了《推动共建丝绸之路经济带和21世纪海上丝绸之路的愿景与行动》之后,我开始对"丝路"教育合作及教育共同体主题进行研究。除了先后在中国教育国际化研讨会(2016,青岛)、中南民族大学(2017)、云南民族大学(2017)、广东技术师范大学(2017)等做了有关"一带一路"高等教育合作发展的报告外,还为《华南师范大学学报(社会科学版)》和《大学教育科学》主持组织了两个笔谈,主题分别是"'一带一路'高等教育合作:区域视角"和"'一带一路'高等教育合作:国别视角"。前者从中国与"一带一路"沿线区域合作的视域,对中国与阿盟、东盟、非盟、南亚、中东欧等区域高等教育合作分别进行了合作现状、平台和政策的相关分析;后者从中国与"一带一路"沿线国家双边合作的视域,对我国与印度、蒙古、马来西亚、以色列及希腊的高等教育合作进行了分析。我还参与了《北京教育》杂志主持的"一带一路"教育合作的笔谈,发表了《我国与"一带一路"国家高等教育合作的六个转变》一文。在研究过程中,我还承担了广东省社科基金后期资助项目"'一带一路'沿线国家高等教育国际化研究"。从这些简短的回顾当中,我感觉我的研究与我国新时代教育大开放政策紧密地联系在了一起。

本书的研究和撰写是应中山大学出版社金继伟编辑之邀而作,这是他负责组织出版的"21世纪海上丝绸之路与广东发展研究丛书"中的一本。《21世纪海上丝绸之路与广东高等教育》把我对"一带一路"高等教育合作的研究拉回到"海丝"与广东的语境中,在宏大叙事的背景下探寻"海丝"与广东高等教育的互动关系。当然,也可以从广东语境中生发对

"一带一路"教育共同体建设的新理解、新思路。

在本书前言中,我不想再做过多理论、概念、意义、挑战等学术分析,而是希望用讲故事的方式把我在研读文献和发散思考中觉得有趣的故事和想法,写出来与大家分享。

一、谁最先命名"丝绸之路"?

虽然"丝绸之路"的起源可以追溯到公元前10世纪西周的周穆王,公元前139年和公元前119年张骞两度"凿空",更是声名海内外,丝绸陆路和海路的驼队、商人与船队的画面让人浮想联翩,但是,这条道路过去一直是一条无名路,直到一位德国地理学家来到了中国。他的名字叫费迪南·冯·李希霍芬(Ferdinand von Richthofen)。

李希霍芬于1833年出生在普法战争失败后谋求德国复兴的普鲁士,当时离德国1870年统一还有36年。1856年,他于"世界研究型大学之母"柏林大学获得哲学博士学位,专业是地质学。李希霍芬获得博士学位后的学术生活可以分为两个大的阶段。前一阶段是1856—1872年的出国地质考察研究,包括在奥地利和罗马尼亚进行的欧洲区域地质研究(1856—1859);参与普鲁士政府组织的东亚远征队对锡兰(今斯里兰卡)、日本、中国台湾、印度尼西亚(简称为"印尼")、菲律宾、暹罗(今泰国)和缅甸等地的考察(1860—1862);在美国加利福尼亚州的地质勘查以及金矿发现,并引发了淘金潮(1863—1868);中国的七次远征考察,提出了"丝绸之路"(Seidenstrassen)的概念(1868—1872)。后一阶段是1873年回国后在大学从事学术研究和人才培养工作,先后任教于波昂大学、莱比锡大学和柏林大学,最后任柏林大学校长,其学术影响达到顶峰。

从1868年起,李希霍芬获得加利福尼亚银行和上海外商会的资助,开启了为期4年的7次中国旅行,途经当时中国18个省中的13个。虽然当时起义四起,路上惊险重重,但是在考察途中,他的脖子上总是用绳子挂着一支长长的铅笔，以方便他随手以绘画的形式将自己一路上的见识记录下来。他一方面为资助他的上海外商会和普鲁士提供关于中国内地矿产、物资、宝藏和地形、文化的观察研究情报，另一方面潜心观察研究思考。回到德国后，他于1877年以后先后撰写出版了一部5卷本的巨著：《中国——亲身旅行和据此所作研究的成果》（简称为"《中国》"）。正是在1877年出版的《中国》第一卷中，李希霍芬首次提出了"丝绸之路"的概念，并在地图上进行了标注。

李希霍芬在150年前对中国的地理、文化、物资的考察研究及其《中国》5卷本著作的出版发行，把其对中国包括中国地理、文化的研究成果传向了世界。他最早提出中国黄土的"风成论"。他把陶瓷原料用江西景德镇东北部的高岭山"高岭"的拉丁文译名"Kaolin"命名为高岭土，从此高岭之名传播于世界。他第一次把四川著名的都江堰及其完美的浇灌方法详尽介绍给世界。他宣扬"中国是世界上第一石炭大国，山西一省的煤可供全世界几千年的消费"，并绘制成中国的第一张"中国煤炭分布图"。他指出了罗布泊的位置（新疆已干涸的咸水湖，旁边有古楼兰遗址）。我国河西走廊南缘山脉——祁连山脉，曾以李希霍芬命名，如"Richthofen Range"。如果说马可·波罗以故事和见闻的方式向西方介绍了当时富有的中国，激起了欧洲人对东方的热烈向往，那么李希霍芬则以客观、探险式的考察和科学研究成果向西方世界展示了中国复杂的地理、地质、物资与文化以及贫弱与落后的状况，贫穷落后让当时的中国成为列强待宰的羔羊。

其实，在李希霍芬对中国的考察研究中，丝绸之路不是重点，但是他在《中国》一书中提出的"丝绸之路"概念则影响很大，成为一个大众热词，为国际组织和各国所接受。这个名称很快得到东西方众多学者的赞同。英国人称作"Silk Roads"，法国人称作"La Route de la Soie"，日本人则称作"絹の道"或"シルクロード"，这些皆为"丝绸之路"一词的各种译名。不仅如此，联合国及美日等国还借历史上"丝路"之名开展了研究、复兴及地缘政治等计划，譬如，联合国教科文组织和开发计划署的"丝绸之路复兴计划"(1988)、日本的"丝绸之路外交"战略(2004)、美国的"新丝绸之路"计划(2005)、俄罗斯的"新丝绸之路"[现演变为"欧亚经济联盟"(2015)]、伊朗的"铁路丝绸之路"(2011)、哈萨克斯坦的"新丝绸之路"项目等。

对丝绸之路的命名研究,就查到的文献来看,一直是由外国人完成的。1877年,李希霍芬对丝绸之路的经典定义为:"从公元前114年到公元127年间,连接中国与河中(指中亚阿姆河与锡尔河之间)以及中国与印度,以丝绸之路贸易为媒介的西域交通路线。"20世纪初,另外一个德国历史学家——郝尔曼出版了《中国与叙利亚之间的古代丝绸之路》,又进一步把"丝绸之路"印证和传播开来。他把丝绸之路延伸到地中海西岸和小亚细亚,即从中国经中亚,往南亚、西亚以及欧洲、北非的陆上贸易交往的通道。

那么,是谁最早提出"海上丝绸之路"之名称的呢?

学界看法也不一致。综合所收集到的文献来看,法国汉学大师爱德华·沙畹(Edouard Chavanne,1865—1918)是最先提出"海丝"概念的人。说来有趣,在李希霍芬远赴东亚和美国考察的时候,沙畹出生在法国里昂的一个新教家庭。他两度来到中国考察,成为世界敦煌学研究的先驱和《史记》的翻译者、注释者和传播者,是他那个时代最为著名的汉学家之一。他与李希霍芬主要关注地理地质学不同,他对中国的佛、道、摩尼教,中国的碑帖、古文字、西域史、突厥史、地理等领域都颇有研究。他翻译注释《史记》,起名为《司马迁的传体史》(5卷)。他解译了中国许多铭刻和写本,出版了《中国两汉时代的石刻》和《华北考古考察图谱》,开了欧洲研究中国古代艺术之先河。他研究了中国历史地图和省份问题,翻译了《魏略西戎传笺注》(1905)和《后汉初年之后的西域》(1907)等。他研究中国佛教,翻译了中国朝圣者义净第三次去印度的旅行见闻《大唐西域求法高僧传》(1894)、《佛教寓言五百首选集》(1910)等。"海上丝绸之路"出现在其著的《西突厥史料》(1903)书中,他在书中指出,"丝路有陆、海两道,北道出康居,南道为通印度诸港之海道"。这可被视为"海上丝绸之路"最早的提出者了。

还有一种说法,认为日本学者三杉隆敏是最早提出"海上丝绸之路"的人。1968年,他出版专著《探索海上丝绸之路》,正式使用"海上丝绸之路"的名称。三杉隆敏在出版《探索海上丝绸之路》的十四五年前,看到小山富士夫著作里提及伊斯坦布尔有1万件中国陶瓷时十分惊讶,为何在伊斯坦布尔有那么多中国陶瓷?它们又是如何运输到伊斯坦布尔的呢?带着这些疑问,三杉隆敏于1963年开始对海上丝绸之路进行研究与考察。他在欧洲最东端的土耳其城市伊斯坦布尔考察时,沉醉于托普卡帕皇宫收藏的1.2万件中国陶瓷。他在不断思考一个问题:如此多的沉甸甸的陶瓷是靠陆路骆驼背负的还是依靠船从海路运输的呢?通过沿线考察记录,他终于完成了《探索海上丝绸之路》一书,创造了"海上丝绸之路"的名称。之后,三杉隆敏还写了《海上丝绸之路:中国瓷器的海上运输与青花瓷编年研究》(1976)、《中国瓷器之旅:前往海上丝绸之路》(1977)、《海上丝绸之路:探索中国青花瓷》(1984)、《海上丝绸之路:大航海时代的陶瓷冒险》(1989)、《东西陶瓷交流史》(1992)、《海上丝绸之路调研词典》(2006)等相关出版物。这些著作的出版,使他成为世界上研究海上丝绸之路的大师。

我国对海上丝绸之路的研究起步于20世纪七八十年代,其中,有3位开创性的学者需要在此提及。1974年,饶宗颐在中国台湾出版的《历史语言研究所集刊》第45本第4分册上发表了《海上丝绸之路与昆仑舶》的文章,提出了"海上丝路"的名称,但是比三杉隆敏晚了6年。饶先生在这篇文章中论述了"海上丝路"的起因、航线、海舶与外国贾人交易的情形,认为它是古代中国与海外各国互通使节、贸易往来、文化交流的海上通道。冯蔚然是中国大陆最早使用"海上丝绸之路"这一说法的人。他在1978年编写出版的《航运史话》中,使用"海上'丝绸之路'"一词。他提出了自己的研究发现,认为唐朝是海上丝绸之路开辟的时间,而不是学术界基本认同的汉代。其理由是7世纪初唐朝与东、西突厥的战争,阿拉伯进攻波斯、萨珊的战争,影响了陆上丝绸之路的畅通,必然要开辟新的通道，这就是海上丝绸之路的由来。1981年，陈炎在厦门大学举办的中外关系史学术研讨会上发表了《略论海上"丝绸之路"》一文，开启了他对海上丝绸之路的系列研究。1989年，他编撰的《陆上与海上丝绸之路》由中国画报出版公司用中英文出版。1991年，作为中国特邀代表，他参加了联合国教科文组织在马尼拉举行的"海上丝绸之路"综合考察和国际学术会议。他的系统化研究成果，对于中国的海上丝绸之路研究具有开拓性的贡献。他提出了海上丝绸之路的具体走向，包括意大利、希腊、土耳其、埃及、阿曼、巴基斯坦、印度、斯里兰卡、泰国、马来西亚、印尼、文莱、菲律宾、中国、韩国和日本等国。

二、谁开辟了丝绸之路？

丝绸之路连接着欧亚大陆。以阿尔卑斯山、黑海、大高加索山、里海、兴都库什山、帕米尔高原和青藏高原等自然屏障为界，欧亚大陆大体分为南北两部分，南部为希腊、罗马、波斯、埃及、印度等各大古国的发祥之地，而北部是游牧民族轮番奔驰的通道，匈奴人、突厥人、回鹘人和蒙古人先后在这条道路上策马西征，形成一次次民族大迁徙。牛津大学史学家彼得·弗兰科潘的新作《丝绸之路：一部全新的世界史》（2016）指出，在16世纪西方崛起成为世界霸主以前，东方的丝绸之路"一直是世界的中心"：历史上最早的城市和帝国都出现在丝绸之路上，世界主要宗教都通过丝绸之路传播壮大，丝绸之路上的贸易让全球化早在2000多年前就已形成。而中亚、西亚与东欧，它们位于欧亚大陆中部，是丝绸之路主体之所在。

那么，绵亘万里的丝绸之路是谁开辟出来的呢？根据文献，有3种说法。第一种说法是我国学者和文献认为丝绸之路是我们中国人开辟的。为了抗击匈奴，联合大月氏，公元前139年—公元前115年，张骞两次出使西域，历尽千辛万苦，访问了西域各国和中亚的大宛、康居、大月氏和大夏诸国，而且从这些地方初步了解到乌孙（巴尔喀什湖以南和伊犁河流域)、奄蔡(里海、咸海以北)、安息(即波斯,今伊朗)、条支(又称大食,今伊拉克一带)、身毒(又名天竺,即印度)等国的许多情况。张骞出使西域后,汉武帝为了打破匈奴对大宛的控制并获得大宛的汗血马,在公元前104年和公元前102年两次派李广利西征大宛,此后汉政府在楼兰、渠犁(今新疆塔里木河北)和轮台(今新疆库车县东)驻兵屯垦,置校尉。公元前105年,汉使出使安息,至此打通了连接中国至中亚、印度的经济文化交流通道。李希霍芬的观点也属于这个说法。他把"从公元前114年到公元127年间,连接中国与河中(指中亚阿姆河与锡尔河之间)以及中国与印度,以丝绸之路贸易为媒介的西域交通路线"称作"丝绸之路"。在古丝绸之路上,天马、汗血马、葡萄、核桃、苜蓿、石榴、胡萝卜和地毯等传入内地,汉族的铸铁、开渠、凿井等技术和丝织品、金属工具等,传到了西域。

第二种说法来自彼得·弗兰科潘,他从东、西两个视角探讨了古丝绸之路的开辟过程。他在《丝绸之路:一部全新的世界史》中,开篇第一句就说:"自文明伊始,亚洲的中心就是帝国的摇篮。"他对"丝绸之路的诞生"的看法是认为它是几个帝国开疆拓土的产物。波斯帝国在公元前6世纪从今天的伊朗南部迅速扩张,打到爱琴海岸,征服了埃及后又一路向东,直抵喜马拉雅山脚。它整修了将小亚细亚沿海地区与巴比伦、苏萨和波斯波利斯纵横相连的帝国内交通网,人们可以一周内到达2500公里以外的地方。由此可见,波斯帝国通过几个世纪的征伐和建设,在公元前6世纪—公元前5世纪就打通了喜马拉雅山下诸国与埃及、希腊的通道。这条线路,用当代丝绸之路研究成果来看,属于丝绸之路西段(线)。

第二个进一步开辟丝绸之路西段的帝国是亚历山大帝国。公元前336年,亚历山大继承王位,用彼得·弗兰科潘的话来说,他对一无所有的欧洲没有任何兴趣,那里没有城市,没有文化,没有尊严,没有利益。对亚历山大来说,文化、思想和机遇,还有威胁,统统都来自东方——波斯。他不知疲倦地征战,先后征服了埃及、巴比伦、中亚和印度河谷。他在印度建起了两座亚历山大城。作为亚里士多德的学生，亚历山大把希腊的思想、文化、信仰带到了波斯湾、中亚和印度。希腊语在亚历山大逝世后的一个世纪里都是这些地方的官方语言。亚历山大帝国的疆域包括今日的希腊、马其顿、保加利亚、阿尔巴尼亚、塞浦路斯、土耳其、黎巴嫩、叙利亚、以色列、巴勒斯坦、埃及、约旦、伊拉克、科威特、伊朗、巴基斯坦、阿富汗等全境或大部，印度次大陆西北部的小部分，以及帕米尔高原西部的部分地区。

第三个进一步开辟丝绸之路的帝国是罗马帝国。罗马原为坐落在地中海西海岸的一个不起眼的小镇，于公元前1世纪统治了整个地中海西海岸地区，并于公元前52年征服了高卢（今法国、荷兰和德国西部）。以后的几个世纪里，它把目光锁定了东方，进一步征服埃及及波斯湾和印度等希腊化地区。到公元3世纪，罗马的东方边界达到也门最南端。罗马与印度的商业贸易往来频繁，每年有大量的商船从红海驶向印度，象牙、宝石、香料、丝绸、玻璃、银器在"丝路"上交易。

同时，在丝绸之路的东段，彼得·弗兰科潘指出，汉朝将中国的边界推进到西域，将整个亚洲联系在了一起。这段历史与张骞"凿空西域"的故事相吻合。由此可见，丝绸之路是其东西两端分别由波斯、亚历山大、罗马以及中国的相对开辟而形成的。其实，海上丝绸之路也同样是如此。前面三个帝国打通了由希腊、罗马、埃及至印度的海上通道，西汉中晚期和东汉时期的南越国打通了其与印度半岛之间的海路，二者在印度洋上相遇并实现了对接。《汉书·地理志》记载，其航线为：从广东徐闻、广西合浦出发，经南海进入马来半岛、暹罗湾、孟加拉湾，到达印度半岛南部的黄支国和斯里兰卡。东汉时期还记载了与罗马帝国第一次的来往：东汉航船使用风帆，中国商人由海路到达广州进行贸易，运送丝绸、瓷器经海路由马六甲经苏门答腊到印度，并且采购香料、染料运回中国，印度商人再把丝绸、瓷器经过红海运往埃及的开罗港或经波斯湾进入两河流域到达安条克，再由希腊、罗马商人从埃及的亚历山大、加沙等港口经地中海运往希腊、罗马两大帝国的大小城邦。东汉的这一记录，也说明了当时的丝绸之路是分两段的，中国、印度、埃及、希腊、罗马等国把这条贸易之路和文化之路连接了起来。

第三种说法是欧亚大陆的北部是游牧民族轮番奔驰的通道，即北部草原丝绸之路。草原丝绸之路形成于公元前5世纪前后，由中原地区向北越过古阴山（今大青山）、燕山一带长城沿线，西北穿越蒙古高原、中西亚北部，直达地中海欧洲地区。匈奴人、突厥人、回鹘人和蒙古人先后在这条道路上策马西征，形成一次次民族大迁徙。在蒙元时期，"草原丝绸之路"的发展与繁荣达到顶峰。元王朝建立驿站制度，以上都、大都为中心，设置了帖里干、木怜、纳怜三条主要驿路，构筑了连通漠北至西伯利亚、西经中亚达欧洲、东抵东北、南通中原的发达交通网络。外国使者、旅行家、商人、教士等频繁来访，意大利商人马可·波罗受到忽必烈的接见，其《马可·波罗游纪》引起了欧洲对东方的极大兴趣。

这三种说法涵盖了三条丝绸之路，包括陆上"丝路"、海上"丝路"和草原"丝路"。前两种说法主要是围绕陆上"丝路"和海上"丝路"讨论的，第三种说法讨论的是草原"丝路"。因此，争论的焦点在于前两种说法。虽然彼得·弗兰科潘没有明确指出，丝绸之路是由东西两端相对开辟的，但是我认为无论是陆上"丝路"还是海上"丝路"，都是由东西两段各自开辟，然后连接成了一条横贯亚、非、欧的商贸之路和诸种文明交汇之路，就如同修筑一条高速公路或隧道，是由两端同时开凿和建设而成的。中国人开辟了东段的丝绸之路，而印度人、埃及人、希腊人、罗马人甚至是匈奴人开辟了"丝路"的中段和西段。因此，"丝路"是属于亚欧沿线国家和人民的。

三、各种丝绸之路计划

在16世纪以前的2000年时间里，东方的丝绸之路"一直是世界的中心"。16世纪之后，丝绸之路也是西方的崛起、疆域拓展、文化交流的重要通道，也间接导致了对美洲的发现。自20世纪末期特别是21世纪以来，全球化与地缘政治、区域化的不断推进，借用古丝绸之路之名的各种计划、项目不断涌现，使得丝绸之路之名不断升温、火热，背负着更多的使命，包括文化的、经济的、政治的，更多的是综合利益的集合体。

最早讨论和启动丝绸之路计划的是联合国。联合国以课题研究、国际会议、交通设施建设为抓手，宣传和复兴丝绸之路的荣光。联合国在20世纪60年代就讨论了丝绸之路项目，计划修建一条连接新加坡至土耳其的全长约14000千米的铁路，并得到了许多国家政府和组织的支持。虽然这个计划没有实施，但是为后来的丝绸之路复兴计划奠定了基础。1988年，联合国教科文组织启动了"对话之路：丝绸之路整体性研究"项目，围绕"丝绸之路"问题举办科学考察、国际学术研讨会、有关文物展览会、"丝绸之路"旅游推介会等活动，在50多个丝绸之路沿线国家及地区动员了数千名研究人员、记者、艺术家和教育工作者，向亚洲、欧洲和非洲人民普及丝绸之路知识，以30多种语言制作了数百种出版物，促进东西方之间的文化交流，改善欧亚大陆各国人民之间的关系。1994年，世界旅游组织和联合国教科文组织联合召开"大丝绸之路"国际会议，发布了历史性的《丝绸之路旅游———撒马尔罕宣言》。2000年和2005年，联合国分别启动"丝绸之路区域合作计划"第一期项目和第二期项目，重建"丝绸之路"。2008年，联合国开发计划署（UNDP）发起"丝绸之路复兴计划"。俄罗斯、伊朗、土耳其、中国等19国参加了该计划，目的是改善古丝绸之路等欧亚大陆通道的公路、铁路、港口、通关等软硬件条件。该复兴计划由230个项目组成，执行期为2008—2014年，投资总额为430亿美元，建立6条运输走廊，包括中国至欧洲、俄罗斯至南亚，以及中东铁路和公路的建设体系等。

日本是首先提出"丝绸之路外交"的国家。其时，中亚从苏联分离出来，为了抢先占据中亚地区这个储量不亚于中东的能源宝库，保障自身能源来源的多元化，1997年，日本首相桥本龙太郎提出"丝绸之路外交"。桥本龙太郎把中亚及高加索八国称为"丝绸之路地区"，此后，日本对中亚的外交逐渐被称为"丝绸之路外交"。从1991年到2000年，日本向中亚提供了1882.48亿日元的政府开发援助资金，是哈萨克斯坦、吉尔吉斯斯坦和乌兹别克斯坦最大的捐款国，是土库曼斯坦的第二大捐款国。2004年，日本重提"丝绸之路外交"战略，设立"中亚+日本"合作机制，借以施加政治影响和经济渗透。2012年，日本向"丝绸之路地区"提供2191.30万美元的政府发展援助资金，投资领域涉及道路、机场、桥梁、发电站、运河等基础设施建设。

美国虽然在太平洋彼岸，远离"丝绸之路地区"，但是为了地缘政治和地缘经济，打造从阿富汗向北连接中亚、向南沟通印度的纵向区域合作规划，提出了"新丝绸之路计划"。该计划起源于霍普金斯大学斯塔尔于2005年提出的"新丝绸之路"构想，计划建设一个以阿富汗为枢纽，连接南亚、中亚和西亚的交通运输网络。2011年，美国国务卿希拉里在印度正式提出了"新丝绸之路计划"，希望建立一个由亲美的、实行市场经济和世俗政治体制的国家组成的新地缘政治版块，推动包括阿富汗在内的中亚地区国家的经济社会发展，服务于美国在该地区的战略利益。目前，"新丝绸之路计划"的部分项目已经完工，如乌兹别克斯坦—阿富汗铁路已经竣工，塔吉克斯坦桑土达水电站开始向阿富汗送电。

此外，还有一些丝绸之路国家也宣布了以"丝绸之路"命名的各种计划或项目，如哈萨克斯坦的"新丝绸之路"项目等。这里要说一说印度的"季风计划"。"季风计划"又名"香料之路"，以示与"丝绸之路"的区别，表明从印度、阿拉伯半岛至南非、东非，从南亚次大陆至东南亚属于其历史文化圈的印度洋季风区域。2014年，莫迪政府提出"季风计划"，以此连接印度洋周边国家，加固印度的地缘影响。"季风计划"是印度对"21世纪海上丝绸之路"的反应，是莫迪政府反制中国的最主要外交政策倡议，旨在重建由其主导的环印度洋海洋世界。

相比于上述这些"丝绸之路"计划，我国"一带一路"倡议虽然提出时间比较晚,但是其理念、愿景、价值、规模、组织体系都是这些"丝绸之路"计划所无法相比的。2013年,习近平主席提出"一带一路"倡议,它的核心内容是促进基础设施建设和互联互通,对接各国政策和发展战略,实现共同繁荣。"一带一路"建设跨越不同地域、不同发展阶段、不同文明,是一个开放包容的合作平台,是各方共同打造的全球公共产品。它以亚欧大陆为重点,向所有国家开放,不排除也不针对任何一方。自"一带一路"倡议提出以来,全球150多个国家与国际组织积极支持和参与"一带一路"建设,联合国大会、联合国安理会等重要决议也纳入"一带一路"建设内容。"要想富,先修路",是中国现代化建设的宝贵经验。为此,"一带一路"倡议提出促进政策沟通、设施联通、贸易畅通、资金融通、民心相通,打造人类利益共同体、命运共同体和责任共同体。2015年,我国提出成立了注册资本为1000亿美元的亚洲基础设施投资银行,拥有包括中国、俄罗斯、英国、法国、德国在内的93个正式成员国;中央建立了丝路基金,各省市也相应建立了丝路基金,支持中国企业、文化机构、学校"走出去"。2017年召开了首届"一带一路"国际合作高峰论坛,与会的国家有100多个,发布了《"一带一路"国际合作高峰论坛圆桌峰会联合公报》。2019年4月举办了第二届"一带一路"国际合作高峰论坛,成为世界各国合作发展的重要平台。

四、"中国兴,丝路兴"还是"丝路兴,中国兴"?

有人说,"丝路兴,则中国兴"。英国知名的汉学家、历史学家,大英图书馆中文部曾经的主管,被亲切地称为英国"掌管中国历史的人"吴芳思(Frances Wood)则认为"中国兴,则丝路兴"。她的理由是,繁盛时期的中国可以在"丝路"的重要节点驻扎军队,建立军事要塞和城墙,保障那段道路的安全。在汉代晚期,当军队不得不撤出这些要塞回到中原时,这条道路就逐渐衰落了。那么,到底是"丝路兴,中国兴"还是"中国兴，丝路兴"呢？我在研读"丝路"文献时也萌生了对二者的想法和兴趣。

我的观点是"中国兴，丝路兴；丝路兴，中国更兴"。从历史上看，只有"中国兴"才有"丝路兴"。秦朝统一中国，为了防御北方匈奴的骚扰和入侵，只得大修长城。汉初国弱，百废待兴，只得通过联姻和进贡丝绸、瓷器等屈辱的方式来获得安宁。经过文景之治后，到了汉武帝时期，国家实力强盛，开始平定北方隐患、征服匈奴的战役。这才有了张骞两度出使西域，打通长安至中亚、南亚的通道。东汉初国弱，河西走廊郡县白天关闭城门，并拒绝了西域18国请立都护的请求，致使西域又被匈奴控制。公元91年，东汉大破匈奴，导致匈奴西迁欧洲，班超被任命为西域都护；东汉晚期又失去了对西域和"丝路"的实际控制，这种状况一直延续到魏晋南北朝。

隋唐时期，中国走向强盛，唐太宗击败东突厥，被称为"天可汗"。唐高宗灭了西突厥，大唐帝国疆域，东起朝鲜海滨，西至达昌水（阿姆河，一说底格里斯河）。大食、东罗马帝国也不断派使节到长安，沿线各国修了多条支线通丝绸之路，"丝路"商贸和文化交流又畅通繁荣起来。在陆道，敦煌、阳关、玉门成了当时"陆地上的海市"。在海道，中国船舶到达越南、柬埔寨、爪哇岛、缅甸、印度及大食。在文化上，佛教、景教传入中国，中国医学、武术、舞蹈传入西方。

宋朝的衰弱导致了丝绸之路的衰落。蒙元时期，蒙古发动了三次西征及南征，版图横跨欧亚，"丝路"勃兴。中亚、西亚和欧洲商人携带金银、珠宝、药物、奇禽异兽、香料、竹布等商品来中国或沿途出售，中国的缎匹、绣彩、金锦、丝绸、茶叶、瓷器、药材等商品也销往"丝路"诸国。《马可·波罗游记》描述当时元大都国际贸易的盛况，说"凡世界上最为珍奇宝贵的东西，都能在这座城市找到"。

明清时期，尤其是明朝中期以后，政府采取闭关政策，陆上丝绸之路走向衰落，随着航海时代的到来，海上丝绸之路取而代之。明朝中期，郑和率军2.8万名、船62艘，七下西洋，由江苏刘家港（现浏河镇）出发，曾到达亚洲、非洲39个国家和地区，影响了后世达·伽马开辟欧洲到印度的航线以及麦哲伦的环球航行。海上"丝路"发展到了极盛时期。但是，明清随后的禁海政策，致使繁荣的海上丝绸之路走向衰落。

2013年，习近平主席提出的共建"丝绸之路经济带"和"21世纪海上丝绸之路"倡议，就是在中华民族崛起和国力强大（GDP位居世界第二）的背景下发出的。截至2019年，"一带一路"建设成果突出。①"一带一路"倡议已经从中国倡议变为世界共识；②已经有124个国家和29个国际组织和我国签署了"一带一路"合作文件；③共建"一带一路"倡议及其核心理念被纳入联合国、"二十国集团"、亚太经合组织、上合组织等重要国际组织成果文件；④中欧班列累计开行近20000列，通达欧洲15个国家、49个城市；⑤中老、中泰、匈塞铁路以及印尼雅万高铁正在建设；⑥我国企业参与建设了34个国家的42个港口项目；⑦我国已经与沿线国家签订了近50份政府之间的合作协议和70多份与包括一些国际组织在内的部门之间的合作协议；⑧我国在24个沿线国家建设了82个境外经贸合作区，为当地创造近30万个就业岗位；⑨我国与沿线国家的货物贸易额累计超过5万亿美元，对外直接投资超过600亿美元；⑩我国各省与60个"一带一路"沿线国家共建了1000余对友好城市；⑪我国与沿线国家签订了76份双边文化旅游合作文件，"十三五"期间，双向旅游人数将超过8500万人次。

"中国兴，丝路兴"，随着我国积极推进"一带一路"建设，团结沿线国家和其他欧美澳国家，"丝路兴，则中国更兴"。

五、"丝路"的学术交流

从有限的文献看，"丝路"的学术交流起始时间很难确定。李喜所在其《近代留学生与中外文化》著作中提到的两个线索非常有价值。一是明末清初，随着资本主义列强向世界各地侵略扩张，一些传教士踏上了中国的土地，传播了科学知识，结交了当时的中国著名学者。代表人物是意大利传教士利玛窦和艾儒略。利玛窦是从海上丝绸之路来到中国的。1578年，他从里斯本乘船出发，经好望角，6个月后到达印度果阿。1580年由印度出发，经锡兰、菲律宾，4年后到达澳门，入广东肇庆。在肇庆，他绘制了中国第一份《坤舆万国全图》，带来了欧几里得《几何原本》。丘成桐说："400多年前，被誉为'沟通中西文化第一人'的利玛窦把现代数学引进了中国，而他就是在肇庆开始传播《欧几里得几何》等现代数学著作的。因此，从某种意义上说，中国现代数学起源于肇庆。"利玛窦结交了徐光启、李之藻和杨廷筠，编辑出版了《畸人十篇》（该书为利玛窦与十位中国士大夫的对话集），并与徐光启合译了《几何原本》和《测量法义》等著作，与李之藻合译了《同文算指》11卷。利玛窦不仅开创了晚明士大夫学习西学的风气，由明万历至清顺治年间，一共有150余种的西方书籍被翻译成中文，而且他也是第一个将中国文化典籍"四书"翻译成拉丁文介绍到欧洲的人。正是由于利玛窦，中西学术开始交流。1610年，艾儒略也是从海上丝绸之路来到澳门，是继利玛窦之后又一位懂汉语的、对"西学东渐"做出重要贡献的传教士。他与杨廷筠重新绘制了利玛窦的《坤舆万国全图》，出版了详细介绍世界地理文献的五卷本《职方外纪》，后者成为19世纪以前中国人学习欧洲地理的重要书籍。其著作《西学凡》，介绍了西方文化，包括文学、哲学、医学、民法、教规和神学，在该书中，亚里士多德和托马斯·阿奎那首次被介绍到中国。另一部著作《三山论学纪》是艾儒略与叶向高论道的记录。两位大传教士助力"西学东渐"，中国学者方得接触西方数学、科学、文学、哲学、法律。在"西风"影响下，中国科学也取得瞩目的成就。清初天文学家、数学家梅文鼎，为清代历算"第一名家"和"开山之祖"，被世界科技史界誉为与英国牛顿和日本关孝和齐名的"三大世界科学巨擘"。他不仅写了《交食》《七政》《五星管见》等书介绍西方天文学，而且撰写了专著《中西算学通》，比较融合了中国古算和西方算术。他的《方程论》和《勾股举隅》代表了当时世界数学的最高水平。

二是自 1650 年到 1840 年，赴欧留学的中国人有 100 多人。意大利于 1732 年还在那不勒斯设立了"中华书院"，主要教授中国学生学习耶稣教义和欧洲人文科学和自然科学。樊守义于 1720 年返回广州后，受康熙皇帝召见和鼓励，编写了《身见录》，是对利玛窦的《坤舆万国全图》和艾儒略的《职方外纪》的补充。杨德望和高类思于 1752 年一同留学法国，学习法文、拉丁文和自然科学知识，并协助法国著名经济学家和政治学家杜尔果出版了《中国问题集》等书。高类思用法文撰写了《论中国与中国文学科学之起源》的报告，长达 482 页，对法国人了解中国文化起了重要作用。

除了李喜所提出的两条线索外，这里还想谈谈"一带一路"上两个著名的学术大师——辜鸿铭与泰戈尔。巧合的是，两人于 1913 年同时获诺贝尔文学奖提名。

辜鸿铭（1857—1928），祖籍福建，生于南洋英属马来西亚。学贯中西，号称"清末怪杰"，是清朝时期精通西洋科学、语言兼及东方华学的中国第一人。他曾留学英、德，就读于著名的爱丁堡大学和莱比锡大学，获文、哲、理、神等 13 个博士学位，操英、法、德、拉丁、希腊、马来亚等 9 种语言。蔡元培去莱比锡大学求学时，辜鸿铭已声名显赫。1880 年回国后，他开始用英语宣扬国学，翻译了《论语》《中庸》和《大学》，并引用歌德、卡莱尔、阿诺德、莎士比亚等西方著名作家和思想家的话来注释某些经文，其目的是让西方人能了解和尊重中国文化。其用英文写作的 *The Spirit of the Chinese People*（《中国人的精神》，又名《春秋大义》），是他向西方宣传中国传统文化的代表作〔后被德国学者奥斯卡·A. H. 施密茨（Oscar. A. H. Schmitz）译成德文，轰动西方〕，阐述并力推中华民族的精神和中国文明的价值，提出"中国文化救西论"。1893 年，他辅助张之洞筹建由国人自力建设、自主管理的高等学府——自强学堂（武汉大学前身），并自任方言教习。他任北京大学英国文学教授，除了与英、德学者交流外，还与俄国作家托尔斯泰、印度诗人泰戈尔交往甚密，与梁启超、蔡元培、胡适、梁漱溟、熊希龄、蒋梦麟、徐志摩等邀请泰戈尔访问中国，形成了"一带一路"学术交往的盛况。

拉宾德拉纳特·泰戈尔（1861—1941），一个连接欧美与亚洲的"一带一路"上的诗人，与中国发生过三次交集，影响着中国的文化人和诗歌界。他不仅是亚洲获得诺贝尔文学奖的第一人、世界诗坛的"诗哲"，他还是世界范围内反殖民主义的社会活动家，他与甘地一道反对英国殖民统治，争取民族独立。他反对英国对中国的鸦片贸易，同情中国人民的处境。1881年，20岁的泰戈尔发表著名论文《在中国的死亡贸易》，严厉谴责英国在中国倾销鸦片。他谴责意大利法西斯军队侵略埃塞俄比亚，撰文怒斥德国"领袖"悍然发动世界大战的不义行径。1913年，他以《吉檀迦利》获得诺贝尔文学奖。1915年，陈独秀翻译了《吉檀迦利》中的4首诗，并刊发在《青年杂志》（《新青年》前身）。此后，冰心、许地山和郑振铎都翻译了此书。可他在中国影响最大的作品反而是《新月集》《飞鸟集》《园丁集》等，启迪了郭沫若、徐志摩、冰心等一代文豪。1949年前，《新月集》共有17个中译本（含选译，以下同），《园丁集》有23个中译本，均远超《吉檀迦利》的11个中译本，且《吉檀迦利》没有全译本。从1915年至今，泰戈尔的作品已有300多种中译本，仅改革开放以来，即有70多种。泰戈尔除在文学上有着巨大国际影响外，他还于1921年创办了印度国际大学，1928年邀请在马来西亚留学、就职（主编和任教）的中国学者"现代玄奘"谭云山到印度国际大学任教。1937年，印度国际大学设立中国学院，委任谭云山为院长，印度总理尼赫鲁派女儿英迪拉前往参加成立典礼并致贺词。泰戈尔作了《中国和印度》的演讲："对我来说，今天是一个期待已久的伟大日子。我可以代表印度人民，发出消隐在昔年里的古老誓言——巩固中印两国人民文化交流和友谊的誓言。"1939年11月，泰戈尔邀请徐悲鸿到印度国际大学中国学院讲学，并支持他举办了两次画展。目前，印度国际大学是印度一所中央大学，中国学院已成为中印文化交流的典范。最让人津津乐道的是他自1924年至1929年期间对中国的三次访问，开启了中印学术交流。他结交了梁启超、辜鸿铭、胡适、梅兰芳、徐悲鸿、徐志摩、林徽因、梁思成等中国大学者和艺术家。梁启超还送给他一个中文名字——"竺震旦","竺"取自"天竺",意为印度,"震旦"是以前印度对中国的称呼,意指中印和谐友好。

第一章 "一带一路"教育行动 / 1
第一节 "一带一路"倡议 …………………………………………… 3
第二节 我国与"一带一路"国家高等教育合作的现状 ………… 8
第三节 我国与"一带一路"国家高等教育合作的特点 ………… 16
第四节 新倡议下我国与"一带一路"国家高等教育合作的
转变 …………………………………………………………… 18

第二章 高等教育全球化 / 23
第一节 全球化与反全球化 …………………………………………… 25
第二节 多样化的高等教育全球化 …………………………………… 35

第三章 区域高等教育一体化 / 57
第一节 欧盟高等教育一体化 ………………………………………… 59
第二节 非洲高等教育一体化 ………………………………………… 68
第三节 拉美高等教育一体化 ………………………………………… 73
第四节 东盟高等教育一体化 ………………………………………… 78

第四章 广东参与"海丝"高等教育建设的意义与优势 / 85
第一节 广东参与"海丝"高等教育建设的意义 ………………… 87
第二节 广东参与"海丝"高等教育建设的三大基础优势 ……… 91
第三节 广东高等教育基础 …………………………………………… 95
第四节 广东高等教育国际化基础 …………………………………… 101

第五章　广东与"海丝"沿线国家高等教育互通 / 115
　　第一节　广东与"海丝"沿线国家高等教育政策互通 ……… 117
　　第二节　广东与"海丝"沿线国家高等教育渠道畅通 ……… 119
　　第三节　广东与"海丝"沿线国家高等教育语言互通 ……… 128
　　第四节　广东与"海丝"沿线国家民心相通 ………………… 135

第六章　广东与"海丝"高等教育合作机制 / 143
　　第一节　我国关于构建"一带一路"合作机制的设想 ……… 145
　　第二节　"一带一路"高等教育合作总机制 ………………… 151
　　第三节　"一带一路"高等教育区域合作机制 ……………… 153
　　第四节　"一带一路"高等教育多边合作机制 ……………… 161
　　第五节　"海丝"高等教育双边合作机制 …………………… 168
　　第六节　"海丝"高等教育合作机制 ………………………… 169

第七章　广东与"海丝"高校人才培养 / 177
　　第一节　广东高校参与"海丝"人才培养 …………………… 179
　　第二节　广东高校人员国际化 ………………………………… 186
　　第三节　广东与"海丝"高校人员交流 ……………………… 196

第八章　广东与"海丝"高校合作办学 / 199
　　第一节　来粤合作办学 ………………………………………… 201
　　第二节　海外合作办学 ………………………………………… 216

第九章　广东与"海丝"师资培训合作与教育援助 / 219
　　第一节　师资培训合作 ………………………………………… 221
　　第二节　教育援助 ……………………………………………… 228

第十章 广东参与"海丝"高等教育的挑战与应对 / 239
  第一节 广东参与"海丝"高等教育的挑战 …………… 241
  第二节 广东应对"海丝"高等教育合作的策略 …………… 249

参考文献 / 256

附录1 教育部《推进共建"一带一路"教育行动》/ 258

附录2 《广东省教育厅关于推进共建"一带一路"教育行动（2018—2020）》/ 266

第一章

"一带一路"教育行动

"一带一路"倡议被誉为我国的"第二次开放",对我国崛起和现代化具有新时代意义。高等教育既是"一带一路"建设的内容,也为"一带一路"各方面的建设提供人才支撑、智力支持和民心基础。我国与"一带一路"国家高等教育合作以经济互通为背景,在交流方向上,重视"引进来"而非"走出去";在覆盖范围上,重视与"一带一路"主要国家推进高等教育的交流与合作;在合作内容上,重视学生交流与合作办学,忽视教师、课程与研究的合作;在发展多样性上,中国与不同发展阶段的"一带一路"国家高等教育交流呈现出不同的特点。建设"一带一路"教育共同体,是我国教育对外开放的新方向和新要求,亟须我国高等教育开放策略寻求主动转变,即在合作角色上,由参与者向主导者转变;在交流方向上,要由"引进来"向"走出去"转变;在合作范围上,要由部分国家向所有国家转变;在合作要素上,要由仅重视学生交流与合作办学,向学生、教师、课程、研究和办学的全方位深度合作转变;在发展多样性上,要从一元模式向多元模式转变;在机制和平台上,要由松散型向系统化转变。

第一章 "一带一路"教育行动

第一节 "一带一路"倡议

一、"一带一路"倡议的内涵

习近平总书记在2013年9月和10月分别提出建设"新丝绸之路经济带"和"21世纪海上丝绸之路"的倡议,强调相关各国要打造互利共赢的"利益共同体"和共同发展繁荣的"命运共同体"。"一带一路"是"丝绸之路经济带"和"21世纪海上丝绸之路"的简称。"一带一路"的英文为"The Belt and Road",英文缩写为"B&R"。"一带一路"包括65个新兴经济体和发展中国家,是世界上跨度最长的经济大走廊,也是世界上最具发展潜力的经济合作带,贯通中亚、东南亚、南亚、西亚乃至欧洲部分区域。连接亚太经济圈和欧洲经济圈,覆盖约44亿人口,经济总量约为21万亿美元,分别占全球人口和经济总量的63%和29%,具有巨大的合作发展空间,对世界和平、发展、繁荣具有重大意义。

"一带一路"倡议与中国梦是一脉相承的。要实现中华民族的伟大复兴,在对外关系上有必要在世界范围内建立一个由自己主导的较大的区域体系或共同体。而"一带一路"是我国古代"走出去"的联系欧亚世界的海陆通道,通过贸易和文化的交流,实现了跨区域的沟通与联系。如今,作为第二大经济体的我国,正好借助古代"丝路"的传统与和平往来的精神,主导共建和平、稳定、繁荣的"一带一路",打造横跨亚非欧、世界最大的区域经济圈和利益共同体,共同实现区域稳定和区域繁荣。在2017年"一带一路"国际合作高峰论坛首次圆桌峰会上,习近平主席提出将"一带一路"建成和平之路、繁荣之路、开放之路、创新之路、文明之路。

"一带一路"倡议是国际市场的延伸。中华民族的伟大复兴,需要更加庞大的世界市场。我国是制造大国、贸易大国和资本大国，而"一带一路"沿线 65 个国家和地区涉及众多的人口，具有巨大的市场前景。因此，主导建设"一带一路"，可以更加顺利地为我国商品、技术、企业、资本、文化"走出去"，提供更多的体制、机制、安全和政治的保障。

"一带一路"倡议是国家利益边界和国家安全边界的延伸。中华民族的伟大复兴，需要更加稳定、安全与繁荣的环境和世界。稳定的周边环境对我国的发展非常重要。目前，周边环境很不稳定，"一带一路"地区也是世界上局势最不稳定的地区。因此，我们通过主导建设"一带一路"，与沿线国家进行"政策沟通、设施联通、贸易畅通、资金融通、民心相通"，可以建立常态化双边和多边的沟通交流机制，促进政治互信和共同安全。

二、《推动共建丝绸之路经济带和 21 世纪海上丝绸之路的愿景与行动》

2015 年，国家发展和改革委员会等部门发布了《推动共建丝绸之路经济带和 21 世纪海上丝绸之路的愿景与行动》，提出"一带一路"建设的愿景、原则、合作重点与合作机制，指出"一带一路"是一条互尊互信之路、一条合作共赢之路、一条文明互鉴之路。

（1）愿景：共建"一带一路"旨在促进经济要素有序自由流动、资源高效配置和市场深度融合，推动沿线各国实现经济政策协调，开展更大范围、更高水平、更深层次的区域合作，共同打造开放、包容、均衡、普惠的区域经济合作架构。秉持和平合作、开放包容、互学互鉴、互利共赢的理念（丝路精神），全方位推进务实合作，打造政治互信、经济融合、文化包容的利益共同体、命运共同体和责任共同体。

（2）原则：坚持开放合作；坚持和谐包容；坚持市场运作；坚持互惠互利。

（3）合作重点："五通"（政策沟通、设施联通、贸易畅通、资金融通、民心相通)。

(4) 合作机制:①加强双边合作,开展多层次、多渠道沟通磋商,推动双边关系全面发展。推动签署合作备忘录或合作规划,建设一批双边合作示范。建立完善双边联合工作机制,研究推进"一带一路"建设的实施方案、行动路线图。②强化多边合作机制作用,发挥上海合作组织(SCO)、中国—东盟"10+1"、亚太经合组织(APEC)、亚欧会议(ASEM)、亚洲合作对话(ACD)、亚信会议(CICA)、中阿合作论坛、中国—海合会战略对话、大湄公河次区域(GMS)经济合作、中亚区域经济合作(CAREC)等现有多边合作机制作用。③继续发挥沿线各国区域、次区域相关国际论坛、展会,以及博鳌亚洲论坛、中国—东盟博览会、中国—亚欧博览会、欧亚经济论坛、中国国际投资贸易洽谈会、中国—南亚博览会、中国—阿拉伯博览会、中国西部国际博览会、中国—俄罗斯博览会、前海合作论坛等平台的建设性作用。

三、教育部《推进共建"一带一路"教育行动》

2016年8月,教育部发布了《推进共建"一带一路"教育行动》,明确了教育定位,提出了教育使命、合作愿景、合作原则、合作重点和我国教育行动起来五个方面的内容。围绕"一带一路"重点共建的"五通"提供两方面支撑:一是促进民心相通,二是为其他"四通"提供人才支撑。力争做到经贸走到哪里,教育的民心工程就延伸到哪里,教育的人才培养就覆盖到哪里;力争推动教育发展和经贸合作并驾齐驱。

(1) 教育使命:教育交流为沿线各国民心相通架设桥梁,人才培养为沿线各国政策沟通、设施联通、贸易畅通、资金融通提供支撑。

(2) 合作愿景:互知互信、互帮互助、互学互鉴,携手推动教育发展,促进民心相通,构建"一带一路"教育共同体。共同致力于推进民心相通、提供人才支撑和实现共同发展。

(3) 合作原则:育人为本,人文先行;政府引导,民间主体;共商共建，开放合作；和谐包容，互利共赢。

（4）合作重点：①开展教育互联互通合作，促进教育政策沟通、合作渠道沟通、语言互通、民心互通和学历学位认证标准连通"五通"。②开展人才培养培训合作，实施"丝绸之路"留学推进计划、合作办学推进计划、师资培训推进计划和人才联合培养推进计划四项计划。③共建丝路合作机制，加强"丝绸之路"人文交流高层磋商，发挥国际合作平台作用，实施"丝绸之路"教育援助计划，开展"丝路金驼金帆"表彰工作。

（5）我国教育行动起来：我国教育领域和社会各界要加强协调推动，地方重点推进，各级学校有序前行，社会力量顺势而行，助力形成早期成果。

教育部部长陈宝生指出，"一带一路"是中国教育国际交流合作的顶层设计，是中国教育走向世界舞台中央的路线图，是在更高层次、更大范围、更广领域推进教育国际合作交流的重要抓手。目前，我国自上而下建立了严密的推进"一带一路"教育行动体系，不仅教育部、省（自治区、直辖市）教育厅（委）、高校三个层级制定了"推进共建'一带一路'教育行动计划"，而且自2016年起教育部陆续与18个省（自治区、直辖市）签署了部省（自治区、直辖市）共建备忘录，形成了上下共同推进的大态势。

四、《广东省教育厅关于推进共建"一带一路"教育行动（2018—2020）》

2018年，广东省发布了《广东省教育厅关于推进共建"一带一路"教育行动（2018—2020）》，为广东省"一带一路"教育建设提供了行动指南。

（一）总体要求

携手港澳推进务实与"一带一路"沿线国家的教育合作，促进民心相通，为广东奋力实现"四个走在全国前列"提供人才支撑，为将广东建设成为与沿线国家合作的战略枢纽、经贸合作中心和重要引擎做出重要贡献。

（二）重点任务

1. 开展人才培养培训合作

（1）实施"丝绸之路"留学推进计划。广东力争成为沿线国家学生出国留学重要目的地之一。

（2）实施"丝绸之路"合作办学推进计划。

（3）实施"丝绸之路"教师交流互访计划。

（4）实施"丝绸之路"人才联合培养计划。

2. 促进沿线国家语言互通

（1）加强多语种尤其是非通用语种人才培养。

（2）推动孔子学院（课堂）改革发展。

（3）支持推动海外华文教育发展。

3. 推进沿线国家民心相通

（1）加强"一带一路"沿线国家研究，加强区域国别人才培养。

（2）加强青少年国际理解教育。

（3）以多种形式开展沿线国家人才培训和教育援助。

（4）加强文化艺术教育交流。

（5）推动中医、武术、太极文化"走出去"。

4. 加强科研合作平台建设

鼓励广东省高校加强与沿线国家大学、科研院校以及一流专家合作，打造"一带一路"学术交流平台，吸引各国专家学者、青年学生开展合作研究和学术交流。

5. 共建丝路合作机制

（1）积极建立和参与双边、多边合作机制。

（2）建立健全与东南亚教育合作机制。

（3）进一步完善与太平洋岛国教育合作机制。

（4）建立健全与西亚、中东欧、非洲国家教育合作机制。

（5）携手港澳共同推进"一带一路"建设。

第二节 我国与"一带一路"国家高等教育合作的现状

高等教育国际化可以理解为为了促进国际理解与本国高等教育质量和水平的提高所进行的人员（包括教师和学生）、课程、研究、项目、学校的国际流动与合作。"一带一路"倡议从全局上建构了我国与沿线国家和地区的高等教育各要素交流合作的道路、平台和方向，我国与"一带一路"国家高等教育交流与合作需要在此前的基础上重新出发。那么，出发的起点到底在哪里呢？我们需要清楚地了解我国与"一带一路"沿线国家高等教育合作的现状，包括学生交流、研究合作、课程交流和合作办学等。

一、我国与"一带一路"国家的学生交流

来华留学生教育是中国高等教育国际化发展的重要内容，也是"一带一路"倡议稳定推进的重要先导性内容。在"一带一路"倡议的推动下，来华留学生呈现如下三个趋势。

（一）规模逐渐扩大

近年来，随着中国高等教育国际化程度的提高以及"一带一路"倡议的有序发展，来华留学生人数也呈现出逐年上升的趋势。2016年，全球来华留学生总人数为442773人，同比增长11.4%，留学生来源地达

205个国家和地区。其中，"一带一路"沿线国家来华留学生总人数达207540人，同比增长13.70%，沿线所有国家均有留学生来华学习。2017年，共有来自204个国家和地区的48.92万名各类外国留学人员在全国31个省（自治区、直辖市）的935所高等院校学习，比2016年增加18.62%。2017年，"一带一路"沿线国家留学生为31.72万人，占留学总人数的64.85%，占比增幅达11.58%。2018年，共有来自196个国家和地区的492185名各类外国留学人员在全国31个省（自治区、直辖市）的1004所高等院校学习，比2017年增加了3013人，增长比例为0.62%。

（二）学历教育规模逐渐扩大

来华留学生教育包括学历教育和非学历教育两种，学历教育包括专科、本科、硕士和博士研究生四种；非学历教育包括普通进修、高级进修、短期留学、语言类留学四种。目前，来华留学生学历教育规模逐渐扩大。2016年，接受学历教育的来华留学生人数达21万人，占来华留学生总数的47.4%；其中硕士和博士研究生共计约6.4万人，占总人数的14.4%；"一带一路"沿线学历生为123955人，占比59.73%。2017年，接受学历教育的来华留学生为24.15万人，占来华留学生总数的49.38%。其中，硕士和博士研究生共计约7.58万人，比2016年增加18.62%。2018年，接受学历教育的来华留学生总计258122人，占来华留学生总数的52.44%，比2017年增加了16579人，同比增加6.86%；硕士和博士研究生共计85062人，比2017年增加12.28%，其中，硕士研究生59444人，博士研究生25618人。

（三）来华留学生生源地的变化

随着"一带一路"倡议政策的扶持，来华留学生人数不断攀升，来华留学生的生源地稳中有变。2016年，在华留学生生源国家和地区总数为205个，创历史新高。前10位生源国依次为韩国、美国、泰国、巴基斯坦、印度、俄罗斯、印度尼西亚、哈萨克斯坦、日本和越南。2017年，前10位生源国依次为韩国、泰国、巴基斯坦、美国、印度、俄罗斯、日本、印度尼西亚、哈萨克斯坦和老挝。与2016年相比，2017年留学生生源国变化不大，值得一提的是，来自"一带一路"沿线国家的留学生有所增加。2018年留学生生源国变动较大，前15位生源国依次为韩国、泰国、巴基斯坦、印度、美国、俄罗斯、印度尼西亚、老挝、日本、哈萨克斯坦、越南、孟加拉国、法国、蒙古、马来西亚。生源国为"一带一路"沿线的国家持续增加。

二、我国与"一带一路"国家研究的合作

为了服务国家外交战略，促进教育的对外开放，我国从20世纪80年代就开始了国别和区域研究工作，尤其是2012年教育部设立一批国别区域问题研究基地，开启了国别和区域研究的热潮。目前，我国高校和科学院共设立"一带一路"沿线国别研究中心98个，仅涉及"一带一路"沿线65个国家中的32个（见表1-1）。

表1-1 我国高校和科学院设立"一带一路"国别研究中心情况

地区	设立国别研究中心的国家（32个）	未设立国别研究中心的国家（33个）
西亚地区	伊朗、土耳其、约旦、以色列、巴勒斯坦、阿联酋、希腊、埃及	伊拉克、叙利亚、黎巴嫩、也门、阿曼、卡塔尔、科威特、巴林、塞浦路斯、沙特阿拉伯
东盟地区	新加坡、马来西亚、印度尼西亚、缅甸、泰国、老挝、越南	柬埔寨、文莱、菲律宾
独联体国家	俄罗斯、乌克兰、白俄罗斯、亚美尼亚	格鲁吉亚、阿塞拜疆、摩尔多瓦
中亚地区	乌兹别克斯坦、哈萨克斯坦、土库曼斯坦、蒙古	塔吉克斯坦、吉尔吉斯斯坦

续表1-1

地区	设立国别研究中心的国家（32个）	未设立国别研究中心的国家（33个）
中东欧地区	波兰、捷克、匈牙利、克罗地亚、罗马尼亚	立陶宛、爱沙尼亚、拉脱维亚、斯洛伐克、斯洛文尼亚、波黑、黑山、塞尔维亚、阿尔巴尼亚、保加利亚、马其顿
南亚地区	印度、巴基斯坦、斯里兰卡、尼泊尔	孟加拉国、阿富汗、马尔代夫、不丹

资料来源：根据相关网站统计整理得出。

我国高校和科学院层面的国别研究中心按数量排名分别是：俄罗斯（24个）、巴基斯坦（9个）、伊朗（8个）、印度（6个）、蒙古（5个）、乌克兰（4个）、以色列（4个）、越南（4个）、波兰（3个）。针对埃及、希腊、马来西亚、印度尼西亚、缅甸、泰国、哈萨克斯坦、匈牙利的国别研究中心均为2个，其余15个国家均为1个（见图1-1）。

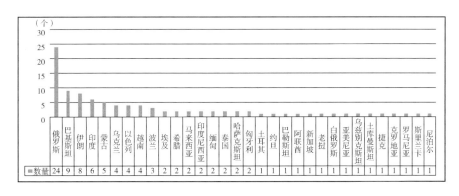

图1-1 我国设立的"一带一路"国别研究中心情况

数据来源：根据相关网站统计整理得出。

在教育部首批23个区域研究培育基地中，涉及"一带一路"的区域研究基地有8个（其中阿拉伯研究中心3个），所占比重较大；而教育部首批14个国别研究培育基地中，涉及"一带一路"国家中只有一个即俄罗斯研究中心。这也说明了我国对"一带一路"国家研究主要集中在区域研究方面,国别研究仍然以传统的欧美国家为主,并没有从更高层次和战略上来布局"一带一路"国别研究的工作。

"一带一路"国家对我国研究的机构设置情况又如何呢?据笔者不完全统计,"一带一路"沿线国家中有9个国家的高校设立了共10个中国研究中心,分别是新加坡、土耳其、马来西亚、菲律宾、斯洛文尼亚、巴基斯坦、孟加拉国、斯里兰卡、尼泊尔(见图1-2)。

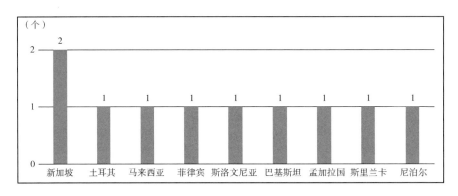

图1-2 "一带一路"国家高校设立的中国研究中心情况

数据来源:根据相关网站统计整理得出。

从这些数据分析来看,我国在"一带一路"国家中的外交和文化影响比较弱。充分正视这一现实,分析存在这种不利状况的原因,在官方和非官方的教育文化交流中,加强我国与"一带一路"国家的合作,是践行这一倡议的当务之急。

三、我国与"一带一路"国家语言课程的交流

"一带一路"建设,迫切需要一批既熟悉"一带一路"国家语言,又了解其国情和文化的高端人才。目前,"一带一路"沿线国家的官方语言

有 40 余种，而我国高校能教授的仅有 20 种。① 鉴于此，我国高校应加快其他语种以及"语言 + 专业"的复合型人才的培养，尽快适应"一带一路"建设的需要。

21 世纪以来，在"一带一路"国家普遍出现了"汉语热"的现象，汉语成为这些国家的主要外语。在泰国、以色列等国家，汉语已跃居最多人学习的外语第二位，高校学习汉语注册人数仅次于英语，甚至在有些国家超过了英语。主动传播汉语及中国文化的孔子学院和课堂也在"一带一路"国家蓬勃发展起来。我国在"一带一路"国家合作举办了 123 个孔子学院和 50 个孔子课堂，分别占全球孔子学院与课堂总数的 24.60% 和 0.05%，涉及国家有 47 个，有 18 个国家目前还是空白。其中有 4 个以上孔子学院和课堂的国家有 15 个，分别是泰国（25 个）、俄罗斯（21 个）、吉尔吉斯斯坦（15 个）、白俄罗斯（7 个）、印度尼西亚（6 个）、乌克兰（6 个）、波兰（6 个）、巴基斯坦（6 个）、土耳其（5 个）、罗马尼亚（5 个），菲律宾、哈萨克斯坦、匈牙利、蒙古和柬埔寨有 4 个（见图 1 – 3）。

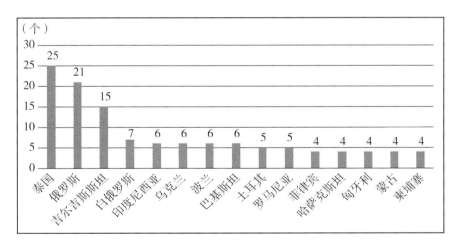

图 1 – 3 合作举办孔子学院和孔子课堂数 ≥ 4 个的"一带一路"国家情况

资料来源：根据孔子学院总部（国家汉办）官网统计整理得出。

---

① 瞿振元：《"一带一路"建设与国家教育新使命》，载《光明日报》2015 年 8 月 13 日第 11 版。

四、我国与"一带一路"国家合作办学

境外办学是高等教育国际化的一个主要趋势。在殖民时代,境外办学大都表现为殖民教育。在全球化时代,境外办学意味着对教育主权观念的一种突破,更加注重教育的市场化及服务性质。因此,从这个意义上来看,境外办学的全球大发展,标志着各国政府对待教育全球化和国际化的积极态度,客观上促进了教育的国际理解功能的发挥,对各国文化交流和理解,对世界和平事业有长远意义。

我国与"一带一路"每个国家高校间的合作办学水平影响了两国对彼此文化和教育的认同水平。截至2015年,我国已有近600所高校与25个国家和地区的400多所高校开展合作办学,共计举办2058个办学项目和机构,其中中外合作大学8所,二级机构50个,项目2000个,涉及理工农医、人文社科等12大学科门类200多个专业,各级各类中外合作办学在校生总数约55万人,毕业生逾150万人。①"一带一路"国家在我国的合作办学项目和机构有200个,其中合作办学二级机构3个,硕士项目7个,本科项目127个,专科项目63个,占全国中外合作办学项目总数的近1/10;涉及国家数有8个,占全国总数的32%,但占"一带一路"国家总数的12%(见表1-2)。

表1-2 我国与"一带一路"国家合作办学情况

	全国中外合作办学情况	与"一带一路"国家合作办学情况	"一带一路"国家合作占全国的比例
合作的国家数(个)	25	8	32%
办学项目和机构总数(个)	2058	200	10%
合作办学二级机构数(个)	50	3	6%

数据来源:根据中华人民共和国教育部教育涉外监管信息网相关数据统计整理得出。

---

① 许青青:《中国内地中外合作办学机构项目逾两千 在校生55万人》,见凤凰网(http://sd.ifeng.com/a/20160418/4467242_0.shtml)。

硕士项目涉及的国家有新加坡（4个）和俄罗斯（3个），本科项目涉及的国家有5个，分别是俄罗斯（116个）、波兰（4个）、印度（3个）、乌克兰（2个）和白俄罗斯（2个）。本科以上合作办学国家数占"一带一路"国家总数的1/10。专科合作项目涉及的国家有8个，分别是新加坡（23个）、俄罗斯（13个）、马来西亚（10个）、白俄罗斯（7个）、波兰（4个）、乌克兰（4个）、印度（1个）、泰国（1个）（见图1-4）。

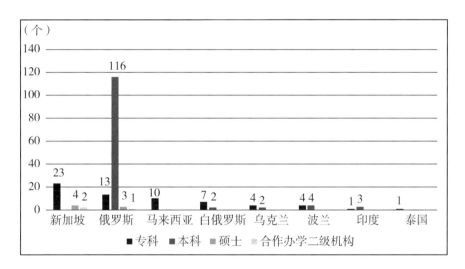

图1-4　我国与"一带一路"国家合作办学情况

数据来源：根据中华人民共和国教育部教育涉外监管信息网相关数据统计整理得出。

我国在"一带一路"国家合作办学机构有厦门大学马来西亚分校、老挝苏州大学、云南财经大学曼谷商学院3所，合作办学项目有90多个，涉及14个国家和地区，主要分布在东南亚国家。[①]

从上述合作办学情况来看，我国与"一带一路"国家开展了一定程

---

① 瞿振元：《"一带一路"建设与国家教育新使命》，载《光明日报》2015年8月13日第11版。

度的合作，但是这些合作还未有在"一带一路"倡议框架下进行的，因此，显得在项目数量上不足，国家覆盖面不够广，尤其是对阿拉伯国家和一些小国家重视不够。

第三节　我国与"一带一路"国家高等教育合作的特点

在世界范围内，高等教育国际化呈现出如下特点：发达国家之间高校教师与学生交流是双向的；发展中国家与发达国家之间的交流则是发展中国家的学生流向发达国家，发达国家的教育理念、模式、教师、课程、学校流向发展中国家；发展较好的发展中国家与发展不好的发展中国家及不发达国家之间的交流也呈现学生与教师、课程反流向的特征。我国作为第二大经济体的发展中国家，与"一带一路"国家之间的高等教育交流合作也基本反映上述世界性特征。鉴于"一带一路"国家在发展程度上的多样性，我国与不同发展阶段上的国家高等教育交流呈现出不同的特点。但是从整体上看，我国与"一带一路"国家高等教育交流表现出如下四个主要特点。

一、在交流方向上，重视"引进来"而非"走出去"

《国家中长期教育改革和发展规划纲要（2010—2020年）》提出了"走出去"的战略要求，但是，由于长期以来以学习借鉴提高为主的"引进来"高等教育国际化战略，使得我国与"一带一路"国家高等教育交流合作方向也一直是"引进来"多于"走出去"。具体表现为我国到"一带一路"国家的出国学生数明显小于这些国家的来华学生数，出国合作办学项目明显少于来华合作办学项目，国外高校的中国研究中心明显少于国内高校"一带一路"国家研究中心数量。

二、在覆盖范围上,重视与"一带一路"主要国家高等教育的交流与合作

从上述现状分析可以看出,我国尚未与"一带一路"所有国家开展高等教育交流与合作。如与我国合作办学的国家仅有 9 个,开设中国研究中心的国家仅有 10 个,我国设置"一带一路"国别研究中心涉及的国家也只有 32 个,开设其官方语言专业的国家仅有 20 个。因此,目前我国与"一带一路"国家的高等教育交流与合作主要以俄罗斯、印度、新加坡、泰国、以色列、伊朗、印度尼西亚等为主,还需要增加其广泛性和覆盖性。

三、在合作要素上,重视学生交流与合作办学,忽视教师、课程与研究的交流合作

我国与"一带一路"国家在学生交流与合作办学方面进展迅速,也逐渐由单边交流向双边和多边交流发展。但是,在教师交流、课程合作与研发、研究的合作诸方面还不尽人意。因此,我国要主动规划与开展与"一带一路"国家高校教师、课程和研究的合作与交流。

四、在发展多样性上,我国与不同发展阶段的"一带一路"国家高等教育交流呈现出不同的特点

"一带一路"国家在发展程度上差异很大,绝大部分是发展中国家,有小部分发达国家如俄罗斯、以色列、新加坡和希腊等,还有一部分是不发达国家如尼泊尔、缅甸等。因而,我国作为世界第二大经济体的发展中国家,在与处于如此多样化发展阶段的"一带一路"国家进行高等教育交流与合作中同样呈现出多样化的特征。例如,在与俄罗斯高等教育合作

办学项目上，俄罗斯高等学校来华办学项目达133个之多，而我国高校到俄罗斯合作办学的项目数微乎其微。在来华留学生方面，发展中国家和欠发达国家如巴基斯坦、印度、印度尼西亚、越南、老挝、马来西亚等国的留学生数排在前15名。我国与"一带一路"国家高等教育交流与合作就需要充分依据这种多样性来制定不同的发展战略与实施路径。

第四节　新倡议下我国与"一带一路"国家高等教育合作的转变

一、在合作角色上，由参与者向主导者转变

长期以来，我国高等教育对外交流与合作的角色主要是参与者，主动或被动地参与各种国际教育组织以及区域教育组织，以谋一席之地和一定的发言权，如联合国教科文组织亚太组织、东盟教育论坛等。然而，"一带一路"倡议则要求我国要从参与者向主导者角色转变，从"一带一路"高等教育合作倡议的提出、组织和机制设计到计划的实施与援助，都要体现主导性、组织性和协调性。正如《推进共建"一带一路"教育行动计划》所指出的，"中国教育领域和社会各界率先垂范、积极行动"。国家各部委要协调推动，积极对接沿线国家教育规划与政策，搭建我国与沿线区域和国家的教育沟通合作平台。地方政府和高校要紧密对接国家总体布局，致力于"友好省州""姊妹城市"和"学校联盟"建设，积极推进本地高校和企业携手"走出去"，开展广泛的教师交流和青年精英交流、合作办学与合作研究，并主导建立"一带一路"国际学术合作组织、国际科学计划，促进教育相通与人心相通。当然，这种角色的转换，我们自上而下可能都还不适应，但是必须要学习、适应，以至于驾轻就熟。

二、在交流方向上，要由"引进来"向"走出去"转变

"引进来"是所有发展中国家高等教育国际化的价值取向，而"走出去"则是发达国家高等教育国际化的要旨。"一带一路"倡议的出发点就是"走出去"，向沿线国家输出文化、学校、课程、专业、教师、学生和各种援助，并为商品、企业和资本输出提供支持。目前，我国与"一带一路"国家高等教育交流在"走出去"上远远滞后于"引进来"。在学生交流方面，2014年"一带一路"国家来华留学生共171580人，而2013年"一带一路"沿线国家的中国留学生人数约为5万人。截至2015年，在合作办学方面，我国高校在境外举办了本科以上境外办学机构和项目共计102个，而国外在我国举办的合作办学机构和项目达2058个，其中"一带一路"国家的有200个。因此，在交流方向上，我国高等教育要由"引进来"向"走出去"转变，调整国家、地方和高校高等教育国际化战略方向，为教育输出做好思想上、人员上和课程上的各种必要准备。

三、在合作范围上，要由部分国家向所有国家转变

过去，我国高等教育的对外开放主要是面向发达国家，兼顾一些发展中国家和欠发达国家。笔者通过统计发现，我国在"一带一路"区域的合作国家数不及一半，甚至在一些要素方面低于两位数，现实与远大目标差距很大。譬如，与我国合作办学的国家仅有9个，设立孔子学院和课堂的国家是47个。鉴于此，为了实现我国"一带一路"倡议和教育愿景，在合作国家范围上，要拾遗补阙，向沿线所有国家全面开放，尤其要向南亚、阿盟、中东欧国家倾斜。

四、在合作要素上，要由仅重视学生交流与合作办学，向学生、教师、课程、研究和办学的全方位深度合作转变

高等教育国际交流与合作的要素分为两种类型：一类是外部系统要素，即政府、高校与民间组织；另一类是教育系统内部要素，包括人员、课程、研究和办学等。在内部要素上，我国与"一带一路"国家高等教育合作存在着广度和深度两个方面的问题。在广度上，我国仅重视学生交流和合作办学，而在教师交流、课程、研究的合作方面进展甚微。在深度上，即使是学生交流与合作办学，也存在诸多不足。譬如，阿盟和东欧国家来华留学生偏少，我国赴"一带一路"国家的留学生无论是在数量上还是在动力上都显不足。我国高校"走出去"办学也缺乏自信和动力。这是一个深层次问题。相比较而言，学生交流则是一个显性现象，容易让人忽视其他要素的合作，而教师交流、课程与研究的合作则更需要政府和高校主动对外开放的意识与行动。因此，"一带一路"教育行动需要在合作要素上扩大合作范围，实现全方位深度的合作，真正落实"一带一路"留学推进计划、合作办学推进计划、师资培训推进计划、人才联合培养推进计划与教育援助计划，发挥教育在共建"一带一路"中的基础性和先导性作用。

五、在发展多样性上，要从一元模式向多元模式转变

客观来说，"一带一路"沿线国家发展水平以及文化、外交都呈现出较大的差异性和处于不同发展阶段，绝大部分是发展中国家，有小部分发达国家，还有一部分是不发达的国家。因此，我国在与沿线不同国家进行高等教育合作过程中，不能采取"一刀切"的办法，要主动根据处于不同发展阶段的国家的特点，选择相异的合作模式。也就是说，要从过去的一元模式向多元模式转变，制定适合不同国家的高等教育合作模式。譬

如，俄罗斯、新加坡、以色列和希腊等国家，发展水平较高，我国与之的高等教育合作要采取双向平衡合作模式。目前，我国与这些国家的高等教育交流还不平衡，处于弱势，需要加强。对尼泊尔、缅甸、柬埔寨等欠发达国家，要实行以教育输出与援助模式为主，输出我国的课程、教师和学校，并对其学校设施进行援助，对其教师培训。对占绝大部分的发展中国家，实行以输出为重点的双向交流模式，扩大我国教育资源的输出与影响，吸引其优质教育资源与留学生。

六、在机制和平台上，由松散型向系统化转变

"一带一路"高等教育合作是我国与多区域、多国家的合作，需要不同层次的交流合作机制和平台。目前，在区域层面，我国与东盟、阿盟、南亚、中东欧之间建立了高等教育论坛以及中阿大学校长论坛、"中非高校20+20合作计划"等；在多边关系上，建立了中日韩大学交流合作促进委员会和中新印高等教育对话等机制；在双边关系上，我国与一些沿线国家建立了教育交流机制和平台，以及建立了中日大学校长论坛、中韩大学校长论坛、中俄大学联盟等。因此，我国与"一带一路"国家和区域初步建立了一些区域、双边和多边高等教育合作平台和机制，但总的来说是松散的，还没有在"一带一路"倡议框架下去进行系统化的建构。因此，在合作机制和平台上，我国高等教育需要进行自我革命，由松散型向系统化转变，整体构建高等教育合作"一带一路"总平台、区域合作平台、多边合作平台、双边合作平台以及院校合作平台等多层次、立体化系统，促进我国高等教育与"一带一路"次区域、国家的沟通、交流与合作，为实现"一带一路"教育共同体服务。

第二章

高等教育全球化

在互联网、航空、通信以及国际组织的推动下，全球的经济、政治、文化、教育等方面的联系日益突破时空的界限，密切联系在一起，形成了全球化、区域化和国际化的浪潮。"一带一路"倡议也是全球化和区域化背景下一个致力于跨欧、亚、非的区域建设构想，"一带一路"教育共同体建设，是一种在全球化教育框架下跨区域教育的对接与联系。因此，这里有必要对全球化、反全球化以及高等教育的全球化表现进行深入分析，为构建"一带一路"教育一体化提供场域背景。

第一节 全球化与反全球化

全球化是当今世界上影响最大的一种发展趋势，它深刻影响着各国的政治、经济、文化和教育等各个领域。全球化通过运输、电信和互联网，使得全球的商品、资本、技术、知识、人员全球流动，形成了商品市场一体化、劳动市场一体化以及经济市场一体化。全球化浪潮模糊了国家的边界，冲击着民族产业和文化，造成了发达国家与发展中国家之间贫富差距加大，引发了来自发展中国家政府、学者和民众的反全球化运动。在全球化与反全球化的矛盾冲突中，新的全球化观点也涌现出来。因此，在理论上形成了全球化理论和反全球化理论。

一、全球化

关于全球化的研究可谓汗牛充栋，多不胜数。关于全球化的讨论一般集中在全球化的起源、概念、特点和意义等问题上。

（一）全球化的起源

全球化是从何时开始的？对这个问题，有以下几种说法。

（1）古典文明说。德国经济史学家安德烈·冈德·弗兰克（Andre Gunder Frank）认为，全球化的起源可以追溯到公元前3000年，当时，在苏美尔和印度文明之间的贸易和市场整合已经在不断加强。在《圣经·旧约》"出埃及记"篇中，描述以色列人逃离埃及的故事也发生在公元前1600年，当时，西亚人与埃及人的文化和贸易也在交流融合。

（2）古丝绸之路说。西汉的张骞在公元前138年至公元前126年和公元前119年两次出使西域，开辟了被德意志帝国地理学家费迪南德·

冯·李希霍芬（Ferdinand von Richthofen）男爵称为"丝绸之路"的路线，促进了亚、欧、非沿线国家的经济往来与文化交流。中国和欧洲的贸易关系是在古希腊时代开始建立发展起来的。广义的丝绸之路，东起日本、朝鲜，西至希腊、意大利和荷兰。这种说法比古典文明说要更加清晰。

（3）地理大发现说。15世纪末，意大利航海家克里斯多夫·哥伦布（Christopher Columbus）发现美洲大陆，突破了人们对地球的认知，建立了欧美两个大陆的贸易联系和文化交流，开启了更加广阔的全球化版图。西方大多数人认为，全球化始于地理大发现。

（4）近代说（19世纪）。工业革命、规模经济、标准化生产以及蒸汽船的运输革命，增强了国际贸易。西方列强的帝国主义对非洲和亚洲的殖民，促进了国际市场的一体化、文化的传播与教育模式的移植。因此，人们认为全球化开端于19世纪。这是现代意义上的全球化。

（5）当代说（20世纪80年代）。"二战"后民族国家的独立运动以及"冷战"思维，使19世纪兴盛的全球化走向低潮。但是到了20世纪80年代，随着新自由主义的兴起和航空业、互联网技术的发展，以及后来的东欧剧变和世界贸易组织（WTO）对贸易自由化的推动，全球化以更大的广度和深度发展成为势不可挡的世界经济、文化、政治的趋势和浪潮。

（二）全球化概念

什么是全球化？对它的界定可谓观点各异，精彩纷呈。杨雪冬对国际上流行的关于全球化的定义进行了很好的归纳。[①]

（1）"地球村"。从信息沟通角度，全球化被认为是地球上的人类可以利用先进的通信技术，克服自然地理因素的限制进行信息的自由传递。

---

① 杨雪冬：《西方全球化理论：概念、热点和使命》，载《国外社会科学》1999年第3期。

马歇尔·麦克卢汉（Marshal Mcluhan）提出了"地球村"（global village）的概念。

（2）相互依赖。从经济角度，全球化被视为经济活动在世界范围内的相互依赖，特别是形成了世界性的市场，资本超越了民族国家的界限，在全球自由流动，资源在全球范围内配置。

（3）世界体系。从体制角度，全球化被视为资本主义的全球化或全球资本主义的扩张。依曼纽尔·沃勒斯坦（Immaneul Wallerstein）认为不平等交换形成了"中心—半边缘—边缘"结构的世界体系。这个体系的本质是资本主义世界经济。英国学者斯克莱尔（Sklair）则更直接提出以资本主义为核心的全球体系（global system）正在世界范围内扩展，强调资本主义在全球扩张不仅是一个经济过程，而且是政治、文化过程，更确切地说是三者统一的过程。

（4）现代性全球传播。从制度角度，把全球化看作是现代性（modernity）的各项制度向全球的扩展。英国学者吉登斯（Giddens）认为全球化不过是现代性从社会向世界的扩展。它是全球范围的现代性，因为"现代性骨子里都在进行着全球化"。

（5）全球文化。从文化和文明角度，把全球化视为人类各种文化、文明发展要达到的目标，是未来的文明存在的文化。它不仅表明世界是统一的，而且表明这种统一不是简单的单质，而是异质或多样性共存。强调全球化是一个动态的、矛盾冲突的过程，它没有一个单一的逻辑，而且也不会出现其他学者所说的某种统一、一致的局面。费舍斯通（Featherstone）提出了全球文化（global culture）出现的可能性，认为全球文化的相互联系状态的扩展也是全球化进程，它可以被理解为导致全球共同体——"文化持续互动和交流的地区"——的出现。

简言之，全球化理论主要有两种观点。一种是文化排他主义，主张同质化发展。彼特斯（Pieterse）认为："全球化最通常的解释是这样的观念，即通过源于西方的技术、商业和文化同步化，世界变得更加统一和标准化，并且全球化是与现代性联系在一起的。"① 他把全球化看作一个混合过程，而这个混合过程则产生了一个全球"大杂烩"。另外一种是文化的地方主义，主张异质化发展。罗兰·罗伯森（Roland Robertson）提出了"全球地方化"（glocalization）的概念，认为"全球化涉及那些习惯上被叫作'全球的'和'地方的'，或者——用一种更抽象的说法——普遍的和特殊的东西的同步进行和相互渗透"②。在教育上，全球化表现为全球模式与国别模式，二者同步进行且相互渗透。前者表现为全球共同认可的高等教育观念、价值和发展模式，后者则体现在丰富多彩的国别和地区高等教育研究特色。

（三）全球化特点

通过上述对全球化概念的分析，我们可以把它的特点提炼出如下几点。

第一，跨越边界。全球化突破国家之间的边界，建立全球市场，促进知识、商品、资金和人才的全球流动。教育全球化有赖于知识、人才、资金和项目的国际流动。

第二，相互依赖。全球化市场导致了国际劳动分工和政治的联盟，促进各国之间在经济、政治、技术和教育上的相互联系和相互依存。例如，中国在发展中对其他国家能源的需求，以及与其他国家之间的政治互信。

第三，统一与多样并存。一方面，全球化不可避免带来世界的同质化发展趋势，诸如政治、经济上的"西化"或"美国化"甚至是"中国化"，公司和学校经营的"麦当劳化"等。另一方面，全球化引发各国对民族文化的自发保护和发展，主张异质化发展，如我国提出的"世界一流，中国标准"。

---

① Pieterse J N. "Globalization as Hybridization". In: Featherstone M, Lash S, Robertson R. *Global Modernities*. London: Sage, 1995.

② Robertson R. "Globalization: Time-Space and Homogeneity-Heterogeneity". In: Featherstone M, Lash S, Robertson R. *Global Modernities*. London: Sage, 1995.

（四）全球化价值

关于全球化的价值，存在两个截然相反的争论，即肯定性观点和否定性观点。总的来说，全球化的正面价值观点占据上风，也推动了全球化浪潮。正如诺贝尔奖得主、经济学家阿马蒂亚·森所说："全球化丰富了世界的科学、文化，使世界人民在经济上受益。联合国预测全球化有望在21世纪消除贫困。"

1. 全球化的正面价值

（1）全球化促进了资源、资本和产品的全球性流动，国际自由贸易增长迅速，跨国公司在世界经济中的比重上升，全球金融体系扩张很快，国际旅游业急剧发展。

（2）全球化促进了各国在国际事务与争端中的协商与合作，共同应对国际恐怖主义、环境问题、粮食问题以及能源问题等。

（3）全球化促进了各国文化的交流、融合与理解。各国在文化交流中，进一步获得了本民族文化的认同，促进了文化的更新与发展。

（4）互联网、交通以及通信技术的发展，使得世界各国能共享全球信息资源，增进对全球发展的认知，促进了互联网经济、互联网教育的迅猛发展。

（5）全球化促进了知识、课程、人员与学校的全球流动，推动了全球教育市场的形成与发展。

（6）全球化推动了国际标准的应用。

2. 全球化的负面影响

（1）全球自由贸易使得竞争力不强的本土企业陷入困境，抑制了地方经济发展，加大了发达国家与发展中国家的贫富差距。

（2）全球化对国家主权提出了不同程度的挑战，削弱了发展中国家的主权，使其在经济发展和内外事务管理上受到来自国际组织、大国以及跨国企业的干涉与掣肘。

（3）全球化减少了文化的多样性，加剧了一些本土文化的危机。

（4）全球化导致了恐怖主义的全球蔓延，增加了反恐的难度。

（5）全球化加速劳动密集型企业向发展中国家转移，导致了全球环境的污染与危机。

从上述分析来看，对全球化价值的看法有基于客观现实的成分，但更多的是源于不同的立场。对发达国家而言，它们更加肯定全球化的正面价值，因为与发展中国家相比，其科技、产品、资本、文化处于优势地位，更倾向于文化一体化、商品一体化以及政治一体化，以至于占领全球市场。然而，对发展中国家而言，由于其在资本、产品、教育等方面处于劣势地位，其对全球化的态度则出现分化，大多数国家都表示了担忧。中国作为发展中国家是支持全球化的，是全球化的受益者。"中国制造"走向全球市场，中国文化与价值理念也在全球传播。当然，在致力于全球化的同时，我国也在努力消弭全球化带来的负面影响。这种二分法，尚不能解释不同团体对全球化的态度。因为，反全球化运动，不仅在发展中国家存在，而且在发达国家也常常发生。无论在哪类国家，总有一些群体受到全球化的冲击。例如，发达国家的产业转移，就会导致一些传统产业的工人失业。发达国家的移民政策，会增加这些国家原有国民的就业压力和社会不稳定等。所有这些发生在发达国家的不利因素，也会导致发达国家的部分团体反对全球化。

二、反全球化

哪里有全球化，哪里就有反全球化（anti-globalisation）。全球化一经甫出，反全球化就随之出现。正是由于全球化所存在的上述负面价值，才引发了反全球化运动。

（一）反全球化运动兴起

1994年1月1日，《北美自由贸易协定》生效，同时，世界上最大的反全球化组织——"人民全球行动"在墨西哥成立，希望发动全世界的工人、农民、青年学生来反对全球化和自由贸易。1999年6月18日，2000多人在英国伦敦举行集会，抗议在德国科隆举行的"八国首脑会议"，最终酿成数十人受伤的重大流血事件。这次事件被认为是反全球化运动的开端。

2001年1月，反全球化组织——"世界社会论坛"（World Social Forum，WSF）成立。它与"资本主义敌人"——在瑞士达沃斯召开的世界经济论坛同在1月开会，组织民众抗议全球化活动并试图在新闻媒体上冲击世界经济论坛的报道。参加世界社会论坛的国家和代表人数广泛。2002年，第二届世界社会论坛共有来自123个国家的12000名官方代表、60000名参与者、652个工作坊以及27场演讲。第五届世界社会论坛共有155000人参与。

目前，世界社会论坛已经在各洲许多国家建立了自己的分支机构，包括欧洲社会论坛、亚洲社会论坛、地中海社会论坛、非洲社会论坛以及许多全国性和地方性的社会论坛，如美国社会论坛、利物浦社会论坛与波士顿社会论坛等。世界各地的社会论坛，在反全球化的旗帜下，在限制全球化所带来的负面影响方面正在发挥越来越大的作用。正如巴西学者埃米尔·萨德尔（Emir Sadir）所指出的："世界社会论坛是一个里程碑，它表示以往分散的、防御性的抵抗已经开始进入积聚力量，形成国际政治、社会和文化运动的联合，从而对抗新自由主义的新阶段。"

（二）反全球化运动的主张

有人说，反全球化不是反对全球化本身，而是反对全球化所带来的诸种弊端，反对西方资本控制的全球化，反对对第三世界剥削的全球化，反对不公正、不平等的全球化。也有人说，反全球化已越来越成为一场世界性的运动，其本身也已经全球化了。总体来说，反全球化运动是一场弱势群体和弱势国家对西方国家主导的全球化的抵制、反抗与纠偏的运动。其主张可以归纳为如下三点。

（1）取消第三世界债务，保护发展中国家的发展。全球化中的"自由贸易""公平竞争"貌似很公正,但发达国家的跨国公司与发展中国家的企业在资金、技术、成本、销售渠道、市场管理经验等方面差距巨大,导致二者之间贫富差距的加大。因此,要加强限制金融资本的国际性流动,对外汇投机征收托宾税及其他必要课税,跨国公司在世界各地所直接或间接付出的工资应渐渐向最高地区看齐,强迫跨国公司廉价转让技术,按照世界工农利益重新修改知识产权法。

(2)把环境、社区、妇女、儿童权益的保障放在首位,必须逐渐向最高标准看齐,而不是通过恶性竞争变成向最低标准看齐。反对把教育、医疗等社会服务商品化、私有化。

(3)反对由西方跨国公司、世界贸易组织、世界银行、国际货币基金组织与联合国贸易和发展会议等国际经济组织主导全球化的"游戏规则"和利益分配原则,主张"南南合作",共同构建国内经济和民生发展的公正环境。

在反全球化运动的压力下,国际货币基金组织承认随着发展中国家新技术的引入和外资引入的增加,世界经济发展不平等的程度也随之加深。2012年4月,法国伊佛普研究所做了一项关于全球化的调查,民意调查结果显示,法国仅有22%的人认为全球化对国家有益。

(三)另类全球化

另类全球化(altermondialisation)是反全球化运动的一种形式。它反对新自由主义的全球化逻辑,反对世界贸易组织、国际货币基金组织、经济合作与发展组织、八大工业国组织与世界银行等世界组织的章程与政策,寻求另外一种全球化或另外一个世界。在这个世界中,充满对人权的尊重、正义的经济以及对环境的保护。它的口号是"另外一个世界是可能的"或"其他世界是可能的"。

该运动产生于20世纪90年代,出现于欧洲、美国与韩国。它具有以下鲜明主张:

(1)信奉可持续发展的概念,主张环境保护并与非经济增长相提并论。

（2）推行民族主义和主权主义，废除南方国家债务，对国际金融交易课税，承认1993年维也纳会议声明的经济权、社会权与文化权。

（3）清算世界贸易组织、国际货币基金组织与世界银行政策造成的后果，改革国际组织，建立一个由普选选出的世界议会，实现民主全球化。

（4）将教育、健康、文化与社会服务领域自世界贸易组织各回合谈判中剔除，保护公共服务系统免遭服务贸易总协定威胁。

（5）建立国际冲突的预防暨调停体制（类似于国际法庭，而权力更大），将人权宪章应用于一切形式的歧视，包括性别歧视与种族歧视。

上述主张所阐述的内容，切中了全球化进程中对发展中国家所带来的伤害，以及在抗议全球化过程中所要争取的权益保障，值得进一步关注。

（四）反帝国主义

反帝国主义，早期指从19世纪末持续到20世纪五六十年代的亚洲和非洲反对欧洲殖民化运动和民族独立运动。到20世纪80年代，随着全球化进程的展开，原来反帝国主义者将全球化视为帝国主义的新形式。所以，当代版的反帝国主义就是反全球化，成为反全球化运动的一支重要力量。反帝国主义者将全球化视为发达国家对第三世界的经济剥削、文化侵略以及教育渗透。

全球化并没有改变发展中国家贫困的现状，反而加大了发达国家与发展中国家之间的贫富差距。发达国家的跨国公司，挤垮了发展中国家的民族企业；西方的影视文化，占据了第三世界文化市场，危及国民的价值观与文化取向；全球化教育，让一些国家的优秀人才流失海外。全球化是对第三世界的经济、文化和教育甚至是政治或武力的侵略，是一种新式的帝国主义。

(五) 民粹主义

民粹主义（populism）又称平民主义。它与精英主义相对，构成了两种相对应的政治哲学。精英主义主张由社会精英分子或贵族来决策统治，而平民则不具有决策的知识和能力。

有人把民粹主义分为三个阶段。它最初出现于19世纪下半叶，几乎在北美和东欧同时兴起。19世纪末，美国西南部农民试图控制当地政府的激进主义行为，俄国知识分子和东欧农民对平均地权的强烈要求被认为是第一代民粹主义。20世纪六七十年代，民粹主义的旋风差不多刮遍了世界五大洲，它成了一个游荡世界的幽灵，从西欧到南美，从西亚到北非，而拉丁美洲庇隆和阿连德等人领导的民族复兴运动则被视为第二代民粹主义复兴的象征。20世纪80年代，尤其是1990年以来，民粹主义再度在东西两半球，尤其是在东欧和北美，成为人们关注的热点，从而形成民粹主义的第三次高潮。①

民粹主义具有极端平民化倾向，强调平民群众的价值和理想，强调诸如平民的统一、全民公决、人民的创制权等民粹主义价值，主张合法性即在人民的意志之中，体现了激进的民主理想。这种民粹主义对应于直接民主，其特征是民主的极端主义。英国公投"脱欧"，美国总统特朗普驱逐境内逾1100万非法移民、在美墨边境修建围墙、禁止境外穆斯林进入以及中美贸易摩擦等，都是民粹主义的当代体现，也是反全球化的一种形式。

(六) 本土主义

本土主义（nativism）是与全球化直接对应的运动，是政治上和经济上的民族主义。它认为本国国民比外来移民重要，敌视"新来者"和

---

① 俞可平：《现代进展中的民粹主义》，见新浪网（http://news.sina.com.cn/c/pl/2007-01-11/144212011315.shtml）。

"世界人"（cosmopolitans，指与来自世界各地的人事物打交道、心态开放的人），主张优先保护本国国民的利益，支持限制对外贸易措施等。美国的"美国优先"（America First）、禁止境外穆斯林进入等都是本土主义思想的典型反映。

本土主义与民粹主义之间既有区别也有联系。它们的区别在于，民粹主义倡导平民参与政治和社会管理，强调人民大众的意志与价值。本土主义则不反对精英主义，强调本土国民的利益，保护本民族的文化与就业。不过二者都在全球化中深切感受到外来的威胁，担心非法移民大量增加、就业竞争和生活水平降低，因此采取比较一致的主张，反对外来企业、产品以及移民。

第二节 多样化的高等教育全球化

全球化塑造了世界高等教育形态，促进了高等教育理念、学生、教师、专业和学校在全球的流动，构造了全球教育一体化市场。全球化使得各国高等教育相互依赖、相互交流、相互竞争，推动了大众化、市场化、世界一流大学以及质量保证等运动在世界高等教育的发展。进入21世纪，各国高等教育虽然发展水平不相一致，但是都在全球化框架下开展大众化、市场化、质量保证以及留学生教育等相同的活动，汇入世界高等教育的潮流之中。

一、跨境高等教育

跨境高等教育（cross-border higher education）是指学生、教师、课程、学校在全球的流动。随着全球化的发展，跨境高等教育发展迅速，国际组织机构、区域组织、国家和高校都在极力融入这一发展潮流，推波助澜。

（一）学生流动

学生流动（student mobility）是跨境高等教育规模最大也是最活跃的组成部分。20世纪70年代末，世界高校留学生人数为80万人，到2015年增加到450万人[①]，2017年达到500万人。ICEF（International Consultants for Education and Fairs）预测到2025年将增加到800万人。[②] 推动全球留学生人数大幅增加的原因众多。

一是许多国家，特别是发展中国家的高等教育能力和水平有限，不能满足其国民接受高等教育以及高水平高等教育的需要。例如，2015年全球十大留学生生源地中，亚洲占6席，包括中国、印度、哈萨克斯坦、马来西亚、伊朗和印度尼西亚。中国是美、加、英、澳等英语国家最大的留学生生源国，也是日、韩、新等汉语文化圈国家最大的留学生生源国，在海外留学的学生有126万人，约占国际留学生总数的25%。其中，中国留学生数量占美国、加拿大两国留学生总人数的比例均超过30%。

二是"冷战"结束所带来的全球一体化。随着柏林墙的推倒和苏联的解体，经济和政治的全球化以更加迅猛的速度在世界范围内扩张，高等教育的国际市场也逐渐扩大。东西方留学生的交流由过去的阻隔到开放，尤其是中国的出国留学生和来华留学生人数，二者总和贡献了世界上1/3的学生流动。在一个划分为中心与边缘（centers and peripheries）的世界，中心变得更加强大，边缘变得日益边际化。国际学术系统的不平等越来越明显了。[③] 全球留学生的主要接收国是发达的资本主义国家，包括美国、

---

① OECD. *Education at a Glance* 2017: *OECD Indicators*. Paris: OECD Publishing, 2017.

② ICEF Monitor. "Four Megatrends that are Changing the Competitive Landscape of International Education", http://monitor.icef.com/2016/11/four-megatrends-changing-competitive-landscape-international-education/.

③ 菲利普·G. 阿特巴赫：《全球化驱动下的高等教育与WTO》，载《比较教育研究》2002年第11期。

英国、澳大利亚、德国、法国、加拿大等。当然,随着中国成为"G2",中国也进入主要留学生接收国行列。

三是国际教育的产业化。在 WTO 组织的推动下,伴随着日益出现的高等教育商业化,市场的价值准则渗透到了校园。① 各种类型的教育产品从一国出口到另一国。教育,尤其是国际教育,成为一种重要的产业。例如,2015 年,澳大利亚有 65 万来自海外的留学生,这些留学生的总开支达到了 192 亿美元,教育产业成为其仅次于煤炭和铁矿石的第三大出口产业。2016/2017 学年,全球赴美留学生数量约为 108 万名,这些留学生总计为美国经济贡献了 368.7 亿美元,创造了约 45 万个工作岗位。其中,中国赴美留学生为美国经济贡献 125.5 亿美元,占全球赴美留学生总贡献的 34%。② 国际教育产业化及其所带来的巨额外汇收入,也推动了诸如澳大利亚、美国、英国、加拿大、新西兰等教育发达国家把教育作为其出口产业战略,从而进一步加速了学生的全球流动。

四是学生全球化能力培养的需要。在全球化背景下,世界经济、政治、文化、科技、教育联系紧密,为这些领域提供人才服务的教育需要面向全球化,培养具有全球视野、多元开放以及国际知识技能等全球化能力的人才。简言之,这种具有全球化能力的人才容易找到好的工作,能够更好地为国家、企业和机构服务。对全球化能力的个人和社会需要,促进了国家、学校和个人对学生国际流动的决策与重视。鉴于此,欧盟出台了"伊拉斯谟计划"及"世界计划",美国出台了"十万强计划"。

正如 OECD(经济合作与发展组织)所观察的那样,一些国家把国际化视作国家能力建设战略的组成部分,全球学生流动因此将会发生一些方向性变化,例如新兴经济体中国和印度,会把长期留学改成如欧盟成员国

---

① 菲利普·G. 阿特巴赫:《全球化驱动下的高等教育与 WTO》,载《比较教育研究》2002 年第 11 期。
② Institute of International Education. "International Student Enrollment Trends, 2016/2017". In: *Open Doors Report on International Educational Exchange*. Retrieved from: https://www.iie.org/Open-Doors, 2017.

学生一样的短期留学，也会使本国成为高等教育"出口者"。①

（二）教师流动

教师的参与是国际化成功的关键。② 从中世纪大学伊始，教师流动就是国际的。在全球化时代，随着各国门户的开放、交通通信的便利、国际教育的开展以及国际学术广泛交流，教师的国际流动愈加频繁。虽然还不知道全球范围内教师流动的确切数据，但是可以肯定的是，教师国际流动数量正在不断增加。从国别来看，美国大学吸引了世界上最多的高水平外籍教师和研究人员，2017 年在美国大学工作的外籍教师有 13 万多人，其中排在前三位的是中国、印度和韩国三个亚洲国家，占美国高校外籍教师总数的 48.3%，接近一半（见表 2-1）。另外，德国外籍教师占教师总数的 9.5%，日本外籍专任教师所占比例达到 4.23%（中国占其中的 22%）。

表 2-1　美国高校外籍教师十大来源国、人数与比例③

排　名	来源国	人数（2016/2017 学年）（人）	比例（%）
1	中国	45089	33.6
2	印度	12447	9.3
3	韩国	7289	5.4
4	德国	5352	4.0
5	加拿大	5018	3.7
6	法国	4457	3.3

---

① OECD. "Globalisation and Higher Education: What might the Future Bring". In: IMHE Info. *Programme on Institutional Management in Higher Education*, 2009.

② Douglas P. "Faculty and International Engagement: Has Internationalization Changed Academic Work?" *International Higher Education*, Special Issue, 2015.

③ Institute of International Education. "Top 25 Places of Origin of International Scholars, 2016/2017". In: *Open Doors Report on International Educational Exchange*. Retrieved from: https://www.iie.org/Open-Doors, 2017.

续表 2-1

排　名	来源国	人数（2016/2017 学年）（人）	比例（%）
7	日本	4361	3.2
8	意大利	4121	3.1
9	巴西	3939	2.9
10	西班牙	3135	2.3

在我国，高等教育国际化也体现在教师国际化。我国高校教师国际化，除了为世界高校教师流动做出了巨大贡献（特别是美国和日本）外，我国高校在引进海外高水平教师上也进行了前所未有的努力。从中央政府层面，出台了"百人计划"和其他相关政策，吸引了近万名海外高层次人才来我国高校工作。据中国教育国际交流协会调查统计，我国普通本科院校平均拥有外籍专任教师人数为 17 人，其中"985"高校最多，校均外籍教师 76 人，非"211"高校平均 12 人，并且大部分为外语教师（见表 2-2）。

表 2-2　我国不同类型高校外籍教师的比例

高校类型	校均外籍教师人数（人）	外籍教师所占比例（%）
"985"高校	76	2.9
"211"高校	36	2.3
其他高校	12	1.7
所有高校	17	1.8

资料来源：中国教育国际交流协会编《中国高等教育国际化发展状况调查报告》(2015)。

从对不同地区高校外籍教师的统计来看，东部地区高校明显高出平均水平，而中西部地区高校则比例相当，远低于东部高校。这也真实地反映了东西部高校的办学实力（见表 2-3）。

表2-3 我国不同地区高校外籍教师的比例

高校类型	校均外籍教师人数（人）	外籍教师所占比例（%）
东部地区高校	21	2.5
中部地区高校	13	1.1
西部地区高校	12	1.0
所有高校	17	1.8

资料来源：中国教育国际交流协会编《中国高等教育国际化发展状况调查报告》（2015）。

（三）项目流动与学校流动

项目流动是一个中国概念，其实是指专业流动（mobility of programs），在澳大利亚称之为"境外专业"（offshore programs），在我国称为"中外合作办学项目"。项目流动是指一所高校与另外一个国家的高校或机构合作举办一个专业，共同提供二者认可的课程，授予这所高校的学位、文凭或联合学位。学校流动是指一国高校在另外一个国家设立海外分校（offshore campus or branch campus），在中国称之为"中外合作办学机构"。就二者比较言，项目流动要比学校流动更加便利，属于轻资产流动，因此，世界上专业流动的数量要比学校流动的数量要多很多倍。目前，还没有全球的境外专业数量数据，但是，海外分校在2016年达到了250所，学生总数有18万人。中国、阿联酋、新加坡、马来西亚和卡塔尔是海外分校的主要接收国，海外分校总数达到了100所。前五大分校来源国家是美国、英国、俄罗斯、法国和澳大利亚，所设分校总数高达180所。[①]

澳大利亚大学在海外开设专业数有821个，分校有31所，学习期限

---

① Redden E. "Number of International Branch Campuses Hits 250", https://www.insidehighered.com/quicktakes/2016/10/18/number-international-branch-campuses-hits-250.

为 6 个月到 5 年不等。其中，有 10 所大学提供远程教育。大多数项目和学校提供本科教育，5 所大学只提供硕士生教育。澳大利亚海外专业和分校的主要接收国和地区是马来西亚（24%）、新加坡（20%）、中国内地（11%）和中国香港（11%）（见表 2-4）。① 在英国，有 70 万名学生在其大学的海外分校和项目进行学习，占英国国际学生总数的 60%。② 2017 年，我国合作办学的项目与机构数为 2539 个，其中本科以上机构与项目为 1266 个。各级各类在校生数达 56 万人。③ 中外合作办学项目与机构的主要来源国是英国、美国、俄罗斯、澳大利亚和加拿大。

表 2-4 澳大利亚海外分校（2014）

海外分校	澳大利亚大学	接收国（地区）
1. 阿德莱德大学新加坡校园（之前称为义安-阿德莱德教育中心）（Ngee Ann Academy, formerly known as Ngee Ann-Adelaide Education Centre）	阿德莱德大学（The University of Adelaide）	新加坡
2. 国际研究中心，迪拜（International Study Centre）	莫道克大学（Murdoch）	阿联酋
3. 科廷大学新加坡分校（Curtin Singapore）	科廷大学（Curtin University）	新加坡
4. 科廷大学马来西亚沙捞越分校（Curtin University Sarawak Malaysia）		马来西亚
5. 香港管理专业协会（The Hong Kong Management Association, HKMA）	悉尼科技大学（University of Technology Sydney）	中国香港
6. 上海大学（Shanghai University）		中国内地
7. 新加坡航天工程师协会（Singapore Institute of Aerospace Engineers）		新加坡

---

① Universities Australia. *Offshore Programs of Australian Universities*, 2014 (4).
② Mitchell N. "Divide between Onshore and Offshore Campuses Blurring", http://www.universityworldnews.com/article.php?story=20180118125323500.
③ 修菁：《我国与 24 个 "一带一路" 沿线国家互认学历》，见人民政协网（http://www.rmzxb.com.cn/c/2017-05-16/1538382.shtml）。

续表 2-4

海外分校	澳大利亚大学	接收国（地区）
8. 槟城国际经济地质学家协会（SEG International Penang）	南昆士兰大学（University of Southern Queensland）	马来西亚
9. 沙捞越国际经济地质学家协会（SEG International Sarawak）		
10. 吉隆坡国际经济地质学家协会（SEG International Kuala Lumpur）		
11. 梳邦再也市国际经济地质学家协会（SEG International Subang Jaya）		
12. 哥打白沙罗区国际经济地质学家协会（SEG International Kota Damansara）		
13. 澳大利亚管理研究生院（Australian Graduate School of Management，AGSM）	新南威尔士大学（University of New South Wales）	中国香港
14. 斯威本科技大学沙捞越分校（Swinburne University of Technology Sarawak Campus）	斯威本科技大学（Swinburne University of Technology）	马来西亚
15. 越南皇家墨尔本理工大学国际大学（RMIT International University Vietnam）	皇家墨尔本理工大学（Royal Melbourne Institute of Technology University）	越南
16. 纽卡斯尔大学新加坡分校（University of Newcastle，Singapore）	纽卡斯尔大学（University of Newcastle）	新加坡
17. 莫纳什大学南非分校（Monash University South Africa）	莫纳什大学（Monash University）	南非
18. 莫纳什大学马来西亚分校（Monash University Malaysia）		马来西亚
19. 詹姆斯·库克大学新加坡分校（JCU Singapore）	詹姆斯·库克大学（James Cook University）	新加坡

续表 2-4

海外分校	澳大利亚大学	接收国（地区）
20. 科威特中央澳大利亚大学（Australian College of Kuwait Central）	昆士兰大学（Queensland University）	科威特
21. 英迪国际大学（INTI International Laureate）	卧龙岗大学（University of Wollongong）	马来西亚
22. 卧龙岗大学迪拜校区（University of Wollongong in Dubai，UOWD）		阿联酋
23. 皇家管理学院（Royal Institute of Management）	堪培拉大学（University of Canberra）	不丹
24. 华东理工大学（MBA 项目）		中国内地
25. 杭州师范大学（教育领导与管理硕士项目）		中国内地
26. 哈尔滨师范大学（英语教育硕士项目）		
27. 宁波大学（MBA 项目）		
28. 岭南大学持续进修学院（Lingnan Institute of Further Education）		中国香港
29. 香港浸会大学持续教育学院（School of Continuing Education Hong Kong Baptist University）		
30. M2 研究院（原名：亚洲环球研究院）（M2 Academy, previously called Asia Global Graduate School）		新加坡
31. 领英国际教育学院（Vietnam National University HCM-International Education Institute Center）		越南

资料来源：Universities Australia. *Offshore Programs of Australian Universities*，2014（4）.

二、学术研究的国际合作

在全球化影响下,学术研究的国际合作与竞争也愈演愈烈。研究国际化包括申请国际课题、成立国际研究中心、参与国际会议、与国际学者合作发表论文等。研究的国际化,一方面可以通过国际合作研究解决世界性科学难题,另一方面有利于发展中国家的科学家在国际合作中成长。在泰晤士高等教育世界大学排名中,国际合作发表论文是其中一个指标,占比2.5%,从而把研究的国际合作提升到了一个非常重要的地位。据统计,2004—2014年,世界上国际合作发表的论文比例从15.1%上升到18.3%,并且研究型大学国际合作发表论文的比例要比这一平均水平高得多。①

我国SCI论文数量持续快速增加,增速远超世界整体水平。2014年,中国发表SCI论文26.35万篇,约占世界总量(176.63万篇)的14.9%,比上年提升了1.4个百分点,连续6年排在世界第2位。排在世界前5位的国家或地区还有美国、德国、英国和日本。排在第一位的美国,其论文数量为48.66万篇,占世界份额的27.5%(见图2-1)。国际合作论文数量也持续增长,中国作者参与度进一步提升。2014年,中国发表国际合作SCI论文6.5万篇,比上年增加了9372篇,增幅达16.7%,占到我国发表SCI论文总数的24.7%。中国作者为第一作者的国际合作论文共计44415篇,占我国全部国际合作论文的67.9%,合作伙伴涉及144个国家(地区)。合作伙伴排在前6位的国家分别是美国、英国、澳大利亚、加拿大、日本和德国。中国作者参与工作、其他国家作者为第一作者的合作论文共21033篇,涉及105个国家(地区),合作伙伴排在前6位的国家

---

① Chan J. "International Research Collaboration Growing but Still Hard to Measure", https://www.elsevier.com/connect/international-research-collaboration-growing-but-still-hard-to-measure.

分别是美国、日本、德国、英国、澳大利亚和加拿大,其中与美国的合作论文数量上升较多(见图2-2)。①

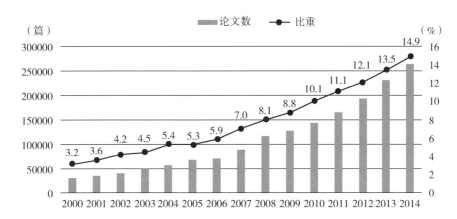

图2-1 中国SCI论文占世界总数比例的变化趋势(2000—2014年)

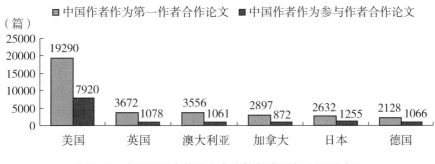

图2-2 中国国际合作论文合作较多的国家(2014年)

此外,我国政府近年来开始重视国际合作实验室和研究中心的建设,以另外一种方式来促进研究的国际化。2014年,教育部印发《国际合作联合实验室计划》的通知,决定依托高等学校整合、提升并建设认定一

---

① 科学技术部创新发展司:《2014年中国科技论文统计分析》,载《科技统计报告》2016年第1期(总第573期)。

批国际合作联合实验室。① 2016年1月,教育部发布最新一批国际合作联合实验室立项名单,立项建设17个国际合作联合实验室(见表2-5)。②

表2-5 教育部批准成立的国际合作联合实验室

序号	国际合作联合实验室名称	依托单位(中方)	外方单位	建设期
1	高端装备创新设计制造国际合作联合实验室	清华大学	德国亚琛工业大学	2016.1—2018.12
2	地球空间信息科学国际合作联合实验室	武汉大学	香港大学	2016.1—2018.12
3	微纳制造与测试技术国际合作联合实验室	西安交通大学	澳大利亚新南威尔士大学和英国伯明翰大学等	2016.1—2018.12
4	绿色建筑与人居环境营造国际合作联合实验室	重庆大学	与英国雷丁大学、剑桥大学、拉夫堡大学、伦敦大学学院,美国罗格斯大学、辛辛那提大学、劳伦斯伯克利国家实验室,澳大利亚墨尔本大学、悉尼大学,新西兰惠灵顿维多利亚大学等12家世界知名大学、科研机构合作组建	2016.1—2018.12

---

① 资料来源:教育部官网(http://www.gov.cn/gzdt/2014-01/28/content_2577308.htm)。
② 教育部:《国际合作联合实验室立项名单》,见搜狐网(http://learning.sohu.com/20160104/n433388738.shtml)。

续表 2-5

序号	国际合作联合实验室名称	依托单位（中方）	外方单位	建设期
5	光子学与技术国际合作联合实验室	浙江大学	瑞典皇家工学院	2016.1—2018.12
6	食品安全国际合作联合实验室	江南大学	与美国加州大学戴维斯分校等4所美国高校和美国农业部、加拿大农业部合作建设	2016.1—2018.12
7	大气与地球系统科学国际合作联合实验室	南京大学	芬兰赫尔辛基大学	2016.1—2018.12
8	智能感知与计算国际合作联合实验室	西安电子科技大学	荷兰莱顿大学和英国诺丁汉大学	2016.1—2018.12
9	地震工程国际合作联合实验室	同济大学	美国加州大学伯克利分校、日本东京工业大学以及意大利欧洲地震工程研究中心	2016.1—2018.12
10	信息显示与可视化国际合作联合实验室	东南大学	英、法、荷兰、新加坡	2016.1—2018.12
11	武汉光电国际合作联合实验室	华中科技大学	美、法、德、俄、英、加、澳、新加坡	2016.1—2018.12
12	中枢神经再生国际合作联合实验室	暨南大学	香港大学	2016.1—2018.12
13	柔性电子国际合作联合实验室	南京工业大学	英国帝国理工学院塑料电子中心、新加坡南洋理工大学材料科学与工程系、新加坡国立大学化学系、英国圣安德鲁大学有机电子研究中心	2016.1—2018.12

续表 2-5

序号	国际合作联合实验室名称	依托单位（中方）	外方单位	建设期
14	光信息国际合作联合实验室	华南师范大学	荷兰埃因霍温理工大学、荷兰特文特大学与瑞典隆德大学等	2016.1—2018.12
15	农业与农产品安全国际合作联合实验室	扬州大学	加、德、美、法、日、西六国高校	2016.1—2018.12
16	资源化学国际合作联合实验室	上海师范大学	英、美、德、新加坡、以色列	2016.1—2018.12
17	物联网智能信息处理与系统集成国际合作联合实验室	广东工业大学	香港城市大学、香港理工大学	2016.1—2018.12

当然，发展中国家甚至是小型发达国家的大学教师在开展研究国际化合作时，存在着语言和文化上的障碍。韩国延世大学（Yonsei University）的 Kap-Young Jeong 校长指出，"非英语国家的大学开展国际研究合作的最大障碍是语言和文化"[①]。延世大学 4000 个教师的科研成果都是在韩语刊物发表的。在人文和社会科学领域，研究的视域主要是本地问题，因此，增加了与国际研究合作的难度。

三、大学治理模式的全球趋同

高等教育全球化的一个体现是大学治理模式的全球趋同，特别是高等教育资助机制和质量保障的趋同。[②]

---

① Chan J. "International Research Collaboration Growing but Still Hard to Measure", https：//www.elsevier.com/connect/international-research-collaboration-growing-but-still-hard-to-measure.

② OECD. "Globalisation and Higher Education：What might the Future Bring". In：IMHE Info. *Programme on Institutional Management in Higher Education*，2009（12）.

竞争性研究资助是世界上研究资助的一种趋势，美国、英国和中国莫不如此。美国大学的科研经费主要来源于美国联邦政府的竞争性科研经费。美国联邦政府的健康与人类服务部（HHS）、美国国家科学基金会（NSF）、国防部（DOD）、能源部（DOE）、航空航天局（NASA）和农业部（USDA）六大部门为大学科研提供了美国联邦政府所有部门给大学科研经费总额的90%以上，而高达80%的美国联邦政府科研经费则分配给了被称为"巨型大学"的100所研究型大学。英国则是以大学科研质量评估为基础的科研条件拨款和科研项目资助相结合的双元资助体系（Dual Support System）而著称。科研条件拨款以大学科研质量评估（Research Assessment Exercise，始于1986年）公式中的主要依据——学科成本、学科规模和学科水平等来计算。此类科研条件拨款主要用于大学内部的科研基础设施建设、公用基础科研平台（例如计算中心、分析中心等）建设、房屋以及科研设备采购和人员聘用等。英国的科研项目拨款，主要是通过七大专业性研究理事会以及艺术与人文学科研究理事会（AHRB）实施，采取以同行评议为基础的竞争性资助模式。上述专业性研究理事会资助的项目经费总额的50%左右流入大学系统，其他50%流入这些研究理事会的科研机构以及其他科研机构。① 我国的研究资助主要是竞争性项目资助和"211""985"以及"双一流"等工程资助，这里不赘述。

高等教育的质量保障（quality assurance，QA）受到世界各国政府的重视，大量的校外质量保障机构纷纷建立，并且评估方法也趋于一致。总体来说，亚洲高等教育质量保障机构倾向于评估方法（evaluation approach），而西方机构则青睐审核方法（audit approach），未来的趋势是这两种方法走向融合。② 从区域来看，欧盟建立了欧洲高等教育质量保障协会、欧洲高等教育认证联盟、中欧和东欧高等教育质量保障联盟等，非洲

---

① 财政部：《美国、英国大学科研资助情况研究》，见中华人民共和国财政部网站（http://jkw.mof.gov.cn/zhengwuxinxi/tashanzhishi/200807/t20080731_60011.html）。

② OECD. "Globalisation and Higher Education：What might the Future Bring". In：IMHE Info. *Programme on Institutional Management in Higher Education*，2009（12）.

建立了非洲高等教育质量保障联盟与东非高等教育质量保障联盟等，亚洲建立了亚太地区质量保障联盟、东盟质量保障联盟、加勒比地区高等教育质量保障联盟、伊斯兰世界质量保障联盟和阿拉伯高等教育质量保障联盟等（见表2-6）。从国别来看，大多数国家都建立了高等教育质量保障机构，如中国的教育部高校教学评估中心、澳大利亚高等教育质量与标准署（TEQSA）、英国的高等教育质量保障署（QAA）和美国六大区域共计163个高等教育认证机构等。此外，在伦敦还建立了国际高等教育质量保障联盟（INQAAHE），它是一个世界性的高等教育质量保障的理论研究与实践组织，会员有近300个，大多数是各种高等教育质量保障机构。目前，随着高等教育质量保障活动在全球的开展与研究，逐渐达成了如下共识：教育质量保障的主体在高等教育机构；质量保障的需求与高等教育体系、教育机构和学生的多样化保持一致；质量保障的预期应满足学生、教育机构董事会和社会的一致需求；教育质量保障应支持质量文化的发展和延续。在内部教育质量控制上，更加注重"以学生为中心"、能力教育和灵活学习的模式；在外部教育评估方面，注重实用性、程序性教育评价流程，加大同领域专家、学生组织的评价比重以及教育评估机构的独立性。[①]

表2-6 区域高等教育质量保障机构

ANQAHE	阿拉伯高等教育质量保障联盟（Arab Network for Quality Assurance in Higher Education）
AQAN	东盟质量保障联盟（ASEAN Quality Assurance Network）
APQN	亚太地区质量保障联盟（Asia-Pacific Quality Network）
IQA/AQAAIW	伊斯兰世界质量保障联盟（Association of Quality Assurance Agencies of the Islamic World）

---

① 杜海坤：《欧洲发表欧洲高等教育质量保障发展报告》，载《中国教育报》2016年5月6日第6版。

续表2-6

CANQATE	加勒比地区高等教育质量保障联盟（Caribbean Area Network for Quality Assurance in Tertiary Education）
CEENQA	中欧和东欧高等教育质量保障联盟（Central and Eastern European Network of Quality Assurance Agencies in Higher Education）
EAQAN	东非高等教育质量保障联盟（East African Higher Education Quality Assurance Network）
EASPA	欧洲学科和专业认证与质量保障联盟（European Alliance for Subject-Specific and Professional Accreditation & Quality Assurance）
ENQA	欧洲高等教育质量保障协会（European Association for Quality Assurance in Higher Education）
ECA	欧洲高等教育认证联盟（European Consortium for Accreditation in Higher Education）
ENAEE	欧洲工程教育专业认证协会（European Network for Accreditation of Engineering Education）
EQANIE	欧洲信息学教育质量保障联盟（European Quality Assurance Network for Informatics Education）
AfriQAN	非洲高等教育质量保障联盟（African Quality Assurance Network）
ASPA	专业和职业认证协会（Association of Specialized and Professional Accreditors）

四、高等教育大众化

近30年来，高等教育大众化开始由发达国家向其他国家传播开来。高等教育大众化进程最早发端于美国。20世纪前30年，美国高等教育毛入学率从2%上升到7%，经过30年代的"大萧条"和40年代的"二战",到 1949 年发展到了 15%,进入大众化,① 然后在 70 年代进入普及化阶段。2015 年,全球高等教育毛入学率平均为 36%,欧洲与北美超过 76%,拉美和东亚超过平均水平,阿拉伯国家、中亚、南亚和西亚低于平均水平,撒哈拉以南非洲则离大众化甚远(见表 2-7)。

表 2-7 全球高等教育毛入学率

年份 地区	2000	2005	2010	2015
世界	19%	24%	29%	36%
中东欧	43%	59%	69%	78%
北美和西欧	60%	70%	77%	76%
拉美及加勒比	23%	31%	41%	47%
东亚及太平洋	15%	23%	28%	40%
阿拉伯国家	18%	22%	25%	31%
中亚	22%	27%	25%	26%
南亚和西亚	9%	10%	17%	25%
撒哈拉以南非洲	4%	6%	7%	8%

数据来源:UIS. "UNESLO institute for statistics",http://www.unesco.org/new/en/natural-sciences/science-technology/overview-of-unescos-work/unesco-institute-for-statistics.

在大众化思潮影响下,我国高等教育从 1999 年开始扩招,从而开启了高等教育高速发展。2002 年,我国高等教育毛入学率从 1998 年的 9.8%上升到 15.1%,到 2018 年又上升到 48.1%。② 可以预见,到 2020 年,我国高等教育毛入学率将会达到 50%,进入高等教育普及化阶段。当然,我国高等教育在高速大众化过程中,也出现了教育转型不足、质量下降、就业困难等问题,需要放慢扩招的步伐,尽快消化过度发展所带来

---

① Snyder T D. "120 Years of American Education:A Statistical Portrait". National Center for Education Statistics, Washington DC, 1993.

② 《我国高等教育将普及化 高等教育毛入学率达到 48.1%》,见中国教育装备采购网(https://www.caigou.com.cn/news/201902278.shtml)。

的问题。

五、高等教育市场化

与全球化密切相关的一个问题就是高等教育商业模式的传播。进入20世纪80年代，过度膨胀的社会福利主义、经济的衰退、政府财政赤字的加大，孕育了"撒切尔主义"。撒切尔主义迅速受到西欧诸国政府的欢迎。在其影响下，私有化和市场化概念开始被引入许多公共事业领域，如公共交通、社会福利、安全、健康及基础设施等。市场化就是引入市场机制，使高等教育具有市场性。1997年，经济合作与发展组织（OECD）给高等教育市场化下了这样一个定义："把市场机制引入高等教育中，使高等教育运营至少具有如下一个显著的市场特征：竞争、选择、价格、分散决策、金钱刺激等。它排除绝对的传统公有化和绝对的私有化。"高等教育市场化有两个突出的表现：一是收取学费，二是发展私立高等教育。

减少政府投入、实行高等教育收费制度是许多国家的一种选择。英国自20世纪80年代开始把免费的高等教育变成收费的高等教育，对本国学生实行低收费，对外国学生实行高收费（英联邦国家和欧盟学生享受英国学生待遇）。我国高等教育也自20世纪90年代开始实行收费制度，从2014年起，研究生教育也开始全面收费。至此，我国博士生教育以下的各级高等教育都实行了收费制度，而且民办高等教育的学费更高。在美国，无论是公立高等教育还是私立高等教育，都实行收费制度，并且私立精英高等教育收费昂贵，学费高达5万～6万美元/学年。

私立高等教育是世界高等教育发展中的一支重要力量，也成为全球高等教育发展的一大趋势，其学生数占高校在校生总数的30%左右。除了西欧私立高校很少外，亚洲、北美和南美私校发达。日本、韩国、智利被称为世界上私立高等教育的中心，80%的学生就读于私立高校。美国是当今世界上私立高等教育影响力最大的国家，其私立大学的声誉超过公立大学，私立高校有2735所，占美国高等学校总数（4358所）的62.8%。美国私立高校在校生数是 526 万人，占美国高校学生总数（1984 万人）的 26.5%。① 美国私立大学学术水平高，顶尖水平研究型大学有 34 所，高水平研究型大学有 30 所，博士/研究型大学有 71 所，硕士大学有 470 所，四年制文理学院有 632 所，四年制专门学院有 857 所，二年制学院有 641 所。美国私立研究型大学有 135 所，其顶尖大学包括哈佛大学、耶鲁大学和麻省理工学院（MIT）等世界顶尖大学，它们是美国乃至世界高等教育和知识创造的中心。除此之外，美国营利性私立高等教育发达，2016 年，其营利性高校有 1054 所，在校生 118 万人，占全美高校学生总数的 6%。

伴随着改革开放，我国民办高等教育枯木逢春，从 1949 年关闭 30 年后蓬勃发展起来，成为我国高等教育大众化的重要力量。2016 年，我国民办普通高校有 741 所，占我国普通高校总数（2596 所）的 28.5%。民办普通高校学生有 616 万人，占全国普通高校学生总数（2893 万人）的 21.3%。②

六、世界一流大学排名与建设

世界一流大学排名与建设成为一个全球性话题和行动，世界各国及其研究型大学都被裹挟在这一潮流之中。目前，全球有四大权威世界大学排名，即 ARWU 世界大学学术排名、泰晤士高等教育（Times Higher Education，THE）世界大学排名、QS（Quacquarelli Symonds）世界大学排名和 US News 世界大学排名。世界一流大学排名始于上海交通大学，它于 2003 年在网上发布"世界大学学术排名"（Academic Ranking of World Universities，ARWU），成为世界上第一个世界大学排名。2004 年，泰晤士高等教育与 QS 合作发布世界大学排名，即泰晤士高等教育—QS 世界大学排

---

① NCES. "Number of Degree-granting Postsecondary Institutions and Enrollment in These Institutions by Enrollment Size, Control, and Classification of Institution: Fall 2016", https://nces.ed.gov/programs/digest/d17/tables/dt17_317.40.asp.

② 教育部发展规划司：《2016 年教育统计年鉴》，中国统计出版社 2017 年版。

名，迅速成为世界上最有影响力的大学排名。2009年，二者一分为二，变成了两个独立的世界大学排名。2014年，《美国新闻与世界报道》（*U. S. News & World Report*）首次发布"US News世界大学排名"（US News Best Global Universities），成为世界大学排名的一个新贵。

不可否认，众多的世界大学排名对方兴未艾的世界一流大学建设运动起到了推波助澜的作用，深刻影响了各国教育部长和研究型大学校长的教育决策和战略。我国在"985工程"的基础上发起了"双一流"战略，争取在21世纪中叶建成一批世界一流大学和学科。印度计划在未来10年内将约20所大学建设成为"世界一流大学"，作为该国高等教育改革的一部分，共100所顶级高校正竞相争取进入"卓越机构"的行列。[①] 日本相继提出了"21世纪COE计划"和"全球COE计划"（COE是英文"Center of Excellence"的缩写）。韩国相继启动了"Brain Korea 21"工程和"21世纪智慧韩国工程后续工程"（BK21 plus）。俄罗斯推出"5—100计划"重点建设21所大学，争取在2020年至少有5所俄罗斯高校跻身国际知名高校排行榜（QS、THE、ARWU）的前100强行列。

对我国高等教育而言，建设世界一流大学是高等教育的中国梦。应该说，我国的世界一流大学建设已经取得明显的成绩。在《美国新闻与世界报道》对1250所世界知名大学（2018年）的排名中，我国有136所大学上榜，仅次于有221所大学上榜的美国。在上海交通大学的世界大学排名中，国内的清华大学与北京大学进入100强。在泰晤士高等教育世界大学排名中，清华大学与北京大学进入50强，加上中国香港的大学，中国总共有5所大学进入100强。上述统计表明，我国的科技和高等教育开始从边缘进入中心。

---

① Niazi S. "Over 100 HE Institutions Bid for 'World-class' Upgrade". *University World News*, 2017, 487.

七、全球知识体系

就层次而言,知识体系分为全球(世界)知识体系与国家知识体系。全球知识体系是指知识生产和传播的世界性与国际性,而国家知识体系则是指知识生产和传播的地方性与民族性。"边缘—中心"理论认为,世界知识体系由边缘与中心构成,少数发达国家的大学居于中心位置,其他国家的大学居于边缘位置(包括芬兰这些小型发达国家)。美、英、德、法等国的大学和精英学者居于世界知识体系的中心,是世界知识的主要生产者,而发展中国家则是世界知识的消费者。[①] 发展中国家以及一些中等发达国家如韩国的学者,主要在国内发表论文,知识的生产和传播主要发生在国内。当然,在中国和印度,越来越多的科学家在国际期刊上发表论文,对世界知识的生产做出了更多的贡献。世界知识生产也正走在去中心化的路上。

世界知识的传播系统仍然被世界上最主要的学术期刊——西方的期刊所统治。西方学者控制着世界的优秀学术期刊,出版着影响世界学术的书籍,把持着各学科国际学会和会议的学术领导位置,英语成为世界学术交流的主要语言。这种西方中心主义的知识传播系统,使得发展中国家的学者进入世界学术网络非常困难,从而造成了世界学术的不平等现象。

但是,现在这个知识传播系统受到了攻击。这个系统中一些贪婪的出版商想赚很多钱,许多大学、科学家和政府对此表示抗议与不满,也在寻求其他的方法传播科学。这种变化还在持续,由于互联网的发展而变得更加复杂。

---

① Altbach P G. "Gigantic Peripheries India and China in World Knowledge System". *Economic and Political Weekly*, 1993, 28 (24): 1220 – 1225.

第三章

区域高等教育一体化

在全球化影响下，世界各区域如欧盟、非洲、东盟、南亚、拉美等都开始了高等教育一体化的进程，我国提出的"一带一路"教育共同体也是其中之一。虽然我国所提出的"一带一路"教育共同体与这些区域高等教育一体化有显著的不同，但是，它们的政策和经验也可以为"一带一路"建设提供有价值的借鉴。前面研究了高等教育全球化，下面将分析区域高等教育一体化，包括欧盟、非盟、拉美、东盟等。

第一节　欧盟高等教育一体化

1957年3月25日，以欧洲煤钢共同体六国共同签署里程碑式的《罗马条约》、确立欧洲经济共同体和欧洲一体化为标志，欧洲一体化进程经过了60多年的发展，建成了以经济货币联盟、共同外交与安全政策、内政司法合作为三大支柱，具有超国家性质的洲经济政治联盟。欧洲高等教育区的建设则是欧洲一体化的重要组成部分。

一、欧洲高等教育区建设的动因

1. 重建"欧洲认同"意识

欧盟，不仅仅是一个利益和目的的共同体，而且是一个文化和理念的共同体。它的成员国文化多样、教育体制各异，因此自下而上建立的"欧洲认同"对推动欧洲一体化进程向前发展显得尤为重要，教育是实现这一目标的有效途径。① 因此，为了培养学生的"欧洲认同"，使其对欧盟具有认同感和归属感，欧盟提出了"欧洲维度"和"欧洲高等教育区"的概念，不但让学生学会如何"思考欧洲、感知欧洲和研究欧洲"，而且要建设一体化的欧洲高等教育学位体系、学分转换体系以及质量保障体系，促进学生的跨国流动。

2. 提高欧洲人才和研究的竞争力

"二战"后，崇尚建立一个和平、安全与繁荣的欧洲的欧盟国家，普遍意识到知识这一生产要素在经济社会发展中的重要作用。在国家竞争是

---

① 王小海、刘凤结：《欧盟教育政策中的"欧洲维度"与欧洲认同建构——对两岸三地身份认同建构的启示》，载《广东外语外贸大学学报》2014年第3期。

人才竞争观念的影响下,欧洲各国重塑过去大学的辉煌,大力发展高等教育、终身教育和国际教育,培养经济发展所需要的先进科学知识和各类技术人才,培养具有国际视野和欧洲认同的欧洲一体化人才。因此,建设欧洲高等教育区,构建欧洲高等教育资格框架,扫除各国高等教育所存在的学历互认和学分互换等方面的障碍,就显得尤为必要。

当然,高等教育的全球化和国际化思潮也推动了欧洲高等教育的一体化发展,而欧洲高等教育区的建设,又反过来影响了高等教育的全球化、区域化与国际化。

二、欧洲高等教育区建设的历程

欧洲高等教育区建设可以分为欧洲高等教育区提出前、建设以及深入发展三个阶段。目前,加入欧洲一体化进程的国家有48个。

(一) 欧洲高等教育区提出前阶段

在1998年欧洲高等教育区提出前的25年间,欧共体就教育包括高等教育出台了一系列政策文件。① 1973年的《关于共同体的教育政策》(*For a Community Policy in Education*),即《詹尼报告》,提出"教育合作计划在反映共同体经济与社会政策渐进性融合的同时,必须适应教育领域特定的目标和要求",强调在职业教育与培训和普通教育之间建立紧密联系。1976年的《教育行动计划方案》提出了青年人失业问题以及解决失业和提高就业的教育政策措施,以实现经济增长和提高生活质量。1983年的《所罗门宣言》(*Solomon Declaration*)提出将"欧洲认同"扩展到文化领域,以把共同的文化遗产有意识地确定为"欧洲认同"的一个因素。1993年的《欧洲维度的教育绿皮书》(*Green Paper on European*

---

① 陈时见、冉源懋:《欧盟教育政策的历史演进与发展走向》,载《教师教育学报》2014年第5期。

Dimension of Education）具体提出了 4 项政策以突出教育的"欧洲维度"：强化青少年对欧盟的认同感；引导欧洲人参与欧盟的经济及社会发展；帮助欧洲人了解欧盟为其拓展的更大的经济及社会发展优势空间并学习如何应对挑战；增进欧洲人对欧盟及成员国的历史、文化、经济及社会层面的相互认识，并进一步认识欧盟成员国与其他区域或国家合作的意义。1996年的《教学与学习——走向学习社会》（*Teaching and Learning*：*Towards the Learning Society*）白皮书，在教育与就业方面提出五大目标：鼓励获得新知识；密切学校与企业的联系；消除偏见和排外；精通三门语言；平衡资本投入与培训投入。1997 年 4 月 8—11 日，欧洲理事会与联合国教科文组织在里斯本共同推出了《关于欧洲地区高等教育资格承认公约》，简称《里斯本公约》。这个公约是欧洲地区唯一涉及欧洲地区高等教育的具有约束力的文书，是奠定"博洛尼亚进程"的基础文件，明确了欧洲地区的大学文凭和资格互认的问题。

（二）欧洲高等教育区建设阶段——博洛尼亚进程（Bologna Process）

1998 年 5 月，法国、德国、意大利和英国的教育部长在法国索邦大学签署了《索邦宣言》，提出将"致力于建设一个可相互参照的共同框架，以提高外部承认与促进学生流动和职业能力为目标"，并"努力创设一个欧洲高等教育区"，即提出了欧洲高等教育区的设想。1999 年 6 月 19 日，欧洲 29 国的教育部长，包括欧盟成员国和申请国在博洛尼亚举行会议，签署了《博洛尼亚宣言》，提出到 2010 年建成欧洲高等教育区的六大行动目标：建立容易理解以及可比较的学位体系；建立以本科和硕士为基础的高等教育体系；建立欧洲统一的学分体系；促进学生、教师、学术人员及行政人员的流动；促进欧洲高等教育质量保障的合作；推动高等教育的"欧洲维度"。①

为了进一步推进欧洲高等教育一体化,"博洛尼亚进程"各成员国商定在2010年前每两年举办一次部长级会议,对前两年的工作进行评价与总结,对未来两年的工作进行规划,并发布相关公报(见表3-1)。10年间,欧盟针对"博洛尼亚进程"开了5次部长级会议,严格地审议、评估了每两年各国推进工作情况,并提出了相应的优先行动和评估项目。这些定期的部长级会议,较好地控制了"博洛尼亚进程"的发展,在复杂多样的高等教育体系以及面临众多批评等困境下,基本达到了2010年的预期目标。

表3-1 "博洛尼亚进程"中欧盟教育部长会议发布的两年一度公报

年份	公报名称	内容(除审议前两年六大目标的进展情况外)
2001	《布拉格公报:迈向欧洲高等教育区》	提出增加终身学习、学生参与和提高高等教育区的吸引力三项建设内容
2003	《柏林公报:实现欧洲高等教育区》	评估了九项内容和目标,又增加了两项行动:①欧洲知识型社会的两大支柱:高等教育区与研究区;②2005年会议重点对质量保障、二级学位体系以及学位互认进行半程绩效评估
2005	《卑尔根公报:欧洲高等教育区——实现目标》	评估了2003年会议提出的三项内容的绩效;指出了高等教育与研究、社会维度、流动性、高等教育区的吸引力以及与其他地区的合作等优先计划;提出了2007年会议对质量保障标准的实施、国家学历资格框架的实施、联合学位的授予与认可以及为学生提供弹性学习路径的机会等四项内容进行评估的要求;提出要为2010年的总目标的实现做准备

---

① Bologna Ministerial Conference. *Bologna Declaration on the European Higher Education Area*. 1999.

续表 3-1

年份	公报名称	内容（除审议前两年六大目标的进展情况外）
2007	《伦敦公报：全球化时代欧洲高等教育区建设的挑战》	评估了九项建设内容；提出了今后两年的优先建设与评估任务，包括流动、社会维度、资料收集、就业以及全球化时代的欧洲高等教育区；为 2010 年的目标努力，并为 2010 年后的欧洲高等教育区建设提供意见
2009	《勒芬/鲁汶公报：博洛尼亚进程 2020——未来十年的欧洲高等教育区》	①对"博洛尼亚进程"的目标进行了积极评价，基本实现了高等教育体系的可比较、学生流动、三级学位体系以及学分交换和质量保障；②未来 10 年，欧洲高等教育区建设仍然要在社会维度：平等入学与成功学业，终身学习，就业，学生中心学习与教学，教育、研究与创新，国际开放，人员流动，数据收集，多维透明工具，资助 10 个方面继续改革与发展

资料来源：《欧盟教育部长会议公报》（2001—2009）。

（三）欧洲高等教育区深入发展阶段

2010 年 12 月，欧盟各国教育部长在布达佩斯举行一周年聚会，发布了《关于欧洲高等教育区的布达佩斯—维也纳宣言》。在肯定"博洛尼亚进程"在高等教育体系的可比较性、三级学位体系以及学分互换、学生流动、质量保障等方面所取得的成就基础上，宣言提出今后 10 年要按照《勒芬/鲁汶公报：博洛尼亚进程 2020——未来十年的欧洲高等教育区》所规划的目标，继续围绕欧洲高等教育区建设，在社会维度——平等入学与成功学业，终身学习，就业，学生中心学习与教学，教育、研究与创新，国际开放，人员流动，数据收集，多维透明工具，资助——10 个方面进行改革与发展。它还要求"博洛尼亚跟进小组"（Bologna Follow-up Group，BFUG）通过同行学习、学习考察以及其他信息分享活动，促进欧洲高等教育区在国家和高校层面实施"博洛尼亚原则"，并促进欧洲高等教育区与欧洲研究区的协同发展。此次会议宣布下次部长会议于 2012 年

4月26—27日在罗马尼亚首都布加勒斯特举行。①

2009年后，欧盟教育部长每三年聚会一次，对前三年欧洲高等教育区建设的内容与目标进行审查和评估，并对未来三年提出相关的建设性意见（见表3-2）。9年间，欧洲高等教育区建设进一步深化。面对经济和社会危机、失业、难民涌入以及极端主义等挑战，欧盟坚定不移地应对挑战，坚守欧洲高等教育区建设目标，与各国教育部、高等学校共同努力，取得了巨大进步。2018年，在巴黎举行的教育部长会议提出，2020年后还要继续第三个10年的欧洲高等教育区的建设。

表3-2 2009年后欧盟教育部长会议发布的三年一度公报

年份	公报名称	内容（除审议前三年六大目标的进展情况外）
2012	《布加勒斯特公报：发挥最大潜能，巩固欧洲高等教育区》	在《勒芬/鲁汶公报》基础上提出三大目标：为所有学生提供高质量教育；提高毕业生的就业能力；促进学生流动，改善学习。此外，提出了2012—2015年国家层面和欧盟层面的主要工作
2015	《耶列万公报》	提出面对经济和社会危机、失业率上升、青年人边缘化以及极端主义等挑战，必须更新观念和目标，把欧洲高等教育区建成彼此互信、学历互认、学生自由流动的区域。为此，要改善学习与教学的质量，提高学生的就业能力，建设更加包容的一体化的高等教育体系
2018	《巴黎公报：发展欧洲青年》	肯定了《索邦宣言》发布20年来欧洲高等教育区建设的巨大成绩，同时也指出了政策之间和国家之间的发展不平衡。提出继续进行三级学位体系和质量保障体系的全覆盖，创新学习与教学。面向2020后时代，构建一个更加美好的欧洲高等教育区

资料来源：《欧盟教育部长会议公报》（2012—2018）。

---

① Budapest Ministerial Conference. *Budapest-Vienna Declaration on the European Higher Education Area*. 2010.

三、欧洲高等教育区建设内容

20年的欧洲高等教育区建设是一个巨大的系统工程，其所面临的政治、文化以及高等教育体系之复杂多样，史无前例。虽然在发展过程中，高等教育外部环境的变化以及内部自身的发展出现了很多变动，但是，欧盟教育部长会议始终恪守欧洲高等教育区建设的初始设想和目标。随着欧洲高等教育区建设工作的不断推进，其建设内容也不断明晰，不断扩展。综观20年的发展，欧洲高等教育区的建设内容可以归纳为以下8个部分。

1. 建立协同的、可比较的学位体系

在欧盟各个国家的公立大学之间建立一个统一的、可以相互比较的学位体系，建立欧洲各国高等教育学历资格框架以及学分转换系统，所有开设的专业都有可比性。这一制度使欧洲高等教育具有可比性，使高等教育的教学更具透明性，从而促进所有学习的认可、学习经历的转换和学生的流动。

2. 建立一个以三阶段模式为基础的三级高等教育体系

重新打造高等教育结构，将高等教育体系分为本科生、硕士研究生和博士研究生教育三级，分别授予学士、硕士和博士学位。这一体系明显是借鉴了英美高等教育体系，并与之接轨。该三级高等教育体系，一方面把欧洲各国不同的高等教育文凭、学位教育体系统合在一个一体化的、易于比较的欧洲高等教育体系中，另一方面也与以英美为代表的三级高等教育体系接轨，更易于与其他国家高等教育进行交流和学分、学历互认，促进欧洲高等教育更加开放。

3. 建立欧洲学分转换累积制度

欧洲学分转换累积制度（The European Credit Transfer and Accumulation System，ECTS）是帮助设计、描述和传递学习项目和授予学生高等教育资格的一项工具。该工具与以成绩结果为导向的资格框架一起，使学习项目更加透明、充分，更有利于对学习资格的认定。这个学分制彻底改变

了传统学分制的理念。传统的学分代表着一个学分相当于多少学时的课程，而新的学分制，一个 ECTS 学分意味着 25～30 个学习小时，授课、作业、自学或实验各占 1/3。统一的学分转换累积制度，为学生的跨国流动提供了制度保障与条件，为欧洲高等教育区的形成提供了有效的工具。

4. 促进人员的跨国流动

欧盟推出了多个欧洲国家之间的大型教育交流计划，包括泰姆普斯计划（Tempus Programme，1990—2013）、伊拉斯谟计划（Erasmus Programme，European Community Action Scheme for the Mobility of University Students，1987—2013）、达芬奇计划（Leonardo da Vinci Programme）、夸美纽斯计划（Comenius Programme）、格伦特维加计划（Grundtvig Programme）、伊拉斯谟世界计划（Erasmus Mundus Programmme）、埃尔法计划（Alfa Programmme）、爱读林克计划（Edulink Programmme）和欧盟与工业化国家合作计划（Programme for Co-operation with Industrialised Countries）。到 2014 年，上述所有计划合并成"伊拉斯谟+计划"（Erasmus +，2014—2020）。欧盟为新计划提供 147 亿欧元经费，计划资助 400 余万师生的国际流动。①

5. 建立欧洲高等教育质量保障体系

建立欧洲高等教育质量保障体系，促进欧洲各国在高等教育保障方面的合作，为学生提供高质量的高等教育。欧盟非常重视质量保障的合作在欧洲高等教育区的建设中的作用。2000 年，建立欧洲高等教育质量保障联盟（European Network for Quality Assurance in Higher Education），促进欧洲各国高等教育质量保障的合作。2004 年，该机构更名为欧洲高等教育质量保障协会（European Association for Quality Assurance in Higher Education，ENQA）。2009 年，ENQA 发布了《欧洲高等教育区质量保障标准与指南》（Standards and Guidelines for Quality Assurance in the European Higher

---

① European Commission. "Erasmus + Key Facts", http：//ec. europa. eu/programmes/erasmus-plus/about/key-figures_en.

Education Area，ESG），以指导和协调欧洲各国高等教育质量保障机构的工作。到 2018 年，ENQA 吸纳了欧盟 48 个成员国中 28 个国家的高等教育质量保障机构作为会员，这些会员机构表示愿意接受 ENQA 的质量保障标准。① 毫无疑问，ENQA 的工作为建设可比较的一体化的欧洲高等教育区提供了质量框架和评估工具，但是还有近一半国家的高等教育质量保障机构未能成为会员，可见未来 10 年还有许多挑战。

6. 重视社会维度的建设

社会维度（social dimension）是自 2005 年《卑尔根公报》发布以来欧洲高等教育区建设的重要内容，也是政治家和民众关注的民主教育问题。十几年来，欧洲教育部长会议要求从财政支持和咨询服务两个方面帮助处境不利的学生，增加入学机会，促进成功毕业和就业。② 为了贯彻社会维度建设，各公报不仅把其作为优先行动计划项目，而且要求"博洛尼亚进程"跟进小组采取视察、评估等手段督促各国社会维度建设，尤其是在经济和社会危机时期，这项工作尤其重要。

7. 增强毕业生就业能力

毕业生就业能力培养是 2007 年在《伦敦公报》中率先提出来的，并随着经济、社会危机以及年轻人边缘化等问题的蔓延，欧洲教育部长会议把这一问题始终放在优先发展的计划之中，如《布加勒斯特公报》和《耶列万公报》。公报提出"博洛尼亚进程"跟进小组采取更详细的措施来改进三级学位教育学生终身学习背景下的就业能力。所有的利益相关者都要负起责任。政府和高校要更多地与用人单位及其他利益相关者就教育改革进行沟通，高校要加强与用人单位合作，进行基于学习结果的课程

---

① ENQA. *ENQA Message to Ministers Responsible for Higher Education in the EHEA*. 2018.

② Bergen Ministerial Conference. *The European Higher Education Area：Achieving the Goals*. 2005.

改革。①

8. 构建以学生为中心的教学与创新教学

2009年欧洲教育部长会议在《勒芬/鲁汶公报》中提出要进行基于学生结果的教学改革，构建以学生为中心的教学体系。以学生为中心的教学要求赋权给学生，采用新的教学方法，为三级学位教育的学生提供学术指导。教师要与雇主及学生代表密切合作，提高学生的学习成绩。高校也要注重提高教学质量，并把此作为高等教育质量保障的优先项目。② 2018年的《巴黎公报》提出了创新教学的任务。它指出提高教学质量是"博洛尼亚进程"的核心目标和任务。因此，高等学校要运用多样化的教学方法和弹性的学习制度，提供高质量的适合多样化学生的教育。鼓励高校开设跨学科的专业，实施基于项目的学习，强调教学与研究项目相结合，③进而扩大学生的视野，提高学生解决问题的能力。

第二节　非洲高等教育一体化

非洲联盟（African Union，AU），简称非盟，包含55个非洲国家，属于集政治、经济和军事于一体的全非洲性政治实体，统一使用货币、联合防御力量，以及成立跨国家的机关（非洲联盟的内阁政府）。非盟的主要目标是除去殖民化与隔离的残余影响，维护非洲国家的主权与领土完整，促进非洲的发展合作与统一，加强与非洲以外国家的合作，建立一个和平、繁荣、一体化的"非洲合众国"。

---

① London Ministerial Conference. *Towards the European Higher Education Area：Responding to Challenges in a Globalised World*. 2007.

② Leuven/Louvain‑la‑Neuve Ministerial Conference. *The Bologna Process 2020：The European Higher Education Area in the New Decade*. 2009.

③ Paris Ministerial Conference. *Empowering Europe's Youth*. 2018.

非洲高等教育一体化是非洲一体化的重要组成部分。在经济全球化和非洲一体化战略背景下，非洲教育一体化进程也在不断地向前推进。从20世纪末到现在，非盟发表了3个"十年教育行动计划"：《非洲"十年教育行动计划"（1997—2006）》《非洲教育"二·十"行动计划（2006—2015）》《非洲大陆教育战略（2016—2025）》。2007年，非盟提出了《非洲高等教育一体化战略》，借鉴"欧洲高等教育区"的建设经验，构建非洲高等教育一体化。

一、非洲高等教育一体化建设背景

（一）复兴非洲，复兴非洲高等教育

南非总统姆贝基（Mbeki）在1997年首次明确提出了"非洲复兴"（African Renaissance）思想。他认为，"非洲复兴"应包含增强社会凝聚力、促进政治民主化进程、重建和发展经济等方面的目标和任务，最终使新世纪成为非洲的新世纪。他批驳了"非洲人低人一等"的种族主义观念，坚信"我们（非洲人）是自己的解放者"，力图激励和团结非洲人民充满信心地迎接未来。一些非洲国家建立了非洲复兴协会，举办"非洲复兴节"①。高等教育复兴是非洲教育复兴的广泛进程的一部分。为了实现非盟和平、繁荣、一体化的愿景，在全球社会和知识经济中由非洲自己来取得非洲人民应有的地位，而其前提是对非洲人力资源的开发。因此，教育成为培养非洲人民在实现这一愿景过程中发挥重要作用的主要手段。

（二）非洲一体化进程加速

2002年7月，在非洲统一组织首脑会议于2001年通过"非洲发展新伙伴计划"（The New Partnership for Africa's Development，NEPAD）的基础上，非盟宣布成立，并于2004年发布《非盟2004—2007战略框架》，

---

① 张瑾：《姆贝基"非洲复兴"思想剖析》，载《改革与开放》2009年第8期。

非洲一体化在此战略框架下加快了步伐。在非洲政治、经济、军事、科技等领域一体化进程带动下,在第一个非洲"十年教育行动计划"完成以及第二个非洲"十年教育行动计划"在2006年的启动后,高等教育一体化也就被提上了议事日程。

(三) 国际组织的影响

由于受到法国和英国等殖民传统的影响,以及国际组织如世界银行、世界卫生组织、联合国教科文组织等对非洲的贫穷、落后、疾病等社会问题的关注和投入,非洲社会和高等教育深受国际社会的影响。联合国教科文组织的第一次世界高等教育大会(1998)、"联合国十年可持续发展教育(2005—2014)"以及欧盟、东盟、拉美等区域高等教育一体化政策与实践,都为非洲高等教育一体化注入了强大的外部动力。

二、非洲高等教育一体化建设的目标与内容

(一) 目标[①]

(1) 在非洲建立一体化的高等教育系统,提升高等教育一体化的潜力和价值意识。

(2) 搭建对话和行动的一体化平台,开展与非洲一体化进程相一致的强大的区域一体化创新行动,提升高等教育机构的能力,满足非洲国家高等教育的多种需求。

(3) 建立高效的质量保障体系,保证高等教育质量按照卓越标准进行系统的改善。

(4) 推动非洲大陆本科生、研究生和学者在区域内的流动。

(5) 确保非洲高等教育机构成为国际高等教育界富有活力的一股

---

① African Union. *Harmonization of Higher Education Programmes in Africa:A Strategy for the African Union.* Addis Ababa, Ethiopia. August,2007:3 – 5.

力量。

(二) 原则

(1) 一体化应该是一个由非洲人自己驱动的过程。
(2) 一体化应该是所有核心成员间的一种真正的伙伴关系。
(3) 一体化的增强和发展应该有适当的基础设施建设和资金支持。
(4) 一体化需要对政府、机构、民间团体和私营部门等所有利益相关者进行动员。
(5) 一体化进程不是瓦解,而是加强国家的教育体系和项目。

(三) 主要内容

1. 建立和保持非洲多方力量对一体化进程的政治承诺和参与

《非盟高等教育一体化战略》的实施"第一步和最关键的一步是寻求强大的政治承诺"。其中,主要包括6个层次的政治参与:各国教育部长(以及他们所代表的部门)、各国教育质量保障机构、高等学校、学生、非洲地区级和洲一级的机构、雇主协会和专业协会。《非盟高等教育一体化战略》要求,到2015年12月,至少要有80%的非盟成员国批准通过修订后的《阿鲁沙协定》,使之成为非洲高教一体化战略的一个综合性平台。①

2. 加强信息交流与合作

第一,要建立并维护非洲高等教育机构及其项目的中央数据库,在全洲的范围内提供公认的高等教育机构及其专业课程的精确完整的最新信息,包括非洲各国下列信息:国家高等教育系统;质量保障及认证系统;质量保障及认证机构;高等教育机构;高等教育项目。

第二,建立非洲高等教育机构的绩效评估系统,提出一系列标准来比

---

① African Union. *Harmonization of Higher Education Programmes in Africa*:*A Strategy for the African Union*. Addis Ababa, Ethiopia. August, 2007:6.

较和衡量高等教育机构的绩效，并改进教育质量。

第三，促进非洲参与到相关的全球高等教育一体化和排名系统中，包括与亚洲、欧洲、拉美等其他区域的一体化进程建立持续对话和合作。

3. 建立统一的高等教育学历资格框架

非洲高等教育学历资格框架，分三个层面展开。一是建立国家层面的高等教育认证和质量保障机构。各国应该建立自己的高等教育资格认证部门，同时非盟会开发一系列的工具和资源，以指导、支持各国高等教育学历资格框架的开发。二是建立区域层面的高等教育资格认证系统。大多数区域经济共同体已经建立了高等教育的区域性认证，应继续支持这些努力，也要特别重视那些还没有开始这项工作的区域。三是非盟委员会的协调和服务工作。《非盟高等教育一体化战略》指出了支持各国发展高等教育学历资格框架的具体策略，即系统进行评估、支持资格证书体系方面的能力建设、为认证部门的人员提供短期课程等。《非盟高等教育一体化战略》提出，到 2015 年建成一个统一的非洲高等教育学历资格框架。①

4. 制定高等教育学历资格的最低标准

非洲大陆高等教育市场较为混乱，缺乏学历资格的基本学术标准。《非盟高等教育一体化战略》指出，资格证书最低标准的建立有助于"学分转移"，也有助于雇主放心聘用得到相关学历证书的毕业生。它们包括：①攻读某一文凭的学生的入学标准；②一定学程所需的学分数量；③一定学程毕业生满足雇主需要的最低程度的学习成绩、学习科目等；④一定学程结束后获得的资格证书；⑤教员的最低资格；⑥最低限度的教学设备和设施。到 2015 年，至少制定出 15 种相关资格证书的最低标准，至少有 30 个机构为学生提供符合这些标准的学术项目。

5. 开发合作课程和人员流动计划

许多非洲国家高等教育发展程度比较低，不能满足适龄青年接受高等

---

① African Union. *Harmonization of Higher Education Programmes in Africa: A Strategy for the African Union.* Addis Ababa, Ethiopia. August, 2007: 12 – 18.

教育的需求，因此，课程开发和学生国际流动计划成为《非盟高等教育一体化战略》的一个重点领域。这些计划包括：①学术交流，包括学生交换项目、教师交换以及特邀讲座（guest lecturing）等；②联合学程（joint study programmes）和联合学位（joint degrees），指学生在两个不同的高等教育机构学习，并取得学位；③"三明治计划"，指学生轮流在自己国家和东道国研究和学习，但学历证书由自己国家的高校颁发；④联合课程开发，指两个或两个以上高等教育机构进行课程和内容的合作开发；⑤利用并增加开放教育资源，以较少的成本提供较多的教育机会，并促进分享知识产权的文化。《非盟高等教育一体化战略》提出，到2015年至少要成功开发30个区域合作项目，逐步深化各国高等教育的交流与融合。

第三节　拉美高等教育一体化

拉美一体化发端于20世纪90年代。拉美国家以往在发展过程中之资金、设备、技术与管理制度上都对殖民主义国家维持着不平等的"依赖"，导致当地的自主发展不易。新区域主义风潮显现后，拉美国家自发性地倡议区域共同发展，而非依赖强国的支持或经济援助来进行其区域整合计划，由强化经贸合作组织的方式，互相协助并缩短彼此间的差异性，以加速该区域之经济和社会发展，并降低在全球化竞争过程中被边缘化的危机。目前较具规模的区域合作组织为中美洲共同市场（Mercado Común Centroamericano，MCCA）、南方共同市场（Mercado Común del Sur，MERCOSUR）及安第斯山共同体（Comunidad Andina de Naciones，CAN）三个次级区域联盟。

教育一体化（integration through education）被认为是一体化意识的推动者。高等教育在国家发展与竞争力提升过程中发挥着重要作用，教育质量与国际交流被视为强化高等教育发展的关键要素。而要提高拉美高等教育的整体竞争力,就需要像欧洲高等教育区建设一样,对各国间零散的制度、多样化的教育机构以及水平不一的教育质量进行统整,使之融入一个完整的、可比较的学历资格框架之中。

一、背景

(一)拉美一体化的一个组成部分

全球化的影响让世界更加紧密地结合,且对多数国家的政治、经济及社会文化产生程度不一的冲击,并催生了区域化。参与全球经济体系的压力增大,促使国家找寻同盟,通过适度的竞争和参与达到共善,以追求共同利益。① 南美自由贸易区的建设,拉美政治、经济的一体化,必然要求教育的一体化,通过教育尤其是高等教育来培养拉美公民,建立互认的学位体系,促进学生和教师的洲内流动和跨国流动。

(二)欧盟、非盟和东盟的影响

欧盟高等教育区建设的成功以及非盟和东盟高等教育一体化的实践,大大鼓舞着拉美高等教育的一体化。欧盟高等教育区,通过近20年两轮的"博洛尼亚进程",建成了可比较的、易于流动的学历互认的一体化高等教育体系,形成了学士、硕士、博士三级学位体系,建立了区域高等教育质量保障体系以及遵守统一质量标准的国别高等教育质量保障机构。欧盟高等教育区的建立,不仅促进了学生、教师、学历的区域内流动,也通过提高区域高等教育质量和竞争力,加强了与美国、亚洲、非洲、南美高等教育的跨区域交流。拉美高等教育一体化,也试图在学历资格、质量标准等达成共识,促进学生、教师流动和高等教育的合作,培养拉美意识。

---

① 庄小萍:《拉丁美洲高等教育评鉴及认可制度:论区域主义对单一国家之影响》,载《教育研究集刊》2010年第1期。

（三）联合国教科文组织的推动

联合国教科文组织在委内瑞拉的加拉加斯设立拉美及加勒比海地区高等教育国际研究所（UNESCO-International Institute for Higher Education in Latin America and the Caribbean，UNESCO-IESALC），致力于推广和帮助提高拉美及加勒比海地区的高等教育，促进高等教育的发展。该研究所的前身是1997年成立的拉美及加勒比海地区高等教育区域研究中心。拉美及加勒比海地区高等教育国际研究所的使命是在人力可持续发展的基础上促进和支持拉丁美洲和加勒比海地区以及该地区每一个国际的高等教育机构和高等教育体系的发展。此外，该研究所还帮助确保在区域和国际合作的背景下所有高等教育活动的适切性、质量、高效与公平。其战略目标包括：促进区域内成员国高等教育领域的专家和机构更加紧密的合作；为提高区域高等教育系统的相互了解做出贡献，对比世界其他地区高等教育系统并以此助力地区发展；为任何要求与该研究所合作以促进发展其国内高等教育系统与机构的成员国提供援助；在区域一体化框架内，促进和支持高等教育专业人员流动，特别是那些来自相对欠发达的国家的专业人员。这些国家希望使用更好的人力和教育资源，以促进区域内高等教育以及世界上其他地区的高等教育的研究、学位和毕业证书的认证；通过过程评估和认证，促进国际和区域的机制的完善，以提高高等教育的质量；促进高等教育机构运用新的信息和通信技术，促进创建"大学、实验室和虚拟图书馆"统一体，同时也构建地方、国家和区域一体化网络，这将有助于开拓区域高等教育工作的新维度。①

二、拉美高等教育一体化建设的历程

在寻求高等教育标准化的同时，为了培养拉美公民身份认同，南美最

---

① 南方科技大学高等教育研究中心：《拉美及加勒比海地区高等教育国际研究所》，载《教育信息通讯》2015年第3期。

重要的经济区域组织——南方共同市场①——创建了一个名为"教育南方共同市场"（Setor Educativo do MERCOSUL，SEM）的部门，以便就像在欧盟一样，协调在南锥体②共同市场国家的教育政策。在过去的20年，SEM实施了5个"行动计划"（1992/1994—1998年、1998—2000年、2001—2005年、2006—2010年、2011—2015年）。2006年，随着SEM的成立，概念上的变化发生在对南锥体共同市场一体化教育的战略认知上。"2006—2010年行动计划"提出了超越教育一体化的必要性观点。其目的是要整合国家的教育结构，或者扩大教师、学生和该地区知识的流动，巩固该地区的经济、文化、科学技术和社会发展。SEM认为，区域一体化还应涵盖文化、社会和教育举措的观点。因此，尽管最终有批评者，但SEM已经巩固了一个坚实的制度框架。根据Perrotta（2013）的说法，SEM的历史至少有三个阶段。

第一阶段（1991—2001）旨在通过交换和分享有关国家教育系统特点的信息以及创造共同指标，建立政府间对SEM的制度结构的信任关系。

第二阶段（2001—2008），第一个区域高等教育一体化方案（MEXA）开始实施，并建立互相承认学历（用于学术目的）的协议。这个区域政策是2002—2006年间在MERCOSUL认证学位课程的实验机制，并于2008年中期成为一个永久性体系：大学学位认证系统（ARCU-SUL），用于区域承认MERCOSUL和其他国家高等教育学术质量。作为MEXA的成果，第一个学生流动项目（MARCA）为MEXA授权的课程启动。2006年，有57名学生参加，后来达到985个名额。此外，还成立了一个区域基金——MERCOSUR的教育基金（FEM）。

第三阶段（2011—2016），实施包括已经获得ARCU-SUL认证的课程以及社会科学课程的教师流动计划，主要领域是小学和高等教育。

---

① 南方共同市场（西班牙语：Mercado Común del Sur，MERCOSUR；葡萄牙语：Mercado Comum do Sul，MERCOSUL），是南美地区最大的经济一体化组织，也是世界上第一个完全由发展中国家组成的共同市场。

② 南锥体指的是南美洲位于南回归线以南的地区。

在拉美高等教育一体化期间，联合国教科文组织拉美及加勒比海地区高等教育国际研究所开展了许多有助于一体化的活动。

2008年，它举办拉丁美洲暨加勒比海高等教育区域会议，提议建立拉美高等教育区，实施"拉丁美洲暨加勒比海高等教育地图计划"（ME-SALC），推动区域内高等教育信息国家系统的连接。此外，联合国教科文组织建立拉丁美洲及加勒比海高等教育国际研究所，使之成为协调拉美高等教育的平台。

2013年，它推出了一个"拉丁美洲及加勒比地区高等教育空间"（ENLACES）的项目，获得了整个拉美地区高等教育机构和大学网络以及校长联盟的支持。该项目的目标是通过评价机制和学分认证过程加强国家和地区高等教育质量，刺激学术和专业流动，以获得更灵活的学习、学位和文凭认证。

2014年11月22—24日，它在巴西贝洛哈里桑塔举行了拉丁美洲大学网络和大学校长协会的会议。会议主要讨论区域内高等教育系统和高等教育机构合作与联合行动问题。此次会议的目标是达成"拉美及加勒比海地区高等教育区"的明确协议，促进其结构与内涵的优化，明确对此项活动负责的机构，加强典型大学教育区的建设。

三、拉美高等教育一体化建设内容与成果

在SEM、中美洲大学联盟（CSUCA）、联合国教科文组织拉美及加勒比海地区高等教育国际研究所以及其他区域和次区域组织的共同努力下，拉美高等教育一体化建设内容更加明晰，推进的效果也在日益显现。主要内容包括：

（1）制定并执行国家及区域层级之高等教育公共政策。

（2）提升高等教育质量及其在国内外的认证效力。

（3）强化拉美高等教育在科研领域的产出质量。

（4）促进学程间之学位与学历的相互承认和可比较性。

(5) 推动教师、学生与专业人员的流动。

针对上述内容，拉美各区域高等教育组织进行了大量的努力，并取得了一定程度的进展。安第斯共同体进行了针对性的质量保证改革，中美洲高等教育认可审议委员会（CCA）、南锥大学学位区域认可（ARCUSUR）以及伊比利美洲高等教育质量认可网络（RIACES）等高等教育质量保障与认证组织纷纷建立。中美洲加强对学位的认可，建立了高等教育学历资格框架。南方共同市场还推动了学术流动性。10年前提出的拉美高等教育区建设，取得次区域内的发展，但整个拉美高等教育区的建设还任重道远。

第四节 东盟高等教育一体化

东盟高等教育一体化是东盟一体化的一部分，是东南亚政治一体化、经济一体化和社会文化一体化的重要支撑和驱力。东盟高等教育一体化是指东盟各国基于地理邻近、社会需要等因素，以尊重自主、独立和多样性为基本原则，在高等教育领域自愿结合成高等教育合作组织的过程、状态、结果和趋势。①

一、东盟高等教育一体化的动因

（一）建立东盟身份认同意识的需要

东盟一体化建设，除了一体化制度、机构、机制建设及政治、经济、文化活动的开展，更重要的是东盟意识与东盟身份认同，培养学生如何认识东盟、理解东盟与研究东盟，成为东盟人。而要培养学生的东盟身份认

---

① 覃玉荣：《东盟高等教育一体化的发展历程》，载《东南亚纵横》2009年第4期。

同，非东盟教育一体化莫属，建立相互认可的、可比较的高等教育体系和学历资格框架，促进东盟各国高等学校学生的跨国流动，提高对东盟的感知度。2010年，东盟高等教育研究中心启动东盟学生交流计划，目的是通过区域内人才流动与合作，培养促进文化交流与融合。到2017年，该计划有8个国家的68所大学的2300个学生参与了10个学科的交流。

（二）提高东盟竞争力的需要

全球化让历史上曾沦为殖民地的经济社会落后的东南亚各国处于被边缘化的地位（泰国除外）。为了不被边缘化，20世纪末，东盟各国领导人意识到人力资源开发、公民素质教育的提升对东盟一体化的重要作用。因此，东盟各国需要东盟高等教育一体化，用于培养东盟各国高级人才，提升东盟合作与竞争能力，应对区域政治、经济、社会与文化发展和全球化潮流的要求。

（三）东盟各国高等教育协调发展的需要

由于经济发展的不平衡，东南亚各国高等教育的发展也非常不平衡。新加坡、泰国、马来西亚、菲律宾等国的经济相对发达，高等教育发展水平较高，文莱、印度尼西亚、越南等国稍微逊色，而缅甸、老挝、柬埔寨则处于东南亚国家的底端。根据以往QS大学排名来看，该地区位于世界前500名的高校分别出自新加坡、马来西亚和泰国，其他国家的大学则被排除在500名之外。这种不平衡现象不仅阻碍国家间的经济合作，还影响到区域内高校的交流与整体实力。① 因此，东盟各国高等教育需要在一体化进程中推广具有一定水平的高等教育学历资格框架和标准，促进不发达国家高等教育体制的改革，推动学生的区域内交流与发展。

---

① 袁景蒂：《东盟高等教育一体化动力与阻力探究》，载《上海教育评估研究》2018年第2期。

二、东盟高等教育一体化的发展阶段

（一）萌芽阶段（1965—1991）

1965年成立的东南亚教育部长组织（SEAMEO），开启了东盟教育合作的先河。但是，成立之初仅限于理论层面的教育合作，并未付诸实际行动。直到1977年召开第一次教育部长会议后，东盟各国才成立区域合作委员会（RCC）进行合作尝试。因此，这一时期的东盟教育合作虽触及高等教育领域，但合作成效不大，未上升到战略层面。

（二）起步阶段（1992—2005）

东盟通过政策引导开启高等教育一体化的框架构建。1992年，东盟领导人召开第四次东盟首脑峰会，确立了高等教育在东盟一体化及人才培养中的重要地位。此后，东盟各国注意到东盟高等教育联盟对解决地区文化冲突、提升各国经济实力的价值。2001年召开的东盟外交部长会议决定用6年的时间（即2002年6月—2008年6月）完成东盟一体化初期计划，其中在人力资源开发中启动了柬埔寨、老挝、缅甸和越南的高等教育质量与管理工程。在框架构建方面，1993年成立的东盟高等教育区域发展中心（RIHED）是东盟高等教育一体化进程的核心决策管理机构，其任务是通过研究和授权促进东南亚高等教育协调，通过机制发展促进高等教育共享与合作。1995年，东盟大学联盟（AUN）正式成立，随后通过和颁布了《东盟大学联盟章程》和《东盟大学联盟协议》。

（三）发展阶段（2006年至今）

2006年，东盟高等教育一体化进入了一个新的发展阶段，筹备近10年的东盟大学网络组织（AUN）开始招生，标志着东盟高等教育一体化从政策设想向实践探索转化。这一时期，东盟高等教育一体化框架的构建及高等教育政策实施继续遵循自上而下的管理机制。另外，已经成立的东盟高等教育一体化的组织机构开始发挥作用。RIHED 于 2007 年开启了高等教育发展研究的 3 个五年计划中的第一个五年计划——"策略规划和大学自治",此后每 5 年都会提出东盟高等教育的发展目标和计划,并对成果进行评估和检讨。2011 年 7 月,由德国学术交流中心(DAAD)和德国大学校长会议(HRK)发起,AUN、RIHED、欧洲高等教育质量保障协会(ENQA)参与的备忘协议(MOU)在德国波恩签署,此次协议同意成立 ASEAN-QA 项目来促进东南亚区域高等教育的质量保证。2012 年,RIHED 发布的《东南亚国家的质量保障研究报告》是对东盟区域高等教育进行的一次宏观评估结果。此后,东盟各国在不断推进与欧亚国家的经贸合作之时,还注意利用区域内及外部的资源来提升东盟高等教育质量,使东盟高等教育走上飞速发展的道路。

三、东盟高等教育一体化的内容与成就

RIHED 在东南亚教育部长组织和亚洲开发银行(亚行)的支持下,负责推动东盟高等教育一体化工作。在借鉴欧盟高等教育区的建设经验的基础上,自 2006 年开始研究和推进东盟高等教育一体化工作。

(一)建立东盟高等教育学历资格体系

学历资格框架建设是东盟高等教育一体化的基础性工作。2010 年 5 月,一个教育和培训治理项目——"国家学历资格框架的能力建设"提出了区域学历资格框架的概念,并得到了建立"东盟—澳大利亚—新西兰自由贸易区"(AANZFTA)经济合作支持计划(AECSP)的支持和通过。经过 4 年的努力,东盟资格参考框架(AQRF)由来自东盟贸易、劳工、人力发展和教育部及其他相关学历资质机构的官员组成的一个特别工作组(TF-AQRF)开发完成,并于 2014—2015 年分别获得了东盟经济部长会议(AEM)、东盟教育部长会议(ASED)和东盟劳工部长会议(ALMM)的支持与通过。此后,TF-AQRF 继续开发 AQRF 的实现机制,

获得了 TF-AQRF 成员的认可。①

（二）建立学分转换系统

在亚洲开发银行支持下，RIHED 实施了东盟高等教育一体化项目，即为大湄公河次区域（GMS）建立一个通用的学分转换系统，旨在为 GMS（+东盟+日本+韩国）提供一个协调高等教育现有的学分转换机制。该项目分为四个阶段：探索、实验、经验和扩展，寻求创建一个区域性和全纳入的学分转换框架。区域高等教育一体化和增加跨国学生流动性，需要功能性的学分转换制度。鉴于该地区日益加速的流动性和相互关联性及迅速的一体化进程，一个区域学分转换框架是创建和巩固该地区"教育共同空间"的关键机制。

目前，东盟各国高校使用不同的学分转换系统来应对学生的流动性。然而，该地区现有的学分转换累积制度（CTS）或者过于笼统，或者太狭隘，并且只适用于数量有限的大学。这种方式导致了确保教育质量变得更具挑战性，同时系统的复杂性要求采用更加标准化和更简单的方式，来满足社会尤其是学生对于采取"轻松快捷"方式"来促进横向移动（高等教育机构和国家）和垂直移动（终身学习）的需求"。② 鉴于此，在东盟实施高等教育一体化，需要建立通用的学分转换系统。

（三）建立东盟高等教育质量保障体系

质量保证是促进高等教育协调发展的关键机制。2008 年，RIHED 与马来西亚质量保证机构合作，帮助建立东盟质量保证联盟（AQAN）。AQAN 旨在促进区域质量保证方面的合作。RIHED 参加的 2011 年 10 月的 AQAN 圆桌会议同意建立一个专题小组，开发东盟高等教育质量保证框架

---

① Asean. *Asean Qualifications Reference Framework*：*Governance and Structure*. 2016.
② "Project：Building a Common Credit Transfer System for Great Mekong Subregion（GMS）and Beyond"，http：//rihed. seameo. org/programmes/credit-transfer-system/.

(AQAFHE)。

在相关的发展中,德国学术交流服务(DAAD)和德国校长会议(HRK)启动了东盟质量保证项目,以促进东南亚地区的质量保证。ASEAN-QA 项目是基于 DAAD、HRK、东盟大学网络(AUN)、RIHED、AQAN 及其欧洲同行欧洲高等教育质量保证协会(ENQA)之间的谅解备忘录(MOU)。该谅解备忘录于 2011 年 7 月在德国波恩正式生效,2013 年,开始了多种针对区域高等教育机构的质量保证协调员和东南亚质量保证机构的官员培训课程。①

(四) 促进学生流动

东盟国际学生流动项目(AIMS)计划旨在为所有 SEAMEO 成员国的公民创造一个充满活力的学生流动计划。它源自"马来西亚—印度尼西亚—泰国"(M-I-T)学生流动性试点项目,该项目于 2009 年由三国政府和 RIHED 合作发起,历史悠久。在试点项目取得成功之后,AIMS 现在正在变成一个完全成熟的东盟计划,邀请其他东南亚国家加入,并共同制定一个区域东南亚学生流动计划。

东盟国际学生流动项目(AIMS)一直是 RIHED 教育计划的核心,正如其在第四个五年发展计划中指出的那样,旨在培养全球化的人力资源。对 RIHED 而言,学生流动一直是形成东南亚国家之间发展协调一致的高等教育环境的关键战略要素之一。AIMS 成员国确定了 2015 年的短期目标,即至少有 500 名学生在该区域流动起来,并扩大学科和成员资格。②

(五) 建立东盟大学联盟

1992 年第四届东盟峰会呼吁东盟成员国通过促进人力资源开发,帮

---

① Rihed. "Quality Assurance", http://rihed.seameo.org/quality-assurance/.
② Rihed. "Student Mobility (MIT)", http://rihed.seameo.org//programmes/aims/.

助"加强地区认同的团结和发展,进一步加强该地区一流大学和高等院校的现有网络"。根据这一想法,1995年11月成立了AUN,6个成员国负责高等教育的部长签署了"章程",6个国家的11所大学最初参加了这个项目。2007年,东盟10个成员国部委签署了"东盟宪章"后,AUN成为东盟在社会文化一体化中的一个关键执行机构。AUN的活动分为五个领域:①青年流动;②学术合作;③标准、机制、高等教育合作制度和政策;④课程和计划制订;⑤区域和全球政策平台。AUN促进区域合作发展战略重点是:加强东盟及其他地区大学之间现有的合作网络;促进东盟确定的优先领域的合作学习、研究和教育计划;促进东盟成员国学者、研究人员之间的合作;发挥作为东盟地区高等教育的政策性机构的作用。①

---

① Asean University Network. "History and Background", http://www.aunsec.org/ourhistory.php.

第四章

广东参与『海丝』高等教育建设的意义与优势

高等教育交流与合作是"21世纪海上丝绸之路"建设的重要内容之一，为沿线各国的"丝路"建设提供人才支撑、智力支持和文化理解。广东省参与"海丝"沿线国家高等教育交流与合作具有互为影响的重要意义。一方面，广东省参与"海丝"高等教育建设，不仅可以为国家"海丝"高等教育构想做出自己的贡献，而且也可以为广东企业"走出去"提供人才和智力的支持，对政策互通和民心互通发挥重要作用。另一方面，"一带一路"倡议和实践，包括高等教育协调发展，为广东省高等教育的发展注入了新的内容和动力，激发广东省高校人才培养、研究和产学研的调整与改革。此外，广东省参与"海丝"建设还具有无与伦比的地缘优势、经济优势、华侨优势和高等教育优势，可以基于这四大优势，发挥高等教育在国家和省域"海丝"建设中的基础性和支撑性作用。

第一节 广东参与"海丝"高等教育建设的意义

一、广东省高等教育参与"海丝"建设的意义

(一) 贯彻落实中央构想,构建"海丝"教育共同体

2015年3月,国家发展和改革委员会、外交部、商务部联合发布的《推动共建丝绸之路经济带和21世纪海上丝绸之路的愿景与行动》明确提出扩大相互间留学生规模、开展合作办学、深化沿线国家间的人才交流合作。2016年,教育部印发《推进共建"一带一路"教育行动》,突出强调与"一带一路"沿线国家加强教育合作,本着育人为本、人文先行,政府引导、民间主体,共商共建、开放合作,和谐包容、互利共赢的原则,以"开展教育互联互通合作、人才培养培训合作、共建丝路合作机制"为合作重点,聚力构建"一带一路"教育共同体,共同致力于推进民心相通、提供人才支撑、实现共同发展。通过教育交流与合作,展示中国的文化价值理念、扩大中国文化的国际影响力、提升民族文化的软实力,也使周边国家更全面、更客观地认识中国、了解中国,使沿线各国联系更加紧密、相互合作更加深入,从而有利于形成双方互信局面,为推动构建和平稳定的周边环境提供基础,以实现区域内各国的共同发展、共同繁荣、和谐共处。

广东省高等教育参与"海丝"是贯彻落实中央构想、构建"海丝"教育共同体的重要实践。它对促进广东省扩大、优化对外教育开放格局,打造区域教育合作新高地,建立长期的发展战略合作关系,将自身建设成为面向21世纪海上丝绸之路的教育辐射中心具有重要的现实意义。

(二) 为广东企业"走出去"提供人才和智力的支持

自"一带一路"构想提出以来,广东省积极参与相关建设,较充分

地发挥了政府贯彻落实中央构想的主体作用。2015年6月，广东省率先完成与国家"一带一路"倡议规划衔接，率先出台《广东省参与建设"一带一路"的实施方案》。该实施方案包括指导思想、战略定位、发展目标、战略布局、重点任务、保障机制六章，并提出将广东打造成为"一带一路"的战略枢纽、经贸合作中心和重要引擎；突出三方面建设，即突出"21世纪海上丝绸之路"建设、突出粤港澳合作、突出经贸合作。随即，广东省成立广东推进"一带一路"建设工作领导小组，并设立广东"丝路"基金，以拓宽融资渠道，加大对广东省企业赴"一带一路"沿线国家投资的支持力度，同时发挥财政性资金的引导和杠杆作用，撬动更多的社会资金投资参与建设"一带一路"。

改革开放40年来，特别是近10年来，广东对外投资总量稳居全国各省份首位，投资领域从单一商品销售向贸易、生产、服务、工程、资源开发等全方位发展，企业"走出去"足迹遍布全球130多个国家和地区，取得了重大发展成就。2016年，广东省货物贸易进出口总值占全国1/4，其中，与"一带一路"沿线国家和地区进出口占比就达20%以上，广东"走出去"的企业有45%投资在"一带一路"相关国家。① 中医药是中国文化走向"海丝"的另一面鲜明旗帜。预计到2020年，中医药"一带一路"全方位合作格局将基本形成，并与沿线国家合作建设30个中医药海外中心、50个中医药对外交流合作示范基地。

面对广东企业"走出去"的发展态势与要求，广东高等教育需要与广东企业携手同行，并为广东企业"走出去"提供人才和智力支持。

（三）对民心相通发挥重要作用

民心相通是"一带一路"建设的社会根基。传承和弘扬丝绸之路友好合作精神，广泛开展文化交流、学术往来、人才交流合作、青年和妇女

---

① 南都新闻：《粤企"一带一路"走出去行动报告发布》，载《南方都市报》2017年11月30日第AA01版。

交往、志愿者服务等，为深化双边、多边合作奠定坚实的民意基础。因此，无论是为了我国与"海丝"沿线国家民心相通，还是为了广东参与"海丝"建设营造一个友好、健康的人文环境，广东省高校可以通过与"海丝"沿线国家的政府、大学和社会的人员交流，学术研究，论坛以及志愿者服务等促进彼此的文化理解，在共同学习、交流、研讨、考察与项目合作中建立友谊、和平、发展、繁荣等共识，对促进我国尤其是广东省与沿线国家的友谊、合作与共赢，具有重大而深远的意义。

二、"21世纪海上丝绸之路"倡议对广东高等教育的意义

（一）为广东省高校人才培养、科学研究、社会服务与文化传承创新提出了新的要求

在"一带一路"倡议提出之前，广东省高等教育主要围绕国家战略和地方发展的实际需要而展开，培养国家和地方发展所需要的各级各类专门人才，开展国家战略和地方发展所需要的研究与开发，为社会经济发展提供智力服务和文化创新。"一带一路"倡议的提出，作为我国"第二次对外开放"，是中国崛起、发展经济以及国家安全和国际和平的一个重大动议，广东省高等教育需要从战略高度来领会和融入"一带一路"倡议，并按照"丝路精神"对高等教育规划、专业、人才培养方案、研究、产学研以及国际开放等进行改革、调整和发展。

在人才培养上，广东省高校要大力培养"一带一路"建设所需要的人才。"一带一路"建设的浩大内容，可以分为3个方面：一是交通、信息、能源基础设施，贸易与投资，能源资源，货币金融的互联互通，可以理解为工程建设和经济贸易；二是区域性的生态环境保护、海上合作领域、政策的互联互通，可以理解为区域政治和秩序；三是区域性的语言文化、科技人文、卫生和旅游等人文领域的互联互通，可以理解为人文交流与合作。这些建设所涵盖的内容，包括基础设施建设、技术、资本、货币、贸易、文化、政策、民族、宗教，无一不需要教育特别是高等教育提

供人才支撑,包括大量的基础设施建设,需要宏大的、不同领域的工程技术、项目设计与管理等专业人才,通晓当地语言、熟知当地政治经济文化风俗和人文地理的人才,熟悉国际贸易的人才。①

在研究上,广东省高校要开展关于"海丝"的区域研究和国别研究,为广东省"海丝"建设的决策、企业"走出去"、高校"走出去"以及民心的互通提供咨询服务;开展"海丝"经济问题、科技问题和社会发展问题研究,促进广东省对"海丝"地区的经济社会发展做出贡献;开展产学研合作,促进高校、企业的研究合作,提高高校服务"海丝"发展研究的紧密性,发挥高校在技术创新、生产效益提高方面的重要作用。在研究形式上,要促进与"海丝"沿线国家大学和相关单位进行合作,促进广东省高校研究具有更多的"海丝"元素。

在文化传播与发展上,广东省高校要发挥语言文化学科的优势,开设"海丝"沿线国家语言和文化课程,培养"海丝"语言人才。在专业人才培养上要注入"海丝"文化课程,培养了解"海丝"文化的各类专门人才。在"海丝"沿线国家发展孔子学院和孔子课堂,帮助"海丝"沿线国家的大学开设中外合作专业和汉语课程,培养海外汉语人才,传播中华汉语文化。

(二) 为广东省高等教育国际化指出了新的方向和路径

高等教育国际化是有方向性的。过去,广东省高等教育国际化方向具有两个鲜明特征。一是面向发达国家的高等教育,表现为"引进来"和"派出去"。在"引进来"方面,广东省主要采取了引进国外高层次人才和借鉴发达国家高等教育的新思想、新模式、新方法,对高等教育进行改革,提高高等教育水平。在"派出去"方面,广东省主要派遣高校教师和学生到发达国家的高校进行进修深造和留学,提高学术能力,拓宽学术

---

① 瞿振元:《"一带一路"建设与国家教育新使命》,载《光明日报》2015年8月17日第11版。

视野和拓展国际学术网络。40年的国际化实践中，广东省高校在学习西方发达国家高等教育经验，提高广东省高校教师和人才培养、研究水平方面取得很大的成效。二是招收周边和发展中国家留学生，"一带一路"沿线国家，特别是"海丝"沿线国家留学生是我国留学生教育的主体。

"一带一路"倡议，为广东省高等教育国际化指出了新的发展方向，即无论是"走出去"还是"引进来"，都要面向"一带一路"沿线国家，为促进我国与沿线国家高等教育交流与合作，建设"一带一路"教育共同体做出自己的贡献。一方面，广东省高校、专业、教师、学生、研究单位要走入"海丝"沿线国家，开展学术和文化的交流、合作。另一方面，广东省高校要进行校内"一带一路"化，使学校的办学理念、规划、人才培养、科学研究、社会服务和文化发展都具有"海丝"元素，从而为"一带一路"建设服务。

第二节　广东参与"海丝"高等教育建设的三大基础优势

一、地缘优势

无论是在古代还是近代，广东省始终是海上丝绸之路上的关键性枢纽，其独特历史地位不可替代。海上丝绸之路沿线的众多国家在广州设有总领事馆，广州具有"21世纪海上丝绸之路"外交中心的美誉。

广州与新加坡合作共建的中新广州知识城[①]，占地123平方公里，成

---

①《国务院关于同意在中新广州知识城开展知识产权运用和保护综合改革试验的批复》，见中华人民共和国中央人民政府网站（http://www.gov.cn/zhengce/content/2016-07/18/content_5092417.htm）。

为产业转型升级的重要载体;并与新加坡达成"1+3"战略合作框架共识,签署了广州知识城管委会与新加坡知识产权学院合作备忘录等7个合作备忘录,开启广东省与新加坡深入合作的新阶段。截至2016年年底,广东省与"海丝"沿线包括菲律宾、越南、老挝、马来西亚、印度、埃及、希腊、土耳其、印度尼西亚9个国家共建"友省";省内各地市与包括泰国的曼谷、阿联酋的迪拜、尼泊尔的博卡拉等16个"海丝"沿线国家的20个城市建立"友城"关系。"友省友城"为进一步扩大对外友好交往提供机制保障。由此可见,广东具有参与"海丝"沿线国家高等教育合作的得天独厚的地缘优势。

二、经济优势

广东享有我国"经济第一大省"的美誉。广东省2017年的地区生产总值达8.99万亿元,连续29年居中国首位。其中,地方一般公共预算收入从2012年的6229亿元增加到1.13万亿元,成为全国首个超万亿元的省份;社会融资规模达2.2万亿元,是2012年的1.8倍;进出口总额连续5年超6万亿元,出口占全国比重达27.5%。对比我国其他"海丝"沿线省份,广东省资本雄厚,各项基础设施较完善,外向经济辐射能力强,正在实施的"腾笼换鸟"产业转型升级计划恰好与丝绸之路沿线部分国家的产业实现互补,经济的优势是广东省开展与"海丝"沿线国家交流与合作的强大动力引擎。

2016年1月,广东丝路基金受托管理机构广东粤财基金管理有限公司正式揭牌,并与工商银行广东分行、中国银行广东分行、交通银行广东分行签订合作协议,基金首期完成募资200亿元。① 广东丝路基金由广东设立,以拓宽融资渠道,主要作用为加大对广东省企业赴"一带一路"

---

① 罗勉:《广东丝路基金揭牌首期募资200亿元》,见中国发展网(http://news.chinadevelopment.com.cn/cy/2016/03/1028195.shtml)。

沿线国家投资的支持力度,同时发挥财政性资金的引导和杠杆作用,撬动更多的社会资金投资参与建设"一带一路"。为务实推进广东参与"一带一路"建设,广东已列出40项重点工作,梳理了68个项目,总投资达554亿美元,内容涵盖基础设施建设、能源资源、农业、渔业、制造业、服务业6个领域。广东丝路基金等专项基金项目的设立将为广东省深化与"一带一路"沿线国家的高等教育交流与合作提供强有力的经济支撑。

广东省"一带一路"建设取得新的进展。广东加快了广州、深圳、东莞中欧班列建设,建立中欧、中亚班列常态化运营机制,中白工业园广东光电产业园、中国—沙特吉赞产业集聚区、马六甲皇京港临海工业园、埃塞俄比亚华坚工业园等重点项目建设扎实推进。在国家信息中心发布的《"一带一路"大数据报告》中,各省市在"一带一路"参与度排名中,广东连续3年位列全国第一。据海关总署广东分署统计,2013—2018年上半年,广东与"一带一路"沿线国家进出口累计达71248.3亿元,年均增长率约8%。

《中国广东企业"一带一路"走出去行动报告2018》显示,广东参与"一带一路"建设正迈入高质量发展阶段。2017年,广东与"一带一路"沿线国家进出口贸易额为15036.9亿元,同比增长14.9%,占全省进出口总额22.1%。与"海丝"沿线重点14国进出口贸易额同比增长14.6%,高于全省8%的进出口增幅。在"一带一路"沿线国家设立境外企业(机构)118家,实际投资2.9亿美元。2018年上半年,广东与"一带一路"沿线国家进出口贸易额为7289.5亿元,同比增长1.7%,占全省进出口总额22.5%。在"一带一路"沿线国家设立企业(机构)90家,实际投资2.2亿美元,同比增长21.7%。广东省民营企业对"一带一路"沿线国家进出口额达4320亿元。

三、华侨优势

广东是全国重点侨乡,是我国"华侨第一大省",祖籍为广东的华侨占全球海外华侨华人人数的一半。2017 年,广东有旅居海外 160 多个国家和地区的 3000 多万粤籍侨胞和省内 3000 多万归侨侨眷。在历史上,大量广东人赴南洋谋生,不少人选择在东南亚等国定居,经过长期发展,大量的粤籍华侨华人与东南亚各国在经济文化等方面相互融合,使岭南文化在"海丝"沿线各国得到传播发展,为广东与东南亚国家架起沟通桥梁,为双边和多边商贸往来带来特殊的人文资源和精神动力,文化相融共通为广东与"海丝"沿线各国的往来铺就了平坦的桥梁。

泰国的华侨华人总数为 850 万人,约占泰国总人口的 12%,他们聚居在曼谷、清迈、合艾等大中城市,其中京畿地区尤为集中。泰国华侨华人中,广东籍人占 80% 以上,广东籍人中又以潮汕籍人为最。泰国的潮籍华侨华人占到了在泰华侨华人的七成,泰国潮人不仅在泰中文化交流中发挥了重要的作用,而且在泰中经贸交往中起到了重要作用。与中泰贸易往来密切的泰华进出口商会、泰中促进投资贸易商会、泰国中华总商会,以及一些行业商会等社团,其成员绝大多数是潮籍人士。在华投资额最大的正大集团,以及盘古银行、泰华商业银行、挽巴功集团、协联集团、顺和成集团等主要财团,都是属于泰国潮人或以潮人为主的财团。相应地,中国在泰国的合作对象大多也是潮人。①

印尼拥有东南亚最大的华商群体,居住在印尼的华人约有 1000 万人。印尼华人经济已经成为印尼国民经济的重要组成部分,并且随着中国和印尼外交关系的恢复与发展,印尼华人越来越成为沟通双边经贸往来、参与中国改革开放各项建设事业的重要力量。华人经济在印尼私人经济中占有优势,但绝大多数华人企业属于中小企业,约占 90%。印尼著名华人企业家、银行家李文正指出:"华裔的经营结构为:约有 170 名大企业家,5000 名中等企业家,25 万为零售商、饭馆和商店经营者(1998 年印尼共

---

① 杨锡铭:《泰国潮人与泰中关系述略》,见皮书数据库(https://www.pishu.com.cn/skwx_ps/initDatabaseDetail? siteId = 14&contentId = 6619993&contentType = literature)。

第四章 广东参与"海丝"高等教育建设的意义与优势

有4028个区,每区平均有60名华裔小企业家),其余为农民、渔民、工人和职员。"① 华人企业集团在印尼农园棕榈业中重新占据了优势。三林集团、金鹰集团、牙直利集团、金光集团、亚斯特拉农园公司分列印尼棕榈业前5名。华人大型企业集团几乎都涉足金融银行业,包括被称为印尼第九大银行的力宝银行,被《亚洲太平洋》杂志选入"十大投资财务企业"之列,排名仅次于瑞士银行和瑞士信贷银行、由杨克林执掌的第一证券公司。②

第三节 广东高等教育基础

改革开放40年,广东省高等教育在规模、结构、质量、水平和国际化等方面取得了前所未有的进步。在发展阶段上,广东省高等教育进入了大众化后期;在结构上,形成了较为完备的专科、本科、硕士和博士四级教育体系;在类型上,建立了职业高等教育、普通高等教育和成人高等教育三种类型;在形式上,形成了公办高等教育和民办高等教育并行体系。此外,高等教育公平、质量、水平和国际化等,日益成为广东省教育主管部门和各高校关心的发展主题,并取得了很大的进步。

一、大众化的高等教育

2017年,我国高等教育毛入学率为42.7%,广东省达到38%。2018年,广东省高等教育毛入学率达42.43%,比2017年提升约4个百分点,

---

① [印尼]李文正:《在危机中觅生机》,孔远志、林六顺译,中国友谊出版公司2001年版,第124页。
② 江振鹏、丁丽兴:《印度尼西亚民主化改革以来华人经济的新发展及其启示》,载《当代中国史研究》2010年第6期。

超过了《广东省高等教育"十三五"规划》的目标要求,进入高等教育大众化后期。《广东省教育发展"十三五"规划(2016—2020年)》提出,到2020年,广东省高校在校生规模达到262.08万人,毛入学率为50%左右,进入高等教育普及化阶段(见表4-1)。

表4-1 广东省高等教育"十三五"规划目标

(单位:万人)

指 标	2018年	2020年
在学规模	264.38	262.08
在校研究生	10	10.70
普通本专科生	188	190
其中:高等职业教育在校生	78	73
成人本专科生	63	61
毛入学率	40%	50%左右

2016年,广东省高等学校有163所,其中普通高校149所,包括本科院校64所,专科院校85所,成人高等学校有15所。全省高等教育在校生有2756623人,其中研究生有92875人(博士研究生14990人);普通本专科学生有1892878人,其中本科生有1076753人,专科生有816125;成人本专科学生为651963人,其中本科生为161829人,专科生有490134人;网络本科生有97384人,其中本科生是45139人,专科生为52245人。广东省民办高等学校有55所,在校生数为643656人;成人民办高校有1所。全省每万人口普通本专科在校生为210.13人,每万人口成人本专科在校生为72.38人。① 新增劳动力平均受教育年限14年以上,主要劳动年龄人口平均受教育年限12年以上,其中,受过高等教育的比例在20%以上。

---

① 广东省教育厅:《广东省2016/2017学年教育事业统计简报》。

二、完备的高等教育体系

广东省建立了专科、本科、硕士和博士四级高等教育体系。在149所普通高校中，有博士学位授予权的大学有中山大学、华南理工大学、暨南大学、华南师范大学、华南农业大学、南方医科大学、广东工业大学、广东外语外贸大学、广州医科大学、广州中医药大学、广东医科大学、深圳大学、广州大学、汕头大学、广东财经大学、南方科技大学、广东海洋大学、广东美术学院、广东体育学院、广东药科大学20所高校。还有10所有硕士学位授予权的高校，分别为五邑大学、佛山科技学院、星海音乐学院、东莞理工学院、仲恺农业工程学院、广东金融学院、广东职业技术师范大学、岭南师范学院、肇庆学院、惠州学院。在广东省高等教育体系中，还有本科学院34所，专科学院85所。

自2015年开始，为了加强高等教育体系建设，提高高等教育学术水平和服务经济社会发展水平，广东省开启了四项发展计划。

（一）高水平大学与"双一流"建设

2015年4月，广东省委、省政府印发了《关于建设高水平大学的意见》，提出加快建成一批国内一流、世界知名的高水平大学和学科。2015年至2017年，省政府安排"高水平大学建设专项资金"50亿元，用于"7+7"所大学的学科建设、科学研究、产学研合作、人才队伍建设、科研服务与支持平台建设等。该计划是指中山大学、华南理工大学、暨南大学、华南师范大学、华南农业大学、南方医科大学、广东工业大学7所高校作为高水平大学整体建设高校，广东中医药大学、广东外语外贸大学、汕头大学、广东海洋大学、广州大学、广州医科大学、深圳大学7所高校的18个学科作为高水平大学重点学科建设项目。

2017年9月，国家"双一流"大学建设名单出炉，广东占据5校18学科的席位（见表4-2、表4-3）。

表4-2　广东省入选"世界一流大学建设高校"名单

序　号	学　校
1	中山大学
2	华南理工大学

表4-3　广东省入选"世界一流学科建设高校"名单

序号	学　校	学　科
1	中山大学	哲学、数学、化学、生物学、生态学、材料科学与工程、电子科学与技术、基础医学、临床医学、药学、工商管理
2	华南理工大学	化学、材料科学与工程、轻工技术与工程、农学
3	暨南大学	药学（自定）
4	华南师范大学	物理学
5	广州中医药大学	中医学

资料来源：教育部"双一流"大学建设名单。

（二）高水平理工大学建设

针对广东高校理工科教育规模偏小、结构不优、水平不高、支撑服务能力不强等问题，2016年1月，广东省发布《关于加强理工科大学和理工类学科建设服务创新发展的意见》，提出建设高水平理工科大学计划。列入首批建设的高水平理工科大学有5所：华南理工大学、广东工业大学、南方科技大学、佛山科学技术学院、东莞理工学院。华南理工大学、广东工业大学分别按照国家一流大学和广东省高水平大学标准进行建设，南方科技大学、佛山科学技术学院、东莞理工学院采取省市共建模式重点建设。2017年11月，广东省教育厅分别与茂名市、江门市签署支持广东石油化工学院、五邑大学创建高水平理工科大学协议。至此，广东省共有7所高水平理工科大学建设高校。

（三）应用型本科转型

2016年7月，广东省教育厅、发展改革委和财政厅联合出台《关于引导部分普通本科高校向应用型转变的实施意见》，明确广东大部分普通本科高校（含民办高校和独立学院）原则上均要通过学校整体转型或部分二级学院、部分学科专业转型的方式，主动向应用型高校转变。首批列入试点名单的14所高校是：广东金融学院、广东石油化工学院、广东财经大学、惠州学院、岭南师范学院、广东技术师范学院、肇庆学院、五邑大学、吉林大学珠海学院、北京师范大学珠海分校、电子科技大学中山学院、北京理工大学珠海学院、中山大学南方学院、广东白云学院。

（四）省市共建地方本科高校

2016年12月，广东省教育厅与9个地市、11所本科高校签署了省市共建本科高校的协议，其中，湛江支持共建广东医科大学和岭南师范学院；中山支持共建电子科技大学中山学院和广东药科大学中山校区；茂名、韶关、梅州、惠州、肇庆、江门、潮州7个地市分别支持共建当地的广东石油化工学院、韶关学院、嘉应学院、惠州学院、肇庆学院、五邑大学和韩山师范学院。

三、齐全的专业体系

截至2016年8月，广东共有普通本科院校46所，独立院校16所。按学科类别划分，有综合院校24所，理工院校10所，财经院校7所，医药院校和师范院校各5所，语言院校3所，艺术院校、农林院校和海洋院校各2所，体育院校和政法院校各1所。

（一）学科专业点分布

目前，广东本科院校专业设置涵盖了除军事学外的其他12个学科门类,包括社会学类、外国语言文学类、数学类、计算机类、通信工程类等88个一级学科,开设各类专业346种。专业布点数达到3597个,其中工学、管理学、文学、艺术学布点较多,分别占总布点的29.02%、17.90%、11.40%和10.84%。布点较少的学科门类是哲学、历史学和农学,分别仅占0.11%、0.61%和1.39%(见表4-4)。

表4-4 广东本科院校学科专业设置情况

学科门类	一级学科数（个）	专业种类数（个）	专业布点数（个）	专业布点数占比（%）
哲学	1	2	4	0.11
经济学	4	15	217	6.03
法学	6	19	133	3.70
教育学	2	15	129	3.59
文学	3	35	410	11.40
历史学	1	2	22	0.61
理学	10	35	364	10.12
工学	30	103	1044	29.02
农学	7	18	50	1.39
医学	11	29	190	5.28
管理学	9	40	644	17.90
艺术学	4	33	390	10.84

(二)学科专业在校生分布

2015—2016学年,62所本科院校在校生共计1040784人,其中工学、管理学、文学在校生规模较大,分别为279870人、247710人、118456人,占比为26.89%、23.80%和11.38%。其次为经济学、艺术学、理学、医学、法学、教育学、农学、历史学和哲学,在校生分别为91925人、73127人、73005人、66225人、42845人、27478人、14985人、4584人和574人,所占比例分别为8.83%、7.03%、7.01%、6.36%、

4.12%、2.64%、1.44%、0.44%和0.06%。

(三) 学科水平提升迅速

2018年,广东全省高校有69个学科入围ESI全球排名前1%,比2017年增加13个,增长23%;全省331个学科入选上海软科公布的中国最好学科排名,居全国第4位,比2017年增加41个,增量居全国首位。[①]

第四节 广东高等教育国际化基础

1978年,我国确立了改革开放总战略,迎来了长期大发展的黄金时期。广东省承借改革开放政策的春风,率先对外开放,建立起了开放型经济和开放型教育,在学生、教师、研究以及合作办学等国际化因素上走在了全国的前列。

一、学生国际化发展

广东省学生国际化发展在全国位于前列,保持在第6名左右,2016年降至第7名,排在江苏、浙江和辽宁及其他3个直辖市之后。

2016年,来粤留学生数增长到24605人,较2010年来粤留学生总数增加了10495人,增长了74.38%。随着来粤留学人数增加,留学生生源地也越来越多元化,从原来占据较大份额的第三世界国家发展到五大洲的100多个国家。以中山大学为例,2012年中山大学留学生来源国中,韩国

---

① 广东省教育研究院:《广东教育改革发展研究报告(2019)》,广东高等教育出版社2019年版。

占17%，越南占8%，泰国占7%，美国占6%，印尼占6%，日本、尼泊尔分别占4%，其他国家占48%。

近年来，随着"一带一路"倡议的推进，广东省积极推动省内高校招收更多沿线国家优秀留学生，至2015年，广东省约有1.2万名留学生来自"一带一路"沿线国家，占全省留学生总量的52%。广东省职业院校也积极参与到来粤留学生的教育和培训中来。2016年年底，广东省高职院校全日制国（境）外留学生共486人，对非全日制国（境）外人员培训量达到36373人次。①

二、教师国际化发展

高层次人才是在经济全球化竞争日趋激烈条件下制胜的核心战略资源。我国从中央到地方都表现出了吸引海外人才的决心，并出台了各种级别的吸引海外人才的计划。海外众多高水平的华人科学家也为我国实施高层次海外人才引进计划提供了条件。

在国家相关政策的影响下，广东省除了积极落实和参与国家的政策和计划外，还于2009年提出"珠江人才计划"，重点引进海外高层次科技人才和团队。2016年"珠江人才计划"实施了两个新子项目："海外青年人才引进计划"（博士后资助项目）和"海外专家来粤短期工作资助计划"。前者通过吸引外籍（境外）和有留学经历的博士毕业生来粤从事博士后研究工作，集聚一批中青年高层次国际人才；后者通过放宽来粤工作时间要求，取消年龄限制，吸引海外"高精尖缺"人才来粤工作。

除中央和地方政府的海外高层次人才引进计划外，各高水平建设高校利用所获得的中央和地方高水平大学和"双一流"大学建设资金出台了学校高层次人才计划，如中山大学的"百人计划"、华南理工大学的"兴

---

① 广东省教育厅：《广东省高等职业教育质量年度报告（2017）》，广东高等教育出版社2017年版。

华学者计划"等。地方政府如广州市出台了"百人计划",深圳市出台了"孔雀计划"等。根据广东省人社厅统计,近年来广东累计引进高层次海外人才5.8万人,其中诺贝尔奖获得者、发达国家院士、终身教授等143人,评审引进6批162个创新科研团队和122名省领军人才。①

三、课程国际化发展

国际化分为外部国际化与内部国际化,前者指的是教师、学生、课程、项目及学校走出国门进行学习、交流和办学,从而给国内和外国教育带来影响;后者指的是学生和教师不出国就可以享受国际化,包括课程的国际化、聘请国际教师和引进国际项目。内部国际化相比于外部国际化,日益受到各国政府和学校的重视,而课程国际化则是其中的一个重要组成部分,包括开设外语课程、国际主题课程以及双语和全英课程及专业。

(一)开设外语课程

目前,广东省146所高校共开设21门外语专业,其中有9门西方语言,12门东方语言(见表4-5)。105所院校开设英语专业,占比71.9%;52所院校开设日语专业,占比35.6%;14所院校开设法语专业,占比9.5%。意大利语、葡萄牙语、波兰语、希腊语、印尼语、泰语、越南语、印地语、老挝语、缅甸语、柬埔寨语、马来语、乌尔都语、阿拉伯语14门语言只有广东外语外贸大学开设。目前,广东省高校共开设"海丝"沿线国家13种语言的专业,涵盖了沿线35个国家的官方语言,占比85.3%。在"海丝"的41个沿线国家中,还有6个国家(孟加拉国、斯里兰卡、马尔代夫、阿富汗、伊朗、土耳其)的官方语言的专业没有在广东省高校开设。从培养方案可以看出,这些外语专业的开设,

---

① 周聪:《广东打响面向全球布局未来的人才争夺战》,见金羊网(http://rencai.gov.cn/Index/detail/12929)。

以培养复合型、应用型的人才为主。除了要求学生掌握一定的知识和技能，还通过签订互派留学生的协议鼓励学生到外国进修。如阿拉伯语专业的学生，以"3+1"的培养模式，旨在培养从事翻译、研究、教学、管理工作的高级人才，并鼓励学生到阿拉伯国家学习，增进对阿拉伯社会和文化的了解。

表4-5　广东高校开设外语专业情况

西方语言			东方语言		
语言名称	开设院校（所）	开设时间	语言名称	开设院校（所）	开设时间
英语	105		日语	52	
法语	14		韩语	9	
德语	9		印尼语	1	1970年
西班牙语	10		泰语	1	1970年
俄语	6		越南语	1	1970年
意大利语	1	2002年	阿拉伯语	1	2007年
葡萄牙语	1	2008年	印地语	1	2011年
波兰语	1	2014年	老挝语	1	2014年
希腊语	1	2016年	缅甸语	1	2014年
			柬埔寨语	1	2014年
			马来语	1	2015年
			乌尔都语	1	2015年

（二）全英或双语专业和课程

全英或双语专业和课程是课程国际化的重要形式之一。全英或双语教学，有三项国际化功用。一是通过使用国际语言教学，招揽更多的外国留学生来华学习；二是提高本国学生的专业外语水平和专业沟通能力；三是通过使用外国原版教材及专业课程体系，使国内专业和课程知识水平达到国际要求，培养高水平的专业人才。因此，全英或双语课程不仅是亚洲高校国际化的一种积极方式（如日、韩），而且也为欧洲教育国际化所采用。广东省教师国际化水平高的大学也纷纷顺应这一课程国际化的趋势，为国内外学生开设了全英或双语专业和课程。据不完全统计，中山大学开设了6个全英本科专业和6个全英硕士学位专业，包括公共管理学、临床医学、图书馆与信息档案管理学、文学、自然科学与工程、经济管理学等，这些专业也是中山大学的优势专业。暨南大学开设了8个全英本科专业和2个全英硕士专业，全英课程达到400多门。华南理工大学开设了土木工程、材料工程等4个全英本科专业，1个双语本科专业以及4个全英核心课程专业。南方科技大学22个专业都是双语专业，80%以上的课程都是双语或全英课程，它表现出了一所国际化大学的基本特征。（见表4-6）

表4-6 广东省高校全英语授课专业和课程情况

学校	专业数/课程	专业
中山大学	6个本科+6个硕士	公共管理学、临床医学、图书馆与信息档案管理学、文学、自然科学与工程、经济管理学
暨南大学	8个本科+2个硕士/400门	国际经济与贸易、金融学、会计学、药学、新闻学、食品质量与安全、临床医学、计算机科学与技术、工商管理、中国学
华南理工大学	4个本科+1个（双语）本科+4个（全英核心课程）/189门	土木工程、材料工程、环境工程、金融学/机械工程/工商管理、旅游管理、行政管理、传播学
南方科技大学	22个（双语）本科/80%的课程是双语或全英	物理学、应用物理学、化学、生物技术、生物信息学等9个理学专业，生物医学工程、微电子科学与技术、光电信息科学与工程、通信工程等10个工学专业，以及金融数学、金融学、金融工程3个经济学专业

四、研究国际化发展

研究国际化是高等学校尤其是研究型大学国际化的重要内容。高校教师通过设立国际研究中心、参与国际研究项目、举办和参与国际学术会议、发表和出版研究成果,从而密切与国际同行的学术交流,提高研究能力和学术国际影响力。许多世界一流大学的建设经验证明,国际化是"双一流"的必不可少的路径。广东省高校研究的国际交流与合作经历了一个缓慢的发展过程,在新世纪科技强国和教育强国的号召下,呈现出快速发展的新态势。

(一)论文国际发表

论文是学术研究的重要成果表现形式,论文的数量及质量能直接反映出高校科学研究层次与水平,论文国际发表是研究国际化的重要指标。从目前查到的数据看,从 2005—2016 年,广东省高校论文国际发表数量都在持续增加,即使是在 2014 年和 2015 年广东省高校论文发表总数下降的情况下。2005 年,广东省高校教师国际发表的论文有 2345 篇,占全省发表论文总数的 9.12%。至 2016 年,论文国际发表数量达到 17532 篇,占当年全省发表论文总量的 35.49%(见图 4-1)。由此可见,广东省高校科研国际化水平不断提升,学术国际话语权和国际影响力在稳步提升。究其原因,一方面是得益于广东省科研评价特别是自然科学评价向论文国际发表倾斜的政策,另一方面是广东省高校教师的国际化水平在不断提高,具备了论文国际发表的能力。

从对广东省高水平大学学科实力对比来看,进入 ESI 世界前 1% 学科领域的大学有 8 所,其中中山大学遥遥领先,有 14 个学科领域进入世界前 0.5%。华南理工大学与暨南大学次之,其他大学在国际上也表现出了一定的实力(见表 4-7)。

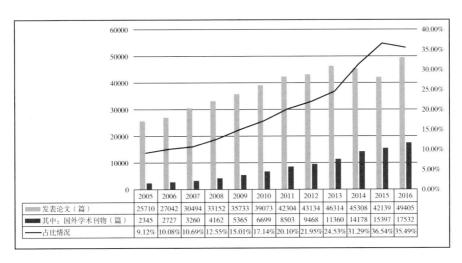

图 4-1　2005—2016 年广东省高校论文发表情况

数据来源：根据中华人民共和国教育部科学技术司官网（http://www.moe.gov.cn/s78/A16/A16_tjdc/）公布的数据整理而来。

表 4-7　广东省 8 所高水平大学学科实力比较

大　　学	学科实力［进入 ESI 世界前 1% 学科领域（个）］
中山大学	18（其中 14 个进入前 0.5%）
华南理工大学	9
暨南大学	7
华南师范大学	5
深圳大学	5
南方医科大学	4
华南农业大学	2
广东工业大学	2

（二）国际级科研项目

国际级科研项目验收数量是研究国际化水平高低的重要指标。广东省高校每年验收的国际级项目主要包括"973"计划、科技攻关计划、"863"计划、自然基金项目等。2005—2009 年间，广东省高校验收的国际级项目以"863"计划项目和科技攻关计划项目为主,但是验收国际级项目总数却在逐年减少,从 2006 年的 95 项减少到 2009 年的 39 项,下降幅度很大。从 2010—2013 年,广东省高校验收的国际级科研项目出现激增,4 年间翻了一番,从 2010 年的 65 项增加到 2013 年的 150 项。不过,2014—2016 年,广东省高校验收的国际级项目又出现不同程度的减少(见图 4-2)。10 余年来,广东省国际级验收研究项目的变化波动,值得关注和研究。

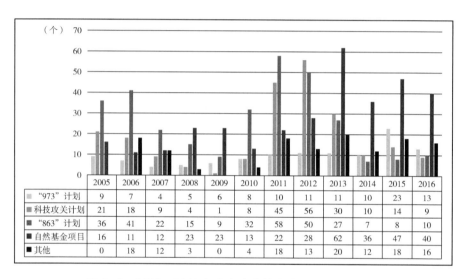

图 4-2　2005—2016 年广东省高校验收国际级项目数据

(三)国际合作实验室

2014 年,教育部印发《国际合作联合实验室计划》的通知,决定依托高等学校整合提升并建设认定一批国际合作联合实验室。[①] 2016 年 1 月,教育部发布最新一批国际合作联合实验室立项名单,立项建设 17 个国际合作联合实验室[②](见表 2-5)。其中,广东省暨南大学、华南师范

[①] 《教育部印发〈国际合作联合实验室计划〉的通知》,见中华人民共和国中央人民政府网站(http://www.gov.cn/gzdt/2014-01/28/content_2577308.htm)。

[②] 《重磅:最新一批国际合作联合实验室立项名单出炉!》,见搜狐网(http://learning.sohu.com/20160104/n433388738.shtml)。

大学、广东工业大学三所学校获批设立3个国际合作联合实验室，分别是暨南大学与香港大学联合成立的中枢神经再生国际合作联合实验室、华南师范大学与荷兰埃因霍温理工大学、荷兰特文特大学与瑞典隆德大学等联合成立的光信息国际合作联合实验室以及广东工业大学与香港城市大学、香港理工大学联合成立的物联网智能信息处理与系统集成国际合作联合实验室。广东省国际合作实验室的数量与上海并列第一，占全国总数的17.6%。不过，广东省有2个国际合作研究中心是与香港的大学合作成立的，也反映了粤港澳高等教育合作的优势和成果。

从自主联合设立国际研究机构和实验室来看，广东省高校也进行了卓有成效的工作。例如，华南理工大学先后与美国、法国、荷兰、英国、意大利、新加坡、澳大利亚等国知名大学合作建立了11个国际研究机构和实验室。暨南大学也与美国、加拿大、德国、俄罗斯、法国和香港等地知名大学合作建立了11个国际研究机构和实验室，其中与香港的大学合作建立的单位有5个（见表4-8）。

表4-8 广东省高校与境外高校合作举办国际研究中心和实验室举例

学　校	名　　称
华南理工大学	（1）华南理工大学—普渡大学广州国际旅游研究中心 （2）中法信息与通信联合实验室（法国南特大学） （3）中荷城市系统与环境联合研究中心（荷兰代尔夫特理工大学） （4）中英城市低碳研究中心（英国卡迪夫大学） （5）中澳能源和环境材料联合实验室（澳洲格里菲斯大学、中国科学院、吉林大学） （6）华南理工大学—罗格斯社会企业与社会组织管理联合研究中心（美国罗格斯大学） （7）华南理工大学—伊利诺伊大学比较法研究中心（美国伊利诺伊大学香槟分校） （8）华南理工大学—密苏里大学数据新闻研究中心（美国密苏里大学） （9）华南都灵联合实验室（意大利都灵理工大学） （10）中新国际联合研究院（新加坡南洋理工大学）

续表 4-8

学　校	名　称
华南理工大学	（11）华南理工大学—西澳大学再生医学联合研究中心（澳大利亚西澳大学）
暨南大学	（1）油脂生物炼制与营养联合实验室（暨南大学—加拿大萨斯喀彻温大学） （2）创新药物联合实验室（暨南大学—香港浸会大学） （3）脑功能与健康联合实验室（暨南大学—香港大学） （4）光纤光子学联合实验室（暨南大学—香港理工大学） （5）海洋天然产物研究与药物开发联合实验室（暨南大学—德国维尔茨堡大学） （6）城市生命线工程结构安全国际联合实验室（暨南大学—美国加州大学圣地亚哥分校） （7）信息技术和分形信号处理联合实验室（暨南大学—俄罗斯喀山联邦大学） （8）天体测量、动力学与空间科学研究联合实验室（暨南大学—法国天体力学与历表计算研究所） （9）神经科学和创新药物研究联合实验室（暨南大学—香港科技大学） （10）再生医学联合实验室（暨南大学—香港中文大学） （11）暨南大学/华盛顿大学艾滋病基因与疫苗研究开发中心

（四）国际学术会议

国际学术会议是学术国际交流的重要平台，参加或者举办国际学术会议是扩大我国学术国际影响力的重要手段。1978—1983 年，广东省教师出国参加各种国际学术会议的有 344 人次。21 世纪以来，广东省高校非常重视通过国际学术会议平台，扩大广东学术研究影响力。2005 年，广东省高校教师参加国际会议 4156 人次，交流论文 3083 篇，特邀报告 368 人次，主办国际会议 41 场。2016 年，共有 5923 人次出席国际学术会议，并交流论文 4387 篇，特邀报告 1046 篇，同时还主办了 130 场国际学术会议。虽然 2016 年出席会议的人数和举办国际会议的场次不是最高，但是交流论文和特邀报告数都处于 11 年来的最高水平（见图 4-3）。它一方面说明了广东省高校反腐和对举办国际学术会议的审查趋严，另一方面反映了广东省高校教师论文质量和学术水平越来越得到国际同行的认可。

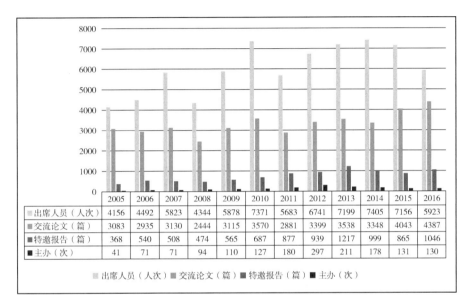

图 4-3 广东省高校教师举办和参与国际会议情况

数据来源：根据中华人民共和国教育部科学技术司官网公布数据整理。

五、引进世界知名大学

引进世界高水平大学来粤办学，是广东省委、省政府致力于高等教育国际化和提高高等教育水平的重要举措，共发布了《珠三角地区改革发展规划纲要（2008—2020 年）》《广东省教育发展"十二五"规划》和《关于引进世界知名大学来粤合作举办独立设置高等学校的意见》（2013）这三份文件。前两份文件先后提出"要以新的思维和机制来推动提高高等教育水平，到 2020 年，重点引进 3~5 所国外知名大学到广州、深圳、珠海等城市合作举办高等教育机构，建成 1~2 所国内一流、国际先进的高水平大学"。第三份文件是广东省政府专门落实引进3～5所世界知名大学的具体政策，提出要坚持以开放促改革、以开放促创新的原则，积极引进境外优质高等教育资源和先进管理经验，推动广东省高等教育体制机制改革，提升高等教育创新能力。2013—2014年，省财政每年安排2亿元专项资金，对引进世界知名大学来粤合作新举办的独立设置高等学校给予资助，在学校收费、教学设施设备进口、接受社会资助等方面予以支持。要求引进大学的地方政府积极协调解决学校在建设和发展过程中遇到的办学用地、校舍建设、办学投入、学生资助及外籍教师聘用等方面的问题，为学校建设和发展提供必要保障。由此可见，引进世界知名大学是广东省教育国际化的一件大事。

从2008—2013年5年间，从提出引进3～5所世界知名大学的目标到具体政策意见的出台花了5年的时间。到2017年，广东省引进了3所世界知名大学，包括香港中文大学（深圳）（2014）、广东以色列理工学院（2016）和深圳北理莫斯科大学（2016），较好地完成了规划提出的任务。广东省近10年来引进世界知名大学的艰难过程，也说明了引进世界一流大学不是一件容易的事情。

通过对广东省这3所中外合作办学大学的比较与分析，我们可以发现以下几个共同的特点。

（一）大学的目标是建成世界一流研究型大学

香港中文大学（深圳）提出："以创建一所立足中国、面向世界的一流研究型大学为己任，致力于培养具有国际视野、中华传统和社会担当的创新型高层次人才。"广东以色列理工学院提出："根植于博大精深、底蕴丰厚中国文化的土壤，致力于创业与创新，建成为一所世界领先的科研型大学，培养具有创新能力、全球视野和人文素养的卓越工程师和科技人才。"深圳北理莫斯科大学提出"建成独具特色的世界一流国际化综合性大学"。这种建设世界一流中外合作大学的目标，与广东省引进世界知名大学的要求是相吻合的。

（二）聘任高水平的教师是建设世界一流合作大学的根本保障

3所大学都充分履行"大学者大师也"的办学理念，聘请世界知名教师来校管理和教学。香港中文大学（深圳）已引进诺贝尔奖得主4位，图灵奖得主2名，菲尔兹奖获得者1名，中国工程院院士、中国科学院院士、美国工程院院士、美国科学院院士、加拿大皇家科学院院士、加拿大工程院院士等11名，IEEE Fellow[①]13名，国家杰出青年基金获得者3名等海内外杰出人才。广东以色列理工学院常务副校长是诺贝尔奖获得者阿龙·切哈诺沃，所聘任的30多名教师中90%以上为外籍教师，外籍教师中超过80%来自以色列理工学院。深圳北理莫斯科大学教师由三部分构成，由莫斯科大学、北京理工大学选派和面向全球招聘。其中，莫斯科大学选派的教师不少于学校教师总数的50%。

（三）实行本科—硕士—博士教育

3所大学都致力于本科、硕士和博士三个层次的教育，尤其是硕士和博士教育既招揽了海内外高层次人才从事科学研究，也培养未来研究的后备力量。研究生教育（尤其是博士生教育）体现了研究型大学的本质。香港中文大学（深圳）实施中、英双语教学，本科有金融学、会计学、国际商务、市场营销、经济学、统计学、数学与应用数学、计算机科学与技术、电子信息工程、新能源科学与工程、生物信息学和翻译11个专业，硕士有金融工程、金融学、经济学、会计学、数据科学、翻译、同声传译和供应链与物流管理8个专业，博士有计算机与信息工程专业。远期在校

---

① IEEE的全称是Institute of Electrical and Electronics Engineers（国际电气与电子工程师协会），它是一个国际性的电子技术与信息科学工程师的协会。IEEE是当今世界电子、电气、计算机、通信、自动化工程技术研究领域最著名、规模最大的非营利性跨国学术组织。IEEE Fellow即IEEE会士/院士，为协会最高等级会员，是该组织授予的最高荣誉，在学术科技界被认定为权威的荣誉和重要的职业成就。

生规模达 11000 人，目前有来自全球的 3000 多名优秀本科生和研究生。广东以色列理工学院的教学语言是英语，目前本科有化学工程与工艺、生物技术和材料科学与工程 3 个专业，博士有以色列海法专业。未来将设化学、环境工程、机械工程、数学、物理、生物化学工程、生物等本科专业。远期在校学生规模达 5000 人，学校授予广东以色列理工学院和以色列理工学院的学士、硕士及博士学位。深圳北理莫斯科大学采用汉语、俄语、英语三种语言进行教学，学生毕业可以拿到莫斯科大学和深圳北理莫斯科大学颁发的两个文凭。该校 2017 年开设国际经济与贸易、俄语语言文学、数学与应用数学和材料 4 个本科专业，共计招收学生 113 人；开设纳米生物技术、生物生态学、俄语和俄罗斯文学 3 个硕士专业，共计招收学生 23 人，其中前两个硕士专业为英语授课。2018 年，该校将启动博士生招生工作。远期在校生规模达 5000 人。

第五章

广东与『海丝』沿线国家高等教育互通

"海丝"高等教育共同体建设，离不开我国及省域与"海丝"沿线国家高等教育的互通。广东省与"海丝"高等教育政策互通、渠道相通、语言互通和民心联通，是开展"海丝"高等教育一体化的起点、过程与终点。从国家层面看，目前我国已经与"一带一路"国家建立了上述"四通"的渠道。广东省参加了这些国家渠道，但还需要建立省域"海丝"高等教育互通渠道。总的来说，广东省参与的国家丝绸之路各种渠道不多，在省域"海丝"渠道方面，也与"海丝"沿线国家的教育交流与合作往来稀少，并且主要集中在东盟、南亚及少数西亚国家。广东与"海丝"高等教育互通，还需要自上而下做更多工作。

第五章 广东与"海丝"沿线国家高等教育互通

第一节 广东与"海丝"沿线国家高等教育政策互通

政策互通是政府间高等教育合作的主要力量和保障。"海丝"建设是我国政府主导的跨区域发展设想，政府之间需要进行高层次磋商，或进行政策对接，或制定跨区域教育合作政策，借以推动区域高等教育的合作与发展。教育政策沟通，包括开展"一带一路"教育法律、政策协同研究，构建沿线各国教育政策信息交流通报机制，为沿线各国政府推进教育政策互通提供决策建议，为沿线各国学校和社会力量开展教育合作交流提供政策咨询；积极签署双边、多边和次区域教育合作框架协议，制定沿线各国教育合作交流国际公约，逐步疏通教育合作交流政策性瓶颈，实现学分互认、学位互授联授，协力推进教育共同体建设。①

作为省级政府开展参与"海丝"高等教育合作，广东省政府一方面要在鼓励、推动本区域高校参与"海丝"高等教育合作上进行顶层设计与规划，另一方面要积极与"海丝"沿线国家及友好省州沟通协商高等教育合作发展事宜，出台相关政策，推动广东省与"海丝"沿线国家高等教育政策互通。

一、省委、省政府顶层设计，服务"一带一路"教育共同体建设

《广东省教育发展"十三五"规划（2016—2020年）》提出：为服务

---

① 《教育部关于印发〈推进共建"一带一路"教育行动〉的通知》，见中华人民共和国教育部网站（http://www.moe.gov.cn/srcsite/A20/s7068/201608/t20160811_274679.html）。

"一带一路"倡议,要做好教育对外开放工作,提升国际竞争力和区域辐射力。以提高奖学金作为来粤留学吸引力,积极扩大来粤留学生规模。鼓励、支持广东省高校与沿线国家高校建立科研、技术、办学、联合培养的合作平台。在2014年4月,广东省侨办、省教育厅签署《共建广东省华文教育培训学院备忘录》,充分利用广东省优势,更好地发展华文教育,为了使中华文化在海外得到更好的传承与培养人才,积极开展对外文化交流,弘扬中华文化。2018年,广东省发布了《广东省教育厅关于推进共建"一带一路"教育行动(2018—2020)》,在教育部《推进共建"一带一路"教育行动》的框架下,提出了广东省推进"一带一路"教育合作与交流的重点任务、计划和政策交流机制,包括建立健全与东南亚、太平洋岛国、西亚、中东欧、非洲国家教育合作机制。这些政策交流机制主要以"海丝"国家和地区为主,充分发挥广东"海丝"起点和重要经济文化教育区域的作用。

二、与东盟进行教育战略合作

2010年5月24日,广东省政府出台了《中共广东省委办公厅 广东省人民政府办公厅关于深化与东盟战略合作的指导意见》,提出"积极参与和支持双边、多边政府间的科技合作计划,促进科技人才的相互交流与联合培养"与"支持东盟地区华社开展华文教育,为东盟地区培训华文师资和汉语人才"[①] 两个重要意见,增强了广东省与东盟在科技人才培养、华文教育和师资培训等方面的合作。

---

① 《中共广东省委办公厅 广东省人民政府办公厅关于深化与东盟战略合作的指导意见》,见广东省人民政府网站(http://zwgk.gd.gov.cn/006939780/201704/t20170426_702931.html?keywords%3D)。

第五章　广东与"海丝"沿线国家高等教育互通

三、积极建立友城，推动包括教育在内的综合合作

《广东省中长期教育改革和发展规划纲要（2010—2020年）》提出"要充分利用友好省州、城市等合作平台和侨务渠道，建立高层次教育国际交流合作机制"。从1982年起，广东省广州市等9个市与菲律宾等16个"海丝"沿线国家的城市建立20对友市关系；从2001年起，广东省与土耳其等9个国家的省市建立9对友省关系。友省友市建设的具体内容包括经济、文化、教育、技术、旅游等。例如，2014年11月，广东省省长朱小丹与以色列特拉维夫市市长罗恩·胡尔代在广州共同签署了《广东省与特拉维夫—雅法市发展友好交流与合作关系备忘录》，希望以签署发展友好交流与合作关系备忘录为起点，加强与以色列和特拉维夫市在高新技术与研发、高等教育、经贸投资、旅游等领域的全方位交流合作，促进两地企业、机构之间的交流合作。广东省通过与"海丝"沿线国家友城友市的建设，合作范围不断扩大，合作层次不断加深。

第二节　广东与"海丝"沿线国家高等教育渠道畅通

高等教育合作渠道畅通是"一带一路"顺利进行的保障。教育部《推进共建"一带一路"教育行动》将国家层面的渠道总结为五种方式：中外双方互设海外分校；举办沿线国家校长论坛；建立国际合作联合实验室和研究中心；开展"海丝"大学联盟；打造"一带一路"学术交流平台。① 这五种合作渠道，也是考察和构建广东省与"海丝"沿线国家高等

---

① 《教育部关于印发〈推进共建"一带一路"教育行动〉的通知》，见中华人民共和国教育部网站（http://www.moe.gov.cn/srcsite/A20/s7068/201608/t20160811_274679.html）。

教育合作渠道的主要框架和内容。

一、国家渠道

（一）互设海外分校

中外双方通过"引进来"与"走出去"两种方式分别创办中国大学境外分校和境外大学中国分校，以深化拓展教育合作交流。截至目前，中国大学在海外开设分校有 10 所（见表 5-1），其中，中国境海外"海丝"沿线国家设立的分校有 6 所，占全部分校数量的 60%。广东省并无一所高校设立境外分校。

表 5-1 中国大学的境外分校

学校名称	正式创立时间	正式招生时间	备注
北京语言大学曼谷分校	2002 年 4 月	2006 年 9 月	"海丝"沿线国家
上海交通大学新加坡分校	2003 年 1 月	2003 年 9 月	"海丝"沿线国家
上海复旦大学新加坡分校	2003 年 8 月	2003 年 9 月	"海丝"沿线国家
老挝苏州大学	2011 年 7 月	2012 年 9 月	"海丝"沿线国家
云南财经大学曼谷商学院	2013 年 12 月	2014 年 12 月	"海丝"沿线国家
同济大学佛罗伦萨校区	2014 年 3 月	2014 年 4 月	
北京语言大学东京分校	2015 年 4 月	2015 年 4 月	
清华大学全球创新学院	2015 年 6 月	2016 年 9 月	西雅图（美国）
厦门大学马来西亚分校	2016 年 2 月	2016 年 6 月	"海丝"沿线国家
北京大学汇丰商学院牛津校区	2017 年 4 月		

相对于中国"走出去"设立分校，境外高校在中国建立分校达 9 所，分布在中国浙江、江苏、上海、广东 4 个省份，其中广东境外高校的分校数量最多，有 4 所，占所有境外高校总数的 44.4%；江苏、浙江分别有 2 所，上海有 1 所。而"海丝"沿线国家中国分校，仅有广东省汕头市的

广东以色列理工学院 1 所（见表 5-2）。

表 5-2 境外高校中国分校（不含合作办学机构与项目）

学校名称	创立时间	地 点	备 注
英国诺丁汉大学宁波分校	2004 年	浙江省宁波市	
香港浸会大学珠海分校	2005 年	广东省珠海市	
英国利物浦大学苏州校区	2006 年	江苏省苏州市	
上海纽约大学	2011 年	上海市	
香港中文大学深圳校区	2012 年	广东省深圳市	
美国杜克大学昆山分校	2012 年	江苏省昆山市	
广东以色列理工学院	2013 年	广东省汕头市	"海丝"沿线国家
深圳北理莫斯科大学	2014 年	广东省深圳市	
美国肯恩大学温州分校	2014 年	浙江省温州市	

（二）举办校长论坛

目前，"一带一路"大学校长论坛主要有 4 个，即中非大学校长论坛、中国—阿拉伯国家大学校长论坛、亚洲大学校长论坛和中国—东盟大学校长论坛（见表 5-3）。广东省参与的高校不多，只有广东外语外贸大学和中山大学。

表 5-3 主要大学校长论坛

校长论坛	内容简介	涉及的"海丝"沿线国家
中非大学校长论坛	2006 年 10 月，首届中非大学校长论坛在浙江师范大学举行，论坛主题为"改革·合作·发展"。中非与会者就发展中国家高校能力建设、高校内部管理体制改革、国际合作与伙伴关系等问题进行了交流和探讨	纳米比亚、肯尼亚等非洲国家参加

续表 5-3

校长论坛	内容简介	涉及的"海丝"沿线国家
中国—阿拉伯国家大学校长论坛	2011年9月到2016年9月，已成功举办4届，为中阿国家高等教育发展提供战略指导	埃及、摩洛哥、黎巴嫩、阿尔及利亚、阿联酋、阿曼、埃及、约旦、巴勒斯坦、卡塔尔、科摩罗等阿盟成员国
亚洲大学校长论坛	2010年的亚洲大学校长论坛于11月12—14日在广州市举行，主题为"亚洲高等教育与区域经济社会发展"。出席论坛的有来自亚洲20多个国家及我国港澳地区30多所大学的校长以及我国内地北京大学、清华大学等近50所高校的校长	印度、新加坡、菲律宾等亚洲国家
中国—东盟大学校长论坛	2016年10月，由海南省教育厅与海南热带海洋学院联合承办的中国—东盟大学校长论坛在三亚开幕。来自20余所东盟国家高校校长及国内20余所中国—东盟教育培训联盟成员单位代表，中国港澳台地区高校代表参与论坛，共话中国与东盟高校教育发展	印度尼西亚、柬埔寨、马来西亚、老挝、泰国等东盟国家

（三）国际合作实验室

2014年，教育部印发《国际合作联合实验室计划》的通知，决定依托高等学校整合提升并建设认定一批国际合作联合实验室。

2016年1月，教育部发布一批国际合作联合实验室立项名单，立项建设17个国际合作联合实验室。就"海丝"沿线国家参与度而言，分别有新加坡和以色列两个国家作为国际合作实验室外方依托单位，共参与4个项目，占总项目数的23.5%。尤其是新加坡，在4个实验室中参与了3

个,占所有参与的"海丝"沿线国家总数的75%(见表5-4)。从省份来看,广东省有暨南大学、华南师范大学、广东工业大学3所学校获批设立3个国际合作联合实验室。广东国际合作研究机构的数量与上海并列第一,占全国总学校数量的17.6%,但没有与"海丝"沿线国家建立国际合作联合实验室。

表5-4 中国与"海丝"沿线国家高校共建的国际合作实验室①

序号	国际合作联合实验室名称	依托单位（中方）	外方单位	涉及"海丝"沿线国家	建设期
1	信息显示与可视化国际合作联合实验室	东南大学	英、法、荷兰、新加坡	新加坡	2016.1—2018.12
2	武汉光电国际合作联合实验室	华中科技大学	美、法、德、俄、英、加、澳、新加坡	新加坡	2016.1—2018.12
3	柔性电子国际合作联合实验室	南京工业大学	英国帝国理工学院塑料电子中心、新加坡南洋理工大学材料科学与工程系、新加坡国立大学化学系、英国圣安德鲁大学有机电子研究中心	新加坡	2016.1—2018.12
4	资源化学国际合作联合实验室	上海师范大学	英、美、德、新加坡、以色列	新加坡、以色列	2016.1—2018.12

(四)大学联盟

建立"海丝"大学联盟,可以为高水平大学合作创造平台。目前,

---

① 《教育部关于"高端装备创新设计制造国际合作联合实验室"等17个联合实验室立项建设的通知》,见中华人民共和国教育部网站(http://www.moe.gov.cn/srcsite/A16/kjs_gjhz/201512/t20151229_226384.html)。

"海丝"沿线国家参与的大学联盟有 6 个以上,广东省参与的有中山大学、华南理工大学、广东外语外贸大学等高校(见表 5-5)。

表 5-5 "海丝"沿线国家参与的大学联盟

联盟名称	参与国家及高校
国际研究型大学联盟	新加坡国立大学
21 世纪学术联盟	印度尼西亚卡渣玛达大学、老挝国立大学、泰国朱拉隆功大学和泰国农业大学
亚太地区大学联盟	新加坡的南洋理工大学、泰国的亚洲理工学院
中国—东盟大学联盟	泰国朱拉隆功大学、柬埔寨柴桢大学、老挝沙湾拿吉大学、柬埔寨棉则大学、柬埔寨亚洲学院、老挝占巴塞大学、泰国玛希隆大学
丝绸之路大学联盟	有 38 个国家和地区的 151 所高校成为丝绸之路大学联盟成员,形成了遍布世界五大洲的高等教育合作平台
"21 世纪海上丝绸之路"大学联盟	由来自 17 个国家和地区的 60 多所高校组成,包括英国谢菲尔德大学、法国索邦大学、澳大利亚墨尔本大学、新西兰惠灵顿维多利亚大学、新加坡南洋理工大学等

(五)"一带一路"学术交流平台

通过打造"一带一路"学术交流平台,可吸引各国专家学者、青年学生开展研究和学术交流,进而推进"一带一路"优质教育资源共享。目前,主要的学术交流平台有"中国—东盟教育交流周"和"中阿高等教育论坛"2 个,中非暂时没有完善的"一带一路"学术交流平台。"中国—东盟教育交流周"成员国涉及的"海丝"沿线国家有印尼、马来西亚、越南、老挝、缅甸、菲律宾、新加坡等,"中阿高等教育论坛"也基本覆盖了"海丝"沿线国家的主要阿拉伯地区国家。广东省参与的是"中国—东盟教育交流周",参与的学校有华南理工大学、广州大学等。

二、广东省渠道

（一）海外大学广东分校

目前，位于广东省的海外大学分校总共有4所，分别是香港浸会大学珠海分校、香港中文大学深圳校区、广东以色列理工学院和深圳北理莫斯科大学，这4所学校中涉及"海丝"沿线国家的只有广东以色列理工学院。

以色列理工学院（Israel Institute of Technology，简称Technion），是一所享誉全球的理工类大学，为世界百强大学。2004—2013年，该校有3名学院教授获得诺贝尔奖。2013年9月29日，以色列理工学院校长佩雷斯·拉维和汕头大学执行校长顾佩华在以色列特拉维夫市代表双方学校签署了合作备忘录，合作创建广东以色列理工学院。2016年12月5日，教育部向广东省政府发出《教育部关于批准正式设立广东以色列理工学院的函》，同意正式设立广东以色列理工学院。广东以色列理工学院教师队伍面向全球招聘，60%以上教师由以色列理工学院派出，2004年诺贝尔化学奖得主阿龙·切哈诺沃为常务副校长。广东以色列理工学院引入以色列理工学院优良的学术传统和学科优势，全面引入以色列理工学院基于"知识三角"模式（见图5-1）的办学战略，充分发挥教育、研究和创新三方面结合所产生的协同优势，致力于培养具有创新能力、全球视野和人文素养的卓越工程师和科技人才，旨在建设成为一所具有国际公认的高水平教育、科研和创新能力的研究型大学。这是我国第一所理工型的中外合办大学。2018年，广东以色列理工学院被列入广东省"高水平大学建设计划"，成为入选该项计划的最年轻的高校。材料科学与工程、食品科学与工程、化学工程与技术、环境科学与工程4个学科同时被列为高水平大学重点建设学科。

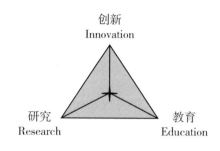

图 5-1 "知识三角"模式

2017年,广东以色列理工学院招收首批新生222名,设置涵盖工学、理学和生命科学三个领域的10个专业,在校学生规模远期计划达5000人。逐步开展以色列理工学院硕士学位和博士学位教育,颁发以色列理工学院的硕士学位和博士学位证书。借鉴以色列理工学院的先进经验,自主招生录取,严进严出,新生入学后进入正式学习学分课程之前有4~6周时间进行预科数学、物理和英语学习,保证每个学生有足够的能力基础来学习正式学分课程,采用专业课全英文教学。学生在低年级阶段将接受严格的英语训练,以达到具备在英语国家大学就读所需的同等语言水平。广东以色列理工学院学生在4年本科学习期间,可到以色列理工学院修读暑期课程或进行一个学期的交换学习。广东以色列理工学院继承以色列理工学院的传统,所有专业均要修读以色列理工学院的一门创业课程,采用英文授课。

(二)举办校长论坛

广东外语外贸大学分别于2003年和2015年举办了两届亚洲大学校长论坛。该论坛至今举办了14届,共有756所高校和机构、约1700人次参加论坛,力图开创亚洲高等教育的新局面,为亚洲高等教育实现更有活力、更可持续的发展做出更大的贡献。

（三）国际联合实验室

如前所述，广东省有暨南大学、华南师范大学、广东工业大学 3 所学校分别获批设立中枢神经再生国际合作联合实验室、光信息国际合作联合实验室、物联网智能信息处理与系统集成国际合作联合实验室，反映出粤港大学合作的优势，但并无"海丝"沿线国家参与（见表 5-6）。

表 5-6 广东省国际联合实验室概况

国际联合实验室	中方高校	海外合作高校	参与的"海丝"沿线国家
中枢神经再生国际合作联合实验室	暨南大学	香港大学	无
光信息国际合作联合实验室	华南师范大学	荷兰埃因霍温理工大学、特文特大学与瑞典隆德大学等	无
物联网智能信息处理与系统集成国际合作联合实验室	广东工业大学	香港城市大学、香港理工大学	无

（三）对比分析

与周边 5 省相比，广东省在渠道畅通方面更胜一筹，突出表现在：承办的海外分校数量、国际联合实验室数量最多（见表 5-7）。但明显的不足在于：广东省迄今为止还没有高校在海外设立分校，相比之下，福建省厦门大学设立了一所马来西亚分校，云南省云南财经大学建立了曼谷商学院；在"一带一路"学术交流平台上，广东上也未开发出省属平台。

表 5-7 广东省与周边 5 省渠道参与度对比

	海外设分校数（所）	来华办分校数（所）	举办校长论坛数（个）	国际联合实验室数（个）	高校联盟数（个）	学术交流平台数（个）
国家	10	9	5	17	17	2
广东	0	4	1	3	0	0
广西	0	0	0	0	2	0
福建	1	0	0	0	1	0
云南	1	0	0	0	3	0
贵州	0	0	0	0	2	1
海南	0	0	1	0	2	0

备注：因为研究中心分布较杂，难以统计具体数目，故在这里均不做比较。

第三节 广东与"海丝"沿线国家高等教育语言互通

语言互通可以促进合作双方的国际理解和文化认知，进而促进双方在教育文化交流的领域不断扩大。广东省提出要促进与"海丝"沿线国家语言互通，加强多语种尤其是非通用语种人才的培养，推动孔子学院（课堂）改革发展，支持推动海外华文教育发展。构建语言互通协调机制可以从"引进来"与"走出去"两方面着手。"引进来"指在我国开设外语课程；"走出去"则是指倡导"海丝"沿线各国与中国院校合作开办汉语课程，助力孔子学院和孔子课堂建设，加强外语教师和汉语教学志愿者队伍建设，满足"海丝"沿线国家学习汉语的需求。

一、开设国外语言专业

目前，广东省 149 所高校共开设 21 门外语专业，其中 9 门为西方语言，12门为东方语言。在"海丝"的41个沿线国家中，有6个国家（孟加拉国、斯里兰卡、马尔代夫、阿富汗、伊朗、土耳其）的官方语言没有在广东省高校开设专业，已开设35个沿线国家的官方语言专业，占比85.3%。在周边省份，云南省高校共开设10门"海丝"沿线国家官方语言的专业；广西开设8门。但在广西，有多所院校开设同一门"海丝"沿线国家官方语言专业。如泰语，在广西大学、广西民族大学和广西外国语学院都有开设，但在广东省只有广东外语外贸大学开设。

二、孔子学院和孔子课堂

孔子学院是世界认识中国的重要平台。作为中外语言文化交流的窗口和桥梁，孔子学院有助于加强中国与世界各国的教育文化交流合作，发展中国与外国的友好关系，促进世界多元文化发展。

（一）"海丝"沿线国家孔子学院

截至2016年12月31日，我国与"海丝"沿线国家合作开办孔子学院61所，占孔子学院总数的11.9%；孔子课堂53个，占孔子课堂总数的4.9%（见表5-8）。

表5-8 我国与"海丝"沿线国家合作开办的孔子学院

孔子学院名称	所在国家	承办机构	合作机构	年份
喀布尔大学孔子学院	阿富汗	喀布尔大学	太原理工大学	2008
伊斯兰堡孔子学院	巴基斯坦	伊斯兰堡国立现代语言大学	北京语言大学	2007
卡拉奇大学孔子学院	巴基斯坦	卡拉奇大学	四川师范大学	2013
费萨拉巴德农业大学孔子学院	巴基斯坦	费萨拉巴德农业大学	新疆农业大学	
旁遮普大学孔子学院	巴基斯坦	旁遮普大学	江西理工大学	

续表 5-8

孔子学院名称	所在国家	承办机构	合作机构	年份
红溪礼示大学孔子学院	菲律宾	红溪礼示大学	福建师范大学	2009
亚典耀大学孔子学院	菲律宾	亚典耀大学	中山大学	2006
布拉卡国立大学孔子学院	菲律宾	布拉卡国立大学	西北大学	2009
菲律宾大学孔子学院	菲律宾	菲律宾大学	厦门大学	2015
圣约瑟夫大学孔子学院	黎巴嫩	圣约瑟夫大学	沈阳师范大学	2007
马来亚大学孔子汉语学院	马来西亚	马来亚大学	北京外国语大学	2012
世纪大学孔子学院	马来西亚	世纪大学	海南师范大学	
南北大学孔子学院	孟加拉国	南北大学	云南大学	2006
达卡大学孔子学院	孟加拉国	达卡大学	云南大学	
加德满都大学孔子学院	尼泊尔	加德满都大学	河北经贸大学	2007
凯拉尼亚大学孔子学院	斯里兰卡	凯拉尼亚大学	重庆师范大学	2011
科伦坡大学孔子学院	斯里兰卡	科伦坡大学	北京外国语大学、红河学院	
朱拉隆功大学孔子学院	泰国	朱拉隆功大学	北京大学	2007
农业大学孔子学院	泰国	农业大学	华侨大学	2006
孔敬大学孔子学院	泰国	孔敬大学	西南大学	2006
皇太后大学孔子学院	泰国	皇太后大学	厦门大学	2006
清迈大学孔子学院	泰国	清迈大学	云南师范大学	2006
宋卡王子大学孔子学院	泰国	宋卡王子大学	广西师范大学	2006
玛哈沙拉坎大学孔子学院	泰国	玛哈沙拉坎大学	广西民族大学	2006
曼松德昭帕亚皇家师范大学孔子学院	泰国	曼松德昭帕亚皇家师范大学	天津师范大学	2006
川登喜大学素攀孔子学院	泰国	川登喜大学	广西大学	2002
宋卡王子大学普吉孔子学院	泰国	宋卡王子大学	上海大学	2006
勿洞市孔子学院	泰国	勿洞市政府	重庆大学	2006
东方大学孔子学院	泰国	东方大学	温州大学、温州医学院	2009
易三仓大学孔子学院	泰国	易三仓大学	天津科技大学	
海上丝路孔子学院	泰国	博仁大学	天津师范大学	

续表 5-8

孔子学院名称	所在国家	承办机构	合作机构	年份
华侨崇圣大学中医孔子学院	泰国	华侨崇圣大学	天津中医药大学	2016
中东技术大学孔子学院	土耳其	中东技术大学	厦门大学	2008
海峡大学孔子学院	土耳其	海峡大学	上海大学	2010
奥坎大学孔子学院	土耳其	奥坎大学	北京语言大学	2013
晔迪特派大学孔子学院	土耳其	晔迪特派大学	南开大学	
南洋理工大学孔子学院	新加坡	南洋理工大学	山东大学	2006
韦洛尔科技大学孔子学院	印度	韦洛尔科技大学	郑州大学	2009
孟买大学孔子学院	印度	孟买大学	天津理工大学	2012
丹戎布拉大学孔子学院	印尼	丹戎布拉大学	广西民族大学	2011
阿拉扎大学孔子学院	印尼	阿拉扎大学	福建师范大学	2010
玛琅国立大学孔子学院	印尼	玛琅国立大学	广西师范大学	2011
玛拉拿塔基督教大学孔子学院	印尼	玛拉拿塔基督教大学	河北师范大学	2011
泗水国立大学孔子学院	印尼	泗水国立大学	华中师范大学	2011
哈山努丁大学孔子学院	印尼	哈山努丁大学	南昌大学	2011
特拉维夫大学孔子学院	以色列	特拉维夫大学	中国人民大学	2007
希伯来大学孔子学院	以色列	希伯来大学	北京大学	
安曼TAG孔子学院	约旦	约旦塔勒利·阿布格扎拉国际集团	沈阳师范大学	2009
费城大学孔子学院	约旦	费城大学	聊城大学	2012
柬埔寨王家学院孔子学院	柬埔寨	柬埔寨王家学院	江西九江学院	2009
老挝国立大学孔子学院	老挝	老挝国立大学	广西民族大学	2010
扎伊德大学孔子学院	阿联酋	扎伊德大学	北京外国语大学	2010
迪拜大学孔子学院	阿联酋	迪拜大学	宁夏大学	2011
河内大学孔子学院	越南	河内大学	广西师范大学	
喀土穆大学孔子学院	苏丹	喀土穆大学	西北师范大学	2009
穆罕默德五世大学孔子学院	摩洛哥	穆罕默德五世大学	北京第二外国语学院	2009
哈桑二世大学孔子学院	摩洛哥	哈桑二世大学	上海外国语大学	2012

续表 5-8

孔子学院名称	所在国家	承办机构	合作机构	年份
雅典商务孔子学院	希腊	雅典经济贸易学院	对外经济贸易大学	2008
塞浦路斯大学孔子学院	塞浦路斯	塞浦路斯大学	北京教育学院	2013
苏伊士运河大学孔子学院	埃及	苏伊士运河大学	北京语言大学	2008
开罗大学孔子学院	埃及	开罗大学	北京大学	2008

从表5-9可知,在41个"海丝"沿线国家中,有24个国家开办孔子学院,占比58.5%;有16个国家开设孔子课堂,占比39%。就区域而言,东盟的孔子学院和孔子课堂数量比南亚和北非要多。东盟有31所孔子学院和34个孔子课堂;南亚有12所孔子学院和12个孔子课堂;西亚和北非有18所孔子学院和7个孔子课堂。就国别而言,泰国开设的孔子学院和孔子课堂的数量是最多的,开设了15所孔子学院和20个孔子课堂。文莱、东帝汶等16个国家既没有孔子学院,也没有孔子课堂。

表5-9 我国与"海丝"沿线国家开办的孔子学院和孔子课堂国家分布

国 家	孔子学院数量（所）	孔子课堂数量（个）	国 家	孔子学院数量（所）	孔子课堂数量（个）
泰国	15	20	印尼	6	2
菲律宾	4	3	巴基斯坦	4	2
土耳其	4	2	尼泊尔	1	6
埃及	2	3	印度	2	2
柬埔寨	1	3	孟加拉国	2	1
斯里兰卡	2	1	新加坡	1	2
老挝	1	1	希腊	1	1
马来西亚	2	0	越南	1	0
约旦	2	0	以色列	2	0
阿联酋	2	0	摩洛哥	2	0
阿富汗	1	0	黎巴嫩	1	0
苏丹	1	0	塞浦路斯	1	0
突尼斯	0	1	缅甸	0	3

"海丝"沿线国家孔子学院的中方合作院校共有 63 所（有 2 所孔子学院的合作院校是 2 所高校），这 63 所高校分布在 14 个省、4 个直辖市和 3 个自治区。其中，北京市最多，共有 14 所高校与"海丝"沿线国家合作举办孔子学院，占比 22.2%；广西壮族自治区次之，有 7 所院校参与合作，占比 11.1%。广东、四川、新疆等共 10 个省（直辖市、自治区）只有一所高校与"海丝"沿线国家院校合办孔子学院（见表 5 - 10）。①

表 5 - 10 "海丝"沿线国家孔子学院的中方合作院校在全国的分布情况

（单位：所）

省（直辖市、自治区）	合作学院数量	省（直辖市、自治区）	合作学院数量	省（直辖市、自治区）	合作学院数量
北京	14	广西	7	福建	6
天津	6	江西	3	云南	3
重庆	3	上海	3	辽宁	2
山东	2	河北	2	浙江	2
陕西	2	广东	1	宁夏	1
新疆	1	湖北	1	海南	1
河南	1	四川	1	山西	1

（二）广东省高校合作举办的孔子学院

在广东省的 151 所普通院校中，只有 6 所大学与海外院校合办 17 所孔子学院，占比 4%。没有一所广东的高校合作开办孔子课堂。这 6 所大学中，有 2 所大学属于部属高校（中山大学、华南理工大学）；3 所大学是省属院校（华南师范大学、广东外语外贸大学、广州大学）。这 17 所孔子学院分布在 14 个国家中，其中发达国家有 9 个，发展中国家有 5 个。截至 2016 年 12 月 31 日，全球 140 个国家（地区）建立了 512 所孔子学

---

① 根据孔子学院总部网站数据统计。

院,广东省高校合办建立孔子学院数量占全球孔子学院总数的3.3%。广东省与海外院校合办孔子学院的情况如表5-11所示。

表5-11 广东高校与海外院校合办孔子学院

广东高校名称	孔子学院名称	启动时间
中山大学(4所)	菲律宾亚典耀大学孔子学院	2006.10
	墨西哥尤卡坦自治大学孔子学院	2007.9
	美国印第安纳波利斯孔子学院	2007.8
	南非开普敦大学孔子学院	2010.7
暨南大学(1所)	南非罗德斯大学孔子学院	2008.8
广东外语外贸大学(4所)	日本札幌大学孔子学院	2007.4
	俄罗斯乌拉尔联邦大学孔子学院	2007.12
	秘鲁圣母玛利亚天主教大学孔子学院	2008.11
	佛得角大学孔子学院	2015.7
华南理工大学(3所)	美国爱达荷大学孔子学院	2013.2
	英国兰卡斯特大学孔子学院	2011.3
	德国奥迪英戈尔施塔特孔子学院	2016.10
广州大学(2所)	意大利帕多瓦孔子学院	2008.10
	美国卫斯理安学院孔子学院	2013.4
华南师范大学(3所)	法国留尼旺孔子学院	2010.5
	加拿大高贵林孔子学院	2008.4
	拉脱维亚大学孔子学院	2011.4

广东省与"海丝"沿线国家联合兴建的孔子学院目前仅为1所,即菲律宾亚典耀大学孔子学院,是中山大学在海外合作共建的第一所孔子学院。这说明了广东省对"海丝"沿线国家孔子学院建设还没有大规模开展。该所孔子学院于2006年10月30日成立,已在菲律宾各界形成广泛影响。自正式挂牌以来,学生规模逐年扩大。菲律宾亚典耀大学孔子学院每年开办4期汉语培训课程;开办汉语培训课和中国国画班、太极拳等文化课程;新增汉语拼音和简体汉字入门、中国历史、中国哲学/诗歌、中国书法和HSK(汉语水平考试)辅导等课程;举办面向孔子学院学生和

公众的中华文化推广活动；开设多场介绍中国历史、艺术、传统医学、教育、人口和少数民族的讲座；组织菲律宾社会科学家访问团、孔子学院国画班学员访问团等到中国访问交流，有效地促进了广东省与东盟地区学生往来和语言文化交流，为东盟地区培训了华文师资和汉语人才。

第四节 广东与"海丝"沿线国家民心相通

我国与"海丝"沿线国家人民的深层次相通就是民心相通。教育部提出要鼓励"一带一路"沿线国家学者开展或合作开展中国课题研究，增进"一带一路"沿线各国对中国发展模式、国家政策、教育文化等各方面的理解。建设国别和区域研究基地，与对象国合作开展经济、政治、教育、文化等领域的研究。加强"一带一路"青少年交流，注重利用社会实践和志愿服务、文化体验、体育竞赛、创新创业活动和新媒体社交等途径，增进不同国家青少年对其他国家文化的理解。广东省也提出推进沿线国家民心相通，加强"一带一路"沿线国家研究、青少年国际理解教育和文化艺术教育交流，以多种形式开展沿线国家人才培训和教育援助，推动中医、武术、太极文化"走出去"。

一、国别研究中心

目前，我国高校和科学院共设立"一带一路"沿线国别研究中心98个，涉及"一带一路"沿线65个国家中的30个，其中有17个为"海丝"沿线国家（见表5-12和表5-13）。

表5-12 我国高校和科学院设立"一带一路"国别研究中心情况

地区	设立国别研究中心的国家（30个）	未设立国别研究中心的国家（35个）
西亚地区	伊朗、土耳其、约旦、以色列、巴勒斯坦、希腊、埃及	伊拉克、叙利亚、黎巴嫩、也门、阿曼、卡塔尔、科威特、巴林、塞浦路斯、沙特阿拉伯、阿联酋
东盟地区	新加坡、马来西亚、印度尼西亚、缅甸、泰国、老挝、越南	柬埔寨、文莱、菲律宾
独联体国家	俄罗斯、乌克兰、白俄罗斯、亚美尼亚	格鲁吉亚、阿塞拜疆、摩尔多瓦
中亚地区	乌兹别克斯坦、哈萨克斯坦、土库曼斯坦、蒙古	塔吉克斯坦、吉尔吉斯斯坦
中东欧地区	波兰、捷克、匈牙利、克罗地亚、罗马尼亚	立陶宛、爱沙尼亚、拉脱维亚、斯洛伐克、斯洛文尼亚、波黑、黑山、塞尔维亚、阿尔巴尼亚、保加利亚、马其顿
南亚地区	印度、巴基斯坦、尼泊尔	孟加拉国、阿富汗、马尔代夫、不丹、斯里兰卡

在41个"海丝"沿线国家（见表5-13）中，我国成立的巴基斯坦研究中心是最多的，共有9个。我国成立了17个"海丝"沿线国家的52个国别研究中心，分布在12个省、3个直辖市和2个自治区。其中北京最多，有10个，占比20.4%；四川有7个，广东有6个，福建有4个，云南有4个，广西有3个。目前，在广东省高校设立的"海丝"国别研究中心和研究所是深圳大学印度研究中心、深圳大学新加坡研究中心、暨南大学中印比较研究所以及广东外语外贸大学越南研究中心、印度尼西亚研究中心和泰国研究中心。

表 5-13 "海丝"国别研究中心

国家（17个）	中心名称
巴基斯坦	四川大学巴基斯坦研究中心、复旦大学巴基斯坦研究中心、北京大学巴基斯坦研究中心、清华大学巴基斯坦文化传播中心、江苏师范大学巴基斯坦研究中心、喀什大学巴基斯坦研究中心、云南民族大学巴基斯坦研究中心、北京工商大学巴基斯坦经济与科技研究中心、徐州师范大学"中国—巴基斯坦教育文化中心"（9个）
伊朗	西南大学伊朗研究中心、北京大学伊朗研究中心、上海外国语大学伊朗研究中心、中国社科院西亚非洲研究所伊朗研究中心、西北大学伊朗研究中心、云南大学伊朗研究中心、山西师范大学伊朗学研究中心（7个）
印度尼西亚	华中师范大学印度尼西亚研究中心、福建师范大学印度尼西亚研究中心、华侨大学印度尼西亚研究中心、广西大学中国东盟研究院印度尼西亚研究所、北外中国—印度尼西亚人文交流研究中心、广东外语外贸大学印度尼西亚研究中心（6个）
越南	浙江工业大学越南研究中心、西南交通大学越南研究中心、北京外国语大学越南研究中心、广西师范大学越南研究中心、广东外语外贸大学越南研究中心（5个）
印度	深圳大学印度研究中心、西华大学印度研究中心、北京大学印度研究中心、暨南大学中印比较研究所（4个）
以色列	河南大学以色列研究中心、中国以色列创新创业合作研究中心、四川省社会科学院以色列研究中心（3个）
泰国	云南大学泰国研究中心、四川省泰国研究中心、常州大学泰国研究中心、广东外语外贸大学泰国研究中心（4个）
老挝	乐山师范学院老挝研究中心、苏州大学老挝—大湄公河次区域国别研究中心、广西大学中国东盟研究院老挝研究所（3个）
希腊	北京第二外国语学院希腊研究中心、北京大学希腊研究中心
缅甸	四川大学缅甸研究中心、云南大学缅甸研究中心
马来西亚	厦门大学东南亚研究中心马来西亚研究所
土耳其	上海大学土耳其研究中心

续表 5-13

国家（17 个）	中心名称
约旦	中国地质大学约旦研究中心
巴勒斯坦	西北大学巴勒斯坦研究中心
埃及	复旦大学埃及研究中心
新加坡	深圳大学新加坡研究中心
尼泊尔	河北经贸大学尼泊尔研究中心

广东省高校和研究单位积极参与"一带一路"建设，结合地缘优势和研究传统，获教育部批准（或备案）的国别与区域研究中心有 12 个（见表 5-14）。除此之外，暨南大学还设立了中印比较研究所、东南亚研究所、非洲研究中心、美国研究中心、欧盟经济研究中心、日本经济研究中心等 8 个区域和国别研究中心。深圳大学设立了印度研究中心、新加坡研究中心，广东外语外贸大学设立了越南研究中心、印度尼西亚研究中心和泰国研究中心。广东省社会科学院、教育厅和中山大学分别成立了"广东海上丝绸之路研究院""21 世纪海上丝绸之路协同创新中心"和"21 世纪海上丝绸之路研究院"。所有这些研究中心的职能都是从事所关注国别和区域的政治、经济、科技、文化和教育的研究以及人才培养，为国家提供智库服务。

表 5-14 广东省高校获教育部批准（或备案）的国别和区域研究中心

大学	国别研究中心	区域研究中心	总数(个)
中山大学		大洋洲研究中心、港澳台研究中心	2
华南理工大学		印巴研究中心、印度洋岛国研究中心	2
暨南大学	菲律宾研究中心、印度尼西亚研究中心	拉美研究中心、东南亚研究中心	4
华南师范大学		东南亚研究中心	1
广东外语外贸大学	加拿大研究中心	非洲研究院、21 世纪海上丝绸之路与区域创新国际战略研究中心	3

2005年7月,深圳大学成立了印度研究中心,成为全国高校中5个印度研究中心之一。2011年12月,该研究中心被确认为"深圳大学人文社会科学重点研究基地",从事中印文化方面的研究、组织出版《中印研究丛书》以及编印不定期刊物《深圳大学印度研究通讯》供内部交流等。深圳大学新加坡研究中心成立于2008年11月1日,依托深圳大学"当代中国政治研究所"丰富的学术和社会资源,在近年广东省及深圳市提出的由"学习新加坡"到"叫板新加坡"及"海丝"建设的新形势下,加强对新加坡的研究势在必行,此举对未来中国的新加坡研究甚至对未来中国经济与社会的发展都具有重要的意义。

二、区域研究中心

我国高校和研究院所对"海丝"沿线区域的研究也较为活跃,据不完全统计,我国共设有21个区域研究中心(见表5-15),分布在8个省、2个直辖市和2个自治区的17所高校和2个科学院。其中北京最多,有4个;云南和广东次之,有3个;广西有2个;福建有1个。为推进"海丝"的研究,广东省还成立了"广东海上丝绸之路研究院""中山大学21世纪海上丝绸之路研究院"和"21世纪海上丝绸之路协同创新中心"。

表5-15 "海丝"沿线区域的研究中心

地区研究	中心名称
南亚研究	北京大学南亚研究中心、四川大学南亚研究中心、中国社会科学院南亚研究中心、复旦大学南亚研究中心、山东大学南亚研究中心、同济大学政治与国际关系学院南亚研究中心、云南省社会科学院南亚研究所、保山学院南亚研究中心(8个)

续表 5-15

地区研究	中心名称
东盟研究	贵州大学东盟研究中心、广西民族大学东盟研究中心、厦门大学东盟研究中心、广西大学东盟研究院、云南省东南亚南亚研究中心、暨南大学东南亚研究所、广东外语外贸大学21世纪海上丝绸之路协同创新中心、华南师范大学东南亚研究中心（8个）
阿拉伯研究	宁夏大学阿拉伯研究中心、北京第二外国语学院阿拉伯研究中心、北京语言大学阿拉伯研究中心、武汉大学阿拉伯研究中心、安徽大学西亚北非研究中心（5个）

暨南大学东南亚研究所下设机构有：亚太经济研究室、东南亚国际关系研究室、东南亚文化教育研究室、东南亚华人问题研究室、东南亚经济咨询培训服务部等。近年来，该研究所出版了专著、译著、工具书等共约35种，如《战后东南亚国家的华侨华人政策》《新加坡的宏观经济管理》《东南亚区域合作》《各国经济特区》等。

"广东海上丝绸之路研究院"于2014年5月22日在广东省社会科学院正式成立。该研究院旨在凝聚全省乃至国内外的研究力量，全面总结广东"海丝"建设经验，深入开展"海丝"现实性与前瞻性研究，强化"海丝"学术交流与民间沟通，把广东建设成为"海丝"的研究与交流中心，为广东21世纪"海丝"建设提供理论支撑和决策支持。广东海上丝绸之路研究院重点研究东南亚史和东南亚政治、经济、社会、文化、宗教等政策与国际关系，开展定期学术交流，努力成为东南亚文化、东南亚问题的高水平研究基地，成为广东重要的决策智库。通过科研的交流与合作，以点带面，为逐步形成区域大合作而助力；通过不断增进互信、巩固友好、加强合作，为广东与"海丝"沿线国家形成合作共赢、繁荣发展的局面做贡献。

"中山大学21世纪海上丝绸之路研究院"以中山大学环南中国海研究院、国家软实力研究院、亚太研究院和海洋学院为基础，联合广西民族大学、海南省海洋与渔业厅、云南大学、中国科学院南海海洋研究所、广东省社会科学院、暨南大学、广东外语外贸大学等学术机构，根据广东建设21世纪"海丝"相关规划要求而组建，旨在通过跨学科、跨部门、跨地域的协同创新研究，成为21世纪"海丝"相关研究领域国内权威、国际一流的学术研究和决策咨询机构。该研究院立足于国家主权与国家利益，从国际学术前沿与国家发展战略的高度，在全球化背景下，将南部陆疆、海疆、"海丝"沿线各国和地区以及周边社会作为一互为联系的区域网络，集中力量深化研究以人为出发点的国家利益、由"海丝"构建的区域体系的形成与演变、太平洋与印度洋区域发展战略、中国与东盟关系等现实问题，提出我国对于南部边疆与"海丝"问题上具有前瞻性和针对性的战略规划与对策；利用中山大学多学科的师资力量，培养具有国际视野的，以科研创新、理论与技术并进的高层次人才，并着力培训亚洲、非洲各国的政治精英，扩大中国与中华文化在"海丝"的影响力。

2015年4月，"21世纪海上丝绸之路协同创新中心"正式揭牌，该协同创新中心在广东省教育厅主管下，由广东外语外贸大学牵头，联合中国社会科学院世界经济与政治研究所、商务部国际贸易经济合作研究院、厦门大学、中国科学院南海海洋研究所、中国国际问题研究院、云南大学、暨南大学等单位共同组建。该中心以国家重大战略需求为导向，以多学科协同创新为路径，以体制机制改革为保障，全面推动21世纪海上丝绸之路建设相关问题的研究，服务"一带一路"建设，致力于打造集学术创新体、高端智库、人才培养基地、国际交流对话四大功能与目标于一身的中国特色高校新型智库；该中心将以学术研究、人才培养、社会服务相结合为宗旨，围绕对外开放新格局、东南亚与人文交流、海洋资源开发、建立新型国际关系、南亚区域合作、华人华侨问题等，展开深入的研究，提供政策咨询。

第六章

广东与『海丝』高等教育合作机制

创建"一带一路"规则与合作机制是中国参与国际规则制定，为全球治理贡献中国智慧的最佳切入点，也是确保"一带一路"顺利开展的必要条件。[①] 因此，创建"一带一路"教育共同体规则和合作机制是我国"一带一路"高等教育发展的重点工作。"丝绸之路"合作机制主要包括人文交流高层磋商、充分发挥国际合作平台作用、实施教育援助计划以及开展"丝路金驼金帆"表彰工作。而在这当中，充分发挥国际合作平台的作用显得尤为重要，在合作平台上可以进行多种交流与磋商。中国主要的合作机制包括四个方面：一是与"一带一路"相关的整个国家的合作机制，例如"21世纪海上丝绸之路"大学校长论坛；二是中国与区域合作机制，例如中国与东盟的合作；三是多边合作机制；四是双边合作机制。广东省的主要合作机制则包括三个方面：一是广东与区域合作机制，如广东与东盟的教育合作、中阿合作论坛等；二是广东与国外建立友城机制；三是广东高校与国外高校之间的合作机制。

[①] 姜志达：《"一带一路"合作机制建设：成就与前瞻》，载《海外投资与出口信贷》2017年第6期。

第六章 广东与"海丝"高等教育合作机制

第一节 我国关于构建"一带一路"合作机制的设想

广东参与"海丝"沿线国家高等教育的合作机制构建，可以依据2015年国家发展改革委、外交部、商务部发布的《推动共建丝绸之路经济带和21世纪海上丝绸之路的愿景与行动》（简称为《愿景与行动》）、2016年教育部印发的《推进共建"一带一路"教育行动》（简称为《教育行动》）以及2017年"一带一路"国际高峰论坛发布的《"一带一路"国际高峰论坛圆桌峰会联合公报》（简称为《联合公报》）。这三份文件都提出了"一带一路"的合作机制，并且随着时间的推移和建设的实践，我们对合作机制的认识也在不断深入。

一、《愿景与行动》关于"一带一路"合作机制的设想

在"一带一路"的合作机制中，《愿景与行动》居于重要地位，它在阐述"重点领域"后直接提出合作机制。它指出，积极利用现有双多边合作机制，推动"一带一路"建设，促进区域合作蓬勃发展。"一带一路"的合作主要包括如下三个机制。[①]

第一，加强双边合作，开展多层次、多渠道沟通磋商，推动双边关系全面发展。推动签署合作备忘录或合作规划，建设一批双边合作示范。建立完善双边联合工作机制，研究推进"一带一路"建设的实施方案、行动路线图。充分发挥现有联委会、混委会、协委会、指导委员会、管理委

[①] 中华人民共和国外交部：《推动共建丝绸之路经济带和21世纪海上丝绸之路的愿景与行动》，见新华网（http://www.xinhuanet.com/world/2015-03/28/c_127631962.htm）。

员会等双边机制作用,协调推动合作项目实施。

第二,强化多边合作机制作用,发挥上海合作组织(SCO)、中国—东盟"10+1"、亚太经合组织(APEC)、亚欧会议(ASEM)、亚洲合作对话(ACD)、亚信会议(CICA)、中阿合作论坛、中国—海合会战略对话、大湄公河次区域(GMS)经济合作、中亚区域经济合作(CAREC)等现有多边合作机制作用,相关国家加强沟通,让更多国家和地区参与"一带一路"建设。

第三,继续发挥沿线各国区域、次区域相关国际论坛、展会以及博鳌亚洲论坛、中国—东盟博览会、中国—亚欧博览会、欧亚经济论坛、中国国际投资贸易洽谈会,以及中国—南亚博览会、中国—阿拉伯博览会、中国西部国际博览会、中国—俄罗斯博览会、前海合作论坛等平台的建设性作用。支持沿线国家地方、民间挖掘"一带一路"历史文化遗产,联合举办专项投资、贸易、文化交流活动,办好丝绸之路(敦煌)国际文化博览会、丝绸之路国际电影节和图书展。倡议建立"一带一路"国际高峰论坛。

二、《教育行动》关于"一带一路"教育合作机制的设想

在《愿景与行动》关于"一带一路"合作机制的框架下,《教育行动》在"合作重点"的第三个部分阐述了四个"一带一路"教育合作机制。①

第一,高层交流机制。加强"丝绸之路"人文交流高层磋商。开展沿线国家双边多边人文交流高层磋商,商定"一带一路"教育合作交流总体布局,协调推动沿线各国建立教育双边多边合作机制、教育质量保障

---

① 《教育部关于印发〈推进共建"一带一路"教育行动〉的通知》,见中华人民共和国教育部网站(http://www.moe.gov.cn/srcsite/A20/s7068/201608/t20160811_274679.html)。

协作机制和跨境教育市场监管协作机制，统筹推进"一带一路"教育共同行动。

第二，国际合作平台。充分发挥国际合作平台作用。发挥上海合作组织、东亚峰会、亚太经合组织、亚欧会议、亚洲相互协作与信任措施会议、中阿合作论坛、东南亚教育部长组织、中非合作论坛、中巴经济走廊、孟中印缅经济走廊、中蒙俄经济走廊等现有双边多边合作机制作用，增加教育合作的新内涵。借助联合国教科文组织等国际组织力量，推动沿线各国围绕实现世界教育发展目标形成协作机制。充分利用中国—东盟教育交流周、中日韩大学交流合作促进委员会、中阿大学校长论坛、中非高校"20+20"合作计划、中日大学校长论坛、中韩大学校长论坛、中俄大学联盟等已有平台，开展务实教育合作交流。支持在共同区域、有合作基础、具备相同专业背景的学校组建联盟，不断延展教育务实合作平台。

第三，援助机制。实施"丝绸之路"教育援助计划。发挥教育援助在"一带一路"教育共同行动中的重要作用，逐步加大教育援助力度，重点投资于人、援助于人、惠及于人。发挥教育援助在"南南合作"中的重要作用，加大对沿线国家尤其是最不发达国家的支持力度。统筹利用国家、教育系统和民间资源，为沿线国家培养培训教师、学者和各类技能人才。积极开展优质教学仪器设备、整体教学方案、配套师资培训一体化援助。加强中国教育培训中心和教育援外基地建设。倡议各国建立政府引导、社会参与的多元化经费筹措机制，通过国家资助、社会融资、民间捐赠等渠道，拓宽教育经费来源，做大教育援助格局，实现教育共同发展。

第四，表彰机制。开展"丝路金驼金帆"表彰工作。对在"一带一路"教育合作交流和区域教育共同发展中做出杰出贡献、产生重要影响的国际人士、团队和组织给予表彰。

三、《联合公报》关于"一带一路"合作机制的设想①

2017年"一带一路"国际合作高峰论坛首次圆桌峰会在北京举行。来自30个国家的领导人和联合国、世界银行、国际货币基金组织负责人出席圆桌峰会,围绕"加强国际合作,共建'一带一路',实现共赢发展"的主题,就对接发展战略、推动互联互通、促进人文交流等议题交换意见,达成广泛共识,并通过了《联合公报》。公报提出,加强亚欧互联互通,同时对非洲、拉美等其他地区开放;反对一切形式的保护主义,促进以世界贸易组织为核心、普遍、以规则为基础、开放、非歧视、公平的多边贸易体制。

在"一带一路"合作机制上,《联合公报》一再强调密切政策协调,对接发展战略。要把"一带一路"建设合作同落实联合国2030年可持续发展议程、二十国集团领导人杭州峰会成果结合起来,同区域发展规划对接起来,同有关国家提出的发展规划协调起来,产生"一加一大于二"的效果。《联合公报》强调,国际、地区和国别合作框架和倡议之间沟通协调能够为推进互联互通和可持续发展带来合作机遇。这些框架和倡议包括:2030年可持续发展议程、亚的斯亚贝巴行动议程、非洲2063年议程、文明古国论坛、亚太经合组织互联互通蓝图、东盟共同体愿景2025、亚欧会议及其互联互通工作组、商旅驿站关税倡议、中国和中东欧国家合作、中欧海陆快线、中间走廊倡议、中国—欧盟互联互通平台、欧盟东部伙伴关系、以"平等、开放、透明"为原则的欧亚伙伴关系、南美洲区域基础设施一体化倡议、东盟互联互通总体规划2025、欧亚经济联盟2030年经济发展基本方向、气候变化巴黎协定、跨欧洲交通运输网、西

---

① 新华网:《"一带一路"国际合作高峰论坛圆桌峰会联合公报(全文)》,见南方网(http://news.southcn.com/china/content/2017-05/16/content_170807307_2.htm)。

巴尔干六国互联互通议程、世界贸易组织贸易便利化协议等。欢迎各国积极开展双边、三方、区域和多边合作。

在这次峰会圆桌会议上，我国政府与联合国教科文组织签署《中国—联合国教科文组织合作谅解备忘录（2017—2020年）》。教育部与俄罗斯、哈萨克斯坦、波黑、爱沙尼亚、老挝等国教育部门签署教育领域合作文件，与塞浦路斯签署相互承认高等教育学历和学位协议，与沿线国家建立音乐教育联盟。

三、广东省关于"一带一路"教育合作机制的设想

广东省在《推进共建"一带一路"教育行动计划》中也提出了共建"丝路"合作的5个机制，并且这5个机制具有鲜明的广东特色。

第一，积极建立和参与双边、多边合作机制。积极参加国家已建立的高级别人文交流机制，充分利用亚洲大学校长论坛、中阿大学校长论坛、中国—东盟教育交流周等已有教育合作平台，开展务实教育合作交流。支持在共同区域、有合作基础、具备相同专业背景的学校组建联盟，不断延展教育务实合作平台。支持广东省"一带一路"职业教育联盟、华南"一带一路"轨道交通产教融合联盟、联合国教科文组织高等教育创新中心（中国深圳）等平台建设。

第二，建立健全与东南亚教育合作机制。积极发挥教育部"中国东盟丝绸之路奖学金"的作用，吸引更多东南亚学生来粤留学。充分利用中国—东盟教育交流周、中印尼副总理级人文交流机制、新加坡—广东合作理事会、广东省与泰国外交部合作协调会议、越南—广东合作协调会议等对外交流合作平台，进一步加强与东南亚国家的合作。组织举办东南亚国家政府官员、高校行政人员及行业领导的高级研修班，加强沟通交流，促进文化认同。

第三，进一步完善与太平洋岛国教育合作机制。加强与太平洋岛国教育行政部门互访交流，建立健全长效工作机制。推进广东省教育厅与斐济

教育、遗产与艺术部教育交流合作备忘录的签订、落实。支持广东省院校与太平洋岛国学校缔结友好学校关系，开展教师互访、学生交流、合作办学、科研合作等方面的交流与合作，根据太平洋岛国需求重点加强医疗卫生、农渔业、旅游、艺术教育等方面的人才联合培养。支持举办太平洋岛国青年领袖研修班、高级公务员培训班，加强与太平洋岛国在人才培养等方面的研究交流。

第四，建立健全与西亚、中东欧、非洲国家教育合作机制。鼓励广东省更多高校加入欧亚丝绸之路大学联盟。积极参与中国—中东欧国家教育政策对话，推动广东省高校与中东欧国家高校的交流。支持广东外语外贸大学、广州大学在佛得角、埃及、伊朗等国建设孔子学院（课堂）。支持广东省职业院校"走出去"，在非洲设立一批区域职业教育中心和若干能力建设学院，为非洲培训职业技术人才。支持广东外语外贸大学非洲研究院、广东建设职业技术学院赞比亚研究中心的建设。

第五，携手港澳共同推进"一带一路"建设。依托粤港、粤澳合作联席会议等机制，探索建立多层次的联系和合作机制，探讨举办高层次"一带一路"主题论坛。联合港澳高水平大学共同推动与"一带一路"沿线国家学术科研合作。携手粤港澳推进与沿线国家职业教育合作，加强产教融合。充分利用粤港澳姊妹学校、港澳教师协作计划等项目平台，粤港澳合作推动与沿线国家师生的交流。

通过上文分析，"一带一路"合作机制应该包括"一带一路"合作总机制、区域和多边机制、双边机制三个层次。这三个层次的合作机制既要对接各区域、多边和双边政策与发展战略，又要进行创新，构建新的跨区域、多边和双边机制，以适合"一带一路"教育共同体发展的需要。

第二节 "一带一路"高等教育合作总机制

"一带一路"教育共同体建设,需要一个"一带一路"教育总机制,统筹对接区域、多边、双边和国别教育战略计划,联系各区域和国家高等教育主管机构,对"一带一路"高等教育协调发展所需要开展的项目进行沟通、协商和决议。

2017年,国家发展改革委根据《联合公报》的承诺,成立了"一带一路建设促进中心",做好已签署协议、规则的推进落实,对已开展战略、规划对接的国家,要稳步过渡到机制、项目对接。与项目落地国一道,共同推动互联互通和产能合作标志性项目和系统性工程建设,加强标准、体系等经济软联通。截至2019年5月,150多个国家和国际组织与中国签署了共建"一带一路"合作协议,"一带一路"已经成为"真正的全球方案"。一带一路建设促进中心,一方面负责协调和推动这些已签署的合作协议,另一方面要创新合作机制,适应"一带一路"建设在全球化进程中新的发展需要。

为了建立"一带一路"高等教育总合作机制,需要在一带一路建设促进中心下设立一带一路高等教育促进中心,负责推动《教育行动》,统筹"一带一路"高等教育区域、多边和双边合作机制,建设新的合作机制和平台,与各种力量一道共同促进"一带一路"高等教育的发展,建设"一带一路"教育共同体。对此,笔者建议"一带一路"高等教育总合作机制应该包括"一带一路"各国教育部长会议、高等教育学历资格框架协议、高等教育质量保障网络、大学联盟、职业院校联盟、学生与教师流动计划、来华留学生奖学金和高等教育论坛等。然而,除了已经成立的"一带一路"高校联盟和"丝绸之路"来华留学生中国政府奖学金项目以外,我国在"一带一路"高等教育总合作机制方面的作为还不多,尚需要投入更多的努力。

2015年10月，为推动沿线大学在教育、科技、文化等领域的合作，在甘肃省政府的倡议下，由兰州大学发起，复旦大学、乌克兰卢甘斯克国立大学、韩国釜庆大学、马来西亚吉隆坡建设大学等47所大学加盟"一带一路"高校联盟。该联盟高校秉承"互联互通、开放包容、协同创新、合作共赢"的理念，共同打造"一带一路"高等教育共同体，推动"一带一路"沿线国家和地区大学之间在教育、科技、文化等领域的全面交流与合作，服务"一带一路"沿线国家和地区的经济社会发展。目前，"一带一路"高校联盟成员由最初的8国47所高校，增加到亚、欧、非、美洲的25个国家的126所高校。"一带一路"高校联盟将对联盟高校在留学生互派、合作科研、学科联盟、国际评价等方面给予政策和经费支持，推动联盟高校之间开展学分互认、学位互授联授。同时，还通过探索科研人员与学生交流机制，组建协同创新共同体，联合开展研究，共同培养具有国际视野的人才，服务"一带一路"沿线国家和地区的经济社会发展。

2017年10月10日，由北京建筑大学发起的"一带一路"建筑类大学国际联盟在北京宣告成立。该联盟成员包括来自俄罗斯、波兰、法国、美国、英国、亚美尼亚、保加利亚、捷克、韩国、马来西亚、希腊、尼泊尔、以色列等国家的44所大学。该联盟致力于高素质和国际化工程技术人才培养、培育模式的创新实践，实现高层次工程技术人才教育的新突破；以科研项目和技术创新为牵引，创新合作机制，打造跨国界多校对社会的协同创新平台，促进资金、产品、人才和服务的跨国界流动；积极促进大学间跨国界的人员和文化交流，鼓励大学间人员跨国界流动，联合举办各类学术会议、科技竞赛、文化艺术及体育类活动，积极开展各项汉语推广活动。

2017年，教育部设立"丝绸之路"来华留学生中国政府奖学金项目，用于中国部分高水平大学直接遴选和招收"一带一路"沿线国家优秀青年学生来华攻读学位。其目的是深化与"一带一路"沿线国家的教育合作,为沿线国家专项培养人才。

第三节 "一带一路"高等教育区域合作机制

"一带一路"高等教育区域合作机制是第二层次的合作机制,是指在总合作机制的框架下,开展与其他区域组织如欧盟、非盟、东盟、阿盟、拉盟的高等教育一体化组织进行沟通、合作与协调,对接这些区域的高等教育发展规划、项目和机构,促进我国与这些区域高等教育的交流与合作。"海丝"高等教育区域合作机制包括中国—区域教育部长会议、高等教育学历资格框架协议、高等教育质量保障网络、学生流动、教师流动、大学联盟和高等教育论坛。

一、中国—区域教育部长会议

我们在中国—区域教育部长会议建设方面取得了很多的进展,先后构建了中非、中国—东盟、中国—欧洲、中国—中东欧、东盟—中日韩("10+3")教育部长会议等。

(一)中非教育部长论坛

自2000年中非合作论坛机制建立以来,为了进一步深化中非教育领域的交流与合作,2005年11月27日,教育部和商务部、外交部共同举办了"中非教育部长论坛",邀请来自贝宁、刚果、埃及、马里、肯尼亚、南非、尼日利亚、几内亚、毛里求斯、苏丹、埃塞俄比亚、卢旺达、阿尔及利亚、莫桑比克、坦桑尼亚、吉布提、毛里塔尼亚、塞内加尔、喀麦隆19个非洲国家的19位教育部长参加。与会各国教育部长通过并签署了中非教育部长论坛《北京宣言》。在会议上,中方承诺,今后3年内将每年为非洲培训1000人,包括教育行政官员,大中小学、职业教育学校校长和骨干教师。此后,中非教育部长论坛就没有继续了,不过,中非合作论坛机制部长级会议和主管部门的高官会还每三年举办一次。例如,2009年11月,中非合作论坛第四届部长级会议讨论宣布了"中非高校20+20合作计划"。2015年12月,中非合作论坛约翰内斯堡峰会提出的"十大合作计划"中的第九条"中非人文合作计划",宣布中方将为非洲提供3万个政府奖学金名额;每年组织200名非洲学者访华和500名非洲青年研修;每年培训1000名非洲新闻领域从业人员。中方将依托中国知名高等院校,为非洲国家提供2000个博士和硕士学位教育名额,开设与国家发展相关的政治、经济、管理、哲学、历史、卫生、农业、经济和新闻等专业,密切经验交流,相互学习借鉴,分享发展成果。

(二) 中国—东盟教育部长圆桌会议

2010年8月,在第三届中国—东盟教育交流周期间,举行了首届"中国—东盟教育部长圆桌会议",会议主题是"加强交流合作,培育共同意识,推动区域发展"。会议通过《贵阳声明》,明确中国与东盟将创新人文交流合作机制,建立高层磋商机制,全面推动教育、科技、文化、卫生、体育等领域的合作并使其制度化。《贵阳声明》指出,中国—东盟将相互增设奖学金,增加教育资源和教育机会,加强区域经济发展和人才培养,促进国际学生流动;将相互借鉴、取长补短,提高教育质量和现代化水平,在教育、环境、医学、气候、科技等领域联合培养硕士和博士,推动高层次人才交流;加强本地区青年之间的语言文化和体育交流,深化人民之间的理解和友谊;进一步推进学历互认、高校间的学分转移和互认,鼓励中国与东盟国家大学建立全面、务实的教育合作关系。

2016年8月,第二届"中国—东盟教育部长圆桌会议"在贵阳举行,主题为"教育优先、共圆梦想——教育、就业与创新",会议通过了《关于中国—东盟教育合作行动计划支持东盟教育工作计划(2016—2020)开展的联合公报》。该公报指出,中国与东盟国家在教育领域可以优势互补、资源共享、互利共赢：一是完善合作机制，服务双方战略对接。二是打造特色品牌，扩大"交流周"的影响力。三是丰富交流形式，提升基础教育、职业教育、语言教学等务实合作水平。四是加大青年交流力度，打造"中国—东盟双十万学生流动计划升级版"，设立"中国—东盟海上丝绸之路奖学金"。

截至2015年，中国在东盟国家的留学生已超过12万人，东盟国家在华留学生达到7.2万余人，"双十万计划"提前实现。中国—东盟教育交流周为深化双方人文交流，架设"心灵之桥、友谊之桥、理解之桥"发挥了不可替代的作用。中国与东盟10国之间都签署了教育交流合作协议，与菲律宾、马来西亚、越南、泰国、印尼之间签有互认学历学位协议。

（三）东盟与中日韩（10+3）教育部长会议

东盟—中日韩（10+3）教育部长会议已经举行了3届。中国积极参与这一会议，加强"10+3"的高等教育交流与合作。

2010年11月，第一届东盟—中日韩（10+3）教育高官会在泰国曼谷召开。东盟10国和中、日、韩，以及东盟秘书处、东南亚教育部长组织和东盟大学网络共52位代表出席会议。会议讨论并通过了《"10+3教育高官会"职责权限条款》和《2010—2017东盟与中日韩（10+3）行动计划》。会议决定建立"10+3"教育高官会机制，并推动建立"10+3"教育部长会机制。2016年5月，第三届东盟—中日韩（10+3）教育部长会议在马来西亚首都吉隆坡举行。会议审议通过了《第三届东盟—中日韩（10+3）教育部长联合声明》。声明指出，"10+3"教育部长会议为推进亚洲教育交流和共同发展发挥了建设性作用，呼吁各国建立更加紧密的协作关系，不断扩大教育交流规模，努力培育教育合作新亮点，为深化区域内人文交流做出更大贡献。中方还向会议通报了2016年"中国—东盟教育交流年"筹备情况。中国与日本、韩国及东盟10国的文化与教育交流源远流长，为本地区人民带来实实在在的利益。2015年，中国在日韩和东盟10国的留学生已达15万人，东盟和日韩在华留学生突破

27万人,中国高校已开齐东盟与日韩12个国家所有语种和区域国别研究中心,与10多个国家共建有孔子学院与孔子课堂。

(四)中国—中东欧国家教育政策对话

2012年,中国—中东欧国家合作("16+1合作")机制成立。此后,我国与中东欧16国教育合作驶上"快车道"。目前,在"16+1合作"框架下,教育领域有"中国—中东欧国家教育政策对话"和"中国—中东欧国家高校联合会"两个机制。

2013年6月28日,在中国—中东欧合作机制框架下,中国—中东欧国家教育政策对话正式建立,并在重庆举办首届对话。2014年9月,第二届中国—中东欧国家教育政策对话在天津举行,会议的主题为"全球背景下的各国教育改革",两个分议题为:①技能差距:学校教育与企业需求;②教师与学生流动。2015年9月,第三届中国—中东欧国家教育政策对话在波兰首都华沙举行。会议的主题为:质量保障。分议题为:①教育国际化发展;②高校与就业市场、企业的合作关系;③高等教育的远程教育。2016年10月,第四届中国—中东欧国家教育政策对话在北京举行,对话主题是"人文架桥,教育筑梦",分议题为:①推动校际学分互认,促进学生均衡流动;②依托语言教学合作,开展区域与国别研究;③强化青年创业创新教育,促进经济社会可持续发展;④挖掘特色学科合作潜力,推动特色学科人才培养;⑤探索学校体育交流,开辟教育合作新领域。该次教育政策对话,商讨了与16国的教育战略主动对接,加强合作、互学互鉴,形成平等、包容、互惠、活跃的教育合作态势,促进区域教育共同发展。

中国—中东欧教育政策对话逐渐形成"教育政策对话+高校联合会会议+配套活动"的固定搭配,机制化特征显著。其中,教育政策对话主要是部长级对话,旨在引领和推动多边、双边教育交流与合作,总结成果,讨论挑战和应对之策,确定未来合作的重点方向和领域。高校联合会是"政府搭台、高校唱戏"的平台,旨在推动双方高校产生实实在在的成果和项目,不断加强"16+1"教育合作的吸引力和普惠性。

(五)中国—欧盟国家教育部长会议

2016年10月,北京举行了中国—欧盟国家教育部长会议,这是在中欧高级别人文交流对话机制框架下举行的首次中国—欧盟国家教育部长会议。会议以"构筑通向未来的中欧教育丝绸之路"为主题,探讨如何将新时期教育对外开放的重点工作与欧洲相关教育战略进行对接,从而加速推进各国教育发展,实现合作共赢。具体议题包括四项:拓宽校企合作渠道,培养学生创新创业就业能力;提高教育质量水平,服务中欧社会经济持续发展;推动中欧学分互认,促进中欧学生双向平衡流动;加强学校体育交流,发掘中欧教育交流合作亮点。在学生流动方面,会议提出实现中国国家留学基金项目和欧盟伊拉斯谟计划、"玛丽·居里行动计划"等学生、学者流动项目的对接。近年来,中欧学生双向交流规模不断扩大,中国在欧盟国家的留学人员已达30多万,欧盟国家有4.5万人来华留学。当然,鉴于欧洲高等教育区建设的成熟性,我们还需要进一步加强在标准联通、高等教育和职业教育学分互认等方面的连接与合作工作。

二、中国—区域大学联盟

(一)中非高校20+20合作计划

2009年11月,中非合作论坛第四届部长级会议正式提出"中非高校20+20合作计划",并列入了中非合作论坛第四届部长级会议成果文件《中非合作论坛—沙姆沙伊赫行动计划(2010至2012年)》的教育项目中,在大会期间对外正式宣布。2010年6月,教育部正式启动"中非高校20+20合作计划"。目前,中国20所大学与非洲20所大学作为中非大学间合作的重点伙伴开展长期合作,在各自的优势学科、特色学科领域进行有实质性的合作与交流,包括联合开展科学研究、教师培训、学术访问、师生互访,共同开发课程,联合培养研究生等。

(二）中阿大学校长论坛

中阿大学校长论坛至今已经举办了四届。2011年9月，由教育部和宁夏回族自治区政府共同举办的"中国—阿拉伯国家大学校长论坛"在银川举行。来自中国、埃及、阿拉伯联合酋长国、伊拉克、科威特、也门等国家的上百位大学校长和代表共商交流合作，通过了《中阿大学校长圆桌会议银川宣言》，并签署了一批校际合作协议。2016年9月，第四届中阿大学校长论坛在约旦扎尔卡大学举行，中国32所大学和13个阿拉伯国家的50多所高校参加。会议的主题是"巩固中阿传统友谊、深化互利合作关系"。中阿大学校长论坛为中国高校与阿拉伯国家高校建立合作搭建了良好平台，推进中阿高等教育的交流与合作。

(三）中国—东盟工科大学联盟

在"2014中国—东盟高校校长国际合作研讨会"上，我国卓越大学联盟的9所国内顶尖工科大学和东盟的8所高校达成共识，签订联合声明，成立"中国—东盟工科大学联盟"。联盟内各校将相互开放课程，联合建设共享课程。而联盟学校将推动学分互认的学生交换、短期交流、暑期班等，鼓励学生、教师及工作人员的交流。除此之外，联盟内的学校还将特别为学生提供奖学金和各类资助。联盟成员高校间还将在工程技术领域，开展两校或多校之间的本科和研究生层面双学位联合培养项目。

卓越大学联盟是由9所工业和信息化部以及教育部的"985工程"高校组成的高校联盟。包括北京理工大学、重庆大学、大连理工大学、东南大学、哈尔滨工业大学、华南理工大学、天津大学、同济大学、西北工业大学（按高校名称拼音排序）9所以理工科为特色的国家"985工程"一流大学。加入联盟的8所东盟高校分别为：印尼泗水理工学院、泰国朱拉隆功大学、柬埔寨柴桢大学、老挝沙湾拿吉大学、柬埔寨棉则大学、柬埔寨亚洲学院、老挝占巴塞大学、泰国玛希隆大学。

(四) 中国—中亚国家大学校长论坛与中国—中亚国家大学联盟

2016年9月,"中国—中亚国家大学校长论坛"在乌鲁木齐召开。来自俄罗斯、吉尔吉斯斯坦、土库曼斯坦、塔吉克斯坦等7个国家的100余名校长、副校长和高校代表参加了论坛。新疆大学和土库曼斯坦国立大学、新疆农业大学和哈萨克斯坦赛福林农业技术大学、新疆师范大学和塔吉克斯坦国立民族大学的校长签署合作协议。同时,中国与中亚及沿线国家高校签署了一系列合作协议,为丝绸之路经济带核心区建设增添了新的发展力量。

"中国—中亚国家大学校长论坛"发表了《中国—中亚国家大学联盟宣言》,成立"中国—中亚国家大学联盟",旨在打造开放性、国际化互动平台,深化"一带一路"科教合作。该联盟成员包括哈萨克斯坦欧亚大学、土库曼斯坦马赫土穆库里国立大学、俄罗斯阿尔泰国立技术大学、清华大学、新疆大学、中南大学等国内外高校。宣言表示将落实中国与中亚地区国家间有关教育合作的内容,建立相对稳定的论坛办会机制,同时在中国和中亚国家之间开展学生互换、学分互认等联合培养项目,对互换学生提供多项优惠政策,颁发双方学历证书,以促进优势互补及实质性合作办学,培养"一带一路"国际化人才。此外,借助"中国—中亚国家大学联盟",中国将在现有孔子学院基础上,在中亚国家建设新的孔子学院,以满足当地民众的需求,同时开展多层次交流与合作,建立国别联合研究中心、国际智库合作平台以及跨区域、跨学科重大问题研究中心。

三、中国—区域高等教育交流

(一) 中国—东盟教育交流周

2008年,为进一步促进中国与东盟国家的教育交流与合作,教育部联合外交部、贵州省人民政府在贵州连续举办"中国—东盟教育交流周"

（每年一届），搭建并夯实了首个中国—东盟教育交流合作平台，成为中国和东盟国家教育交流的重要平台和特色品牌，深化了我国与东盟国家的教育务实合作。2008 年，外交部、教育部、贵州省人民政府共同举办了第一届"中国—东盟教育交流周"，截至目前已成功连续举办了 9 届，其中有教育部长圆桌会议、大学校长论坛、学术研讨会、教育资源展、专题研修班、青少年文化节、学生夏令营等 170 项形式多样、内容丰富的活动，吸引来自中国及东盟国家的参会者 11834 人、参会学校及教育机构 2717 所，在交流周上成功签署 1088 份教育合作协议或合作备忘录，为中国—东盟教育及人文交流搭建了广阔的平台。

在 2017 年举行的第十届"中国—东盟教育交流周"上，大会开辟了若干个新的论坛，成立了两个教育联盟。例如，举办了中国—东盟旅游教育联盟成立大会暨中国—东盟旅游教育合作论坛，"一带一路"人才培养校企联盟成立大会暨"一带一路"人才培养校企合作对话，"一带一路"背景下面向东盟 ICT（信息与通信技术）产教融合发展论坛，"一带一路"轨道交通教育培训校企合作对话暨中国—东盟轨道交通教育培训联盟年会，交通教育服务"一带一路"高峰论坛，"一带一路"大学通识教育论坛等活动，惠及高等学校、职业院校、海外中资企业、民间组织等，真正将"交流周"搭建为中国与东盟国家人文交流的主要平台和"一带一路"民心相通的重要途径。

（二）中国—南亚教育分论坛

"中国—南亚教育分论坛"设在"中国—南亚商务论坛"之中，是我国首个面向南亚的教育平台。论坛每两年举办一次，至今已经举办了 3 届。2012 年 6 月，首届"中国—南亚教育分论坛"在昆明举行，来自南亚各国的大学校长、教育界人士就论坛主题"人力资源发展：培养未来合作的生力军"共同探讨。2014 年 6 月，举办了第二届"中国—南亚教育分论坛"，主题是"开放、合作，共促南亚教育经济发展——继续教育的潜力与交流"。印度加尔各答大学、尼泊尔加德满都工程学院以及巴基斯坦、孟加拉国、斯里兰卡等南亚6国的9所大学和中国台湾的3所大学,以及中国国家开放大学、云南开放大学参加了会议。2016年6月,"中国—南亚商务论坛"第三届教育分论坛在昆明举行。该届论坛的主题是"一带一路开放共享,迎接教育新机遇",旨在以推进"一带一路"倡议构想蓝图,关注高等教育国际化的新格局和新要求,抓住高等教育国际化的机遇,探寻高等教育服务"一带一路"合作的有效途径,通过加强中国与南亚、东南亚国家的教育合作与交流,实现互补与共赢,提升高等教育国际化的水平和质量,增强高等教育服务国家目标的能力。来自英国、孟加拉国、柬埔寨、印度、马尔代夫、巴基斯坦、斯里兰卡、泰国、越南9个国家的政府官员及12所大学的校长、教授参加了论坛。

(三)中国—东南亚教育科研网络

中国—东南亚教育科研网络由中国—东盟中心、东南亚教育部长组织和中国教育科学研究院于2012年共同倡议发起,于2014年正式成立,由中国和东南亚各国教育部指定和认可的教育科研机构组成。其宗旨是建立中国—东盟教育研究网络,使之成为各方在教育科研领域分享信息、交流观点、产出科研成果的重要平台,增强教育工作者的能力、推进地区一体化建设。2016年9月,由中国—东盟中心、东南亚教育部长组织秘书处、中国教育科学研究院、泰国教育部和泰国教育委员会办公室共同主办的第三届中国—东盟教育科研网络会议在泰国曼谷举行。该网络涵盖中国、文莱、柬埔寨、印度尼西亚、老挝、马来西亚、菲律宾、泰国、东帝汶和越南。

第四节 "一带一路"高等教育多边合作机制

"一带一路"高等教育多边合作机制,介于区域和双边合作机制之间，指中国与两个及以上国家进行的高等教育沟通、协调、对接机制。相比于区域和双边合作机制，多边合作机制更具有灵活性和创造性。目前，"海丝"高等教育多边合作机制有金砖国家①教育部长会议、上海合作组织成员国教育部长会议、中日韩教育部长会议。

一、金砖国家教育部长会议

金砖国家教育部长会议每年在轮值主席国举办一次，是金砖国家推动人文交流的重要机制，是金砖国家推动教育发展的重要合作机制，对巩固金砖国家伙伴关系、夯实民意基础、推动人文交流达到更高水平具有重要意义。

2013—2017年分别在巴黎、巴西利亚、莫斯科、新德里和北京举行了5届金砖国家教育部长会议，每届会议发表一个金砖五国教育宣言（见表6-1）。第一届会议在巴黎召开，金砖五国——巴西、俄罗斯、印度、中国和南非——的教育部长一致同意与联合国教科文组织合作，通过协调行动和宣传来推动全球教育的发展。此后，每届金砖五国教育宣言都把推动发展中国家教育和全球教育发展作为其重要议题和使命。2015年11月，在莫斯科举行的第三届金砖国家教育部长会议，签署了《关于建立金砖国家网络大学的谅解备忘录》。金砖国家网络大学创立的宗旨是为了联合金砖国家的主要大学开展共同研究及联合培养高端人才，以发挥高等教育在国家战略决策和新兴经济体发展中日益重要的作用。成员国网络大学在以下6个领域优先开展合作：能源；计算机科学和信息安全；金砖国家研究；生态和气候变化；水资源和污染治理；经济学。该备忘录指出，在创立阶段，每个金砖国家网络大学参与方的数量不超过12个。参

---

① 金砖国家（BRICS），指巴西（Brazil）、俄罗斯（Russia）、印度（India）、中国（China）和南非（South Africa）五国。该词由使用这五个国家的英文单词首字母而来，与英语单词的砖（Brick）类似，因此被称为"金砖国家"。

与学习学生的学习成果,按国家标准被每个网络大学参与方所认可。第一期我国有 11 所大学参加,包括复旦大学、浙江大学、湖南大学、吉林大学、四川大学、华中科技大学、北京师范大学、西南大学、河海大学、东北林业大学、华北水利水电大学。目前,已经召开两届金砖国家网络大学年会。

表 6-1 历届金砖国家教育部长会议

会议名称	时间	地点	主题与内容
第一届	2013.11.5	法国巴黎	(1) 围绕金砖国家间高等教育、职业教育合作,建立教育、研究和技术发展领域的伙伴关系以及金砖国家与联合国教科文组织伙伴关系等议题进行了讨论。 (2) 出席本次会议的金砖国家教育部长应邀与联合国教科文组织总干事博科娃对话,就加强联合国教科文组织与金砖国家的交流与合作、共同推动制订 2015 年后全球教育议程等问题进行了商谈
第二届	无资料	巴西巴西利亚	无资料
第三届	2015.11.18	俄罗斯莫斯科	签署《第三届金砖国家教育部长会议莫斯科宣言》和《关于建立金砖国家网络大学的谅解备忘录》
第四届	2016.9.30	印度新德里	(1) 签署《新德里教育宣言》。 (2) 强调金砖国家将加强国际合作,促进教育公平和包容,并希望各国今后加强在职业教育、教育质量保障、终身学习、高校成果转化和促进师生交流等方面的合作。该宣言与联合国《2030 年可持续发展议程》完全契合
第五届	2017.7.4	中国北京	主题:"金砖国家教育合作:促进卓越和公平"。通过《第五届金砖国家教育部长会议北京教育宣言》等文件,为深化未来合作,金砖国家一致同意开展下列活动:

续表 6-1

会议名称	时间	地点	主题与内容
第五届	2017.7.4	中国北京	（1）继续支持"金砖国家网络大学"成员开展教育、科研和创新领域的合作，鼓励金砖国家的大学加入"金砖国家大学联盟"。 （2）通过多语言教育和使用加强文化合作，推动各国在历史和文化方面的相互了解。 （3）通过"金砖国家网络大学"进一步采取有效措施，将提升高等教育学术专业化水平作为未来教育发展的重点。 （4）开展国际交流，鼓励更多教师和教育行政人员学习借鉴其他国家在提高教学质量、提升教师水平和促进教育发展方面的经验。 （5）加强职业技术教育和培训领域的合作，在职业教师队伍培养过程中加强理念和经验的分享，开发实施共同感兴趣的项目。 （6）认识到金砖国家智库理事会、金砖国家网络大学及其他金砖倡议的重要性，鼓励各机制间开展更密切的合作，并增强工作的关联性。 （7）强调教育智库与教育研究人员加强合作的重要性，并欢迎来中国举办研讨会，探索开展金砖国家不同机构间的合作。 （8）鼓励金砖国家举办"青少年夏（冬）令营"，增进金砖国家青年一代的文化沟通和交流。 （9）鼓励金砖国家提供更多的奖学金名额，增加成员国学生在金砖国家内学习的机会。 （10）分享各国实现联合国《2030年可持续发展议程》教育目标的实践和经验，营造一个更加有利的政策环境，共同采取有效措施，使全球教育政策更多地反映金砖国家的关注和重点。 （11）鼓励各国参加2018年在南非开普敦举行的第三届金砖国家网络大学年会，以及2017年9月在俄罗斯圣彼得堡举行的金砖全球商务和创新论坛

二、上海合作组织成员国教育部长会议

上海合作组织(简称为"上合组织"),于2001年6月15日在上海成立,创始成员国为中国、俄罗斯、哈萨克斯坦、吉尔吉斯斯坦、塔吉克斯坦和乌兹别克斯坦6国。2017年6月,上合组织阿斯塔纳峰会签署了关于给予印度和巴基斯坦成员国地位的决议,上合组织成员国由6个增至8个。上合组织现有阿富汗、白俄罗斯、伊朗、蒙古4个观察员国,以及阿塞拜疆、亚美尼亚、柬埔寨、尼泊尔、土耳其和斯里兰卡6个对话伙伴。8个成员国领土总面积超过3400万平方公里,占欧亚大陆的3/5。成员国人口总和超过30亿,占世界人口的近一半。2016年,成员国国内生产总值总和超过15万亿美元。上合组织现已建立元首、总理、高检、高法、外交、安全会议秘书、国防、经贸、文化、卫生、教育、交通、紧急救灾、科技、农业、司法、旅游、国家协调员会议机制。

上合组织成员国教育部长会议是上合组织8个成员国的教育合作机制,每两年举行一次,讨论本组织高等院校发展协调发展的问题。2006年在上海签署的《上海合作组织成员国政府间教育合作协定》为教育合作成功开展奠定了法律基础。2006—2016年,上合组织成员国教育部长会议已经召开了6次,讨论和落实上合组织成员国政府间教育合作协定,商议和签署了建立上合大学的文件,并对教育质量监控和保障等问题进行了深入研讨和合作,为建立上合组织统一教育空间找寻新的路径(见表6–2)。

表6-2 历届上海合作组织成员国教育部长会议

会议名称	时间	地点	主题与内容
第一届	2006.10.18	中国北京	(1) 成员国元首、政府首脑、与会部长们一致认为，要采取切实措施，认真落实上海峰会和成员国政府首脑会议关于教育合作的各项内容，落实好教育合作协定。 (2) 研究落实《上海合作组织成员国政府间教育合作协定》，推进成员国多边教育合作。 (3) 成立成员国常设教育专家工作组，批准了专家工作组工作条例，并责成专家工作组继续就制定成员国政府间学历证书及学制互认协定文本草案开展工作
第二届	2008.10.24	哈萨克斯坦阿斯塔纳	(1) 总结了上合组织成员国政府间教育合作协定落实情况。 (2) 通过了《上海合作组织教育部长宣言》。 (3) 讨论了组建上合组织网络大学的构想
第三届	2010.9.23	俄罗斯新西伯利亚	(1) 就上海合作组织大学的实施进程、教育质量监控和保障等问题进行了深入研讨，达成广泛共识。 (2) 签署了部长会议纪要和《关于进一步共同行动成立上海合作组织大学的纪要》，发表了部长会议联合公报。 (3) 通过了成员国政府间教育合作协定2011—2012年实施活动清单和教育专家工作组提交的年度报告。 (4) 上海合作组织大学项目院校增至62所，其中哈萨克斯坦13所、吉尔吉斯斯坦8所、中国15所、俄罗斯16所、塔吉克斯坦10所
第四届	2012.10.7—12	吉尔吉斯斯坦比什凯克	(1) 通过并签署了第四届上海合作组织成员国教育部长会议纪要。 (2) 通过了新增项目院校名单及2个新的专业。上海合作组织大学共有70所项目院校，其中中方20所。共有7个专业方向，分别是区域学、能源学、生态学、纳米技术、信息技术、教育学和经济学。人才培养层次也从硕士研究生教育扩大至本科教育

续表 6-2

会议名称	时间	地点	主题与内容
第五届	2014.10.8	俄罗斯巴尔瑙尔	(1) 就上海合作组织成员国国家教育体系发展、上海合作组织教育领域优先合作方向发展和上海合作组织大学建设等问题进行了深入研讨，达成广泛共识。 (2) 签署部长会议纪要，发表了部长会议联合公报
第六届	2016.10.20	塔吉克斯坦杜尚别	(1) 研究落实 2016 年 6 月塔什干上海合作组织元首峰会达成的教育领域合作的各项共识。 (2) 通过《上海合作组织成员国教育部长会议联合信息公报》。 (3) 确定了 2018 年前教育领域合作优先发展方向，并对上海合作组织大学项目的运行效果表示满意，责成校办加快制订联合培养博士的教学计划。 (4) 高度评价在中国大连举办的第十届"教育无国界"教育周活动，肯定其在上海合作组织大学项目的实施和运行方面做出了巨大贡献

三、中日韩教育部长会议

在东盟和中日韩（10+3）框架下，2008 年 12 月，中日韩三国领导人在日本福冈举行首次单独的中日韩领导人会议。会议签署并发表了《三国伙伴关系联合声明》《国际金融和经济问题的联合声明》《三国灾害管理联合声明》和《推动中日韩三国合作行动计划》，明确了三国伙伴关系定位，确定了三国合作的方向和原则。至今，中日韩三国领导人会议已经召开了 7 次。

中日韩教育部长会议是东亚三国教育合作的重要机制，每年举办一次，旨在就三国教育的合作尤其是学生流动进行沟通和政策对接。2016 年 1 月，为落实第六次中日韩领导人会议成果，第一次中日韩教育部长会议于 2016 年 1 月 30 日在韩国首尔举行。三国教育部长会后共同签署了《中日韩三国教育合作首尔宣言》。中日韩教育部长会议标志着东亚三国教育合作机制的建立,促进了三国在高等教育、职业教育、基础教育等领域的合作。2016 年 9 月,中日韩大学校际交流项目"亚洲校园"正式启动。2018 年 3 月,第二次中日韩教育部长会议在日本东京召开,会后三国教育部长共同签署了《第二次中日韩教育部长会议联合公报》。三方将继续着力推动学生与青少年交流,拓展实施"亚洲校园"项目,并加强三国在多边框架下的合作。

第五节 "海丝"高等教育双边合作机制

双边合作是指我国与"海丝"沿线国家在高等教育政策、论坛、大学联盟以及教育交流、办学、科技等领域的合作,它仅涉及两个国家,是"一带一路"教育行动和合作的主要机制与平台。例如,建立中俄、中印尼两大高级别人文交流机制。

我国于 1983 年开始启动与其他国家的学历、文凭、学位的互认工作,并与其他 19 个国家共同签署了《亚洲和太平洋地区承认高等教育学历、文凭和学位的地区公约书的协议》。到目前为止,我国与"一带一路"沿线 27 个国家签订了国家(地区)间相互承认学位、学历和文凭的双边协议,占比 43%。[①]

中印高等教育合作机制和平台有中印教育与科技联盟、大学校长论坛、联盟大学、文化交流中心,开展双边的教育交流与合作。如中印双方 2003 年在印度班加罗尔成立了"中印教育与科技联盟",2011 年举办了

---

① 该数据是根据中国学位与研究生教育信息网及中华人民共和国教育部国际合作与交流司网站发布的数据整理而来。

"中印大学校长论坛",2014年成立了"中印联盟大学""中印文化交流中心",推动两国交流与合作向更高水平、更深层次方向发展。

中国和马来西亚教育部于2009年11月签署了《中华人民共和国政府和马来西亚政府高等教育合作谅解备忘录》。中、马建立了教育服务中心和高等教育论坛两个合作平台,如在第七届中国—东盟教育交流周期间,马来西亚与贵州省教育厅共同成立了中国(贵州)—马来西亚教育服务中心。2015年和2016年分别在安徽大学和陕西举行了"中国·马来西亚高等教育论坛",中、马高校代表就加强学术交流、师生互访、研究项目合作等进行交流。

中以高等教育双边合作机制是通过建立大学联盟和大学校长论坛运行的。2000年,中国和以色列签署了《中华人民共和国教育部与以色列国教育部教育合作协议》,涵盖互派留学生、学术交流、语言教学等方面内容。2015年,两国签订《中华人民共和国教育部和以色列高等教育委员会关于组建7+7研究性大学联盟的联合声明》,并举办了由两国42所高校参加的首届中以大学校长论坛。

中国与希腊两国于2005年签署了《中希教育合作谅解备忘录》,2006年签订了《中华人民共和国教育部与希腊共和国教育和宗教事务部2007年至2010年教育合作议定书》,就鼓励留学、促进高校合作、语言教育双向合作及奥运教育交流等项目达成共识。2016年2月,中希举行高等教育与研究合作研讨会,标志着中希高等教育双边合作机制的建立。

第六节 "海丝"高等教育合作机制

广东省与"海丝"高等教育的主要合作机制包括三个方面:一是广东与区域合作机制,如广东与东盟的教育合作、中阿合作论坛等;二是广东与国外建立友城机制；三是广东高校与国外高校之间的合作。

一、广东与"海丝"高等教育区域与国别合作机制

当前，"21世纪海上丝绸之路"的建设倍受国内外的关注，中国各省市纷纷积极响应和部署，搭建各类合作平台，挖掘自身潜力和竞争优势，争当桥头堡和核心区。广东省具有特殊的历史、地理、经贸、文化优势，在与诸多沿线国家的经贸合作中取得不菲的成就。广东省与"21世纪海上丝绸之路"沿线国家尤其是东盟国家的交流合作发展迅速。

在高等教育合作领域，广东省与"海丝"高等教育区域和国别合作机制方面主要有以下表现。

一是广东省重视发展与"海丝"沿线国家，尤其是东盟国家的区域合作与国别合作。广东省先后与新加坡、泰国、越南等东盟地区国家建立年度合作协调会制度，连续5年举办广东—东盟战略合作论坛，与新加坡合作开发"中新知识城"项目，成立广东—新加坡合作理事会等，大力推动与东盟地区在经贸、金融、旅游和教育等方面的全方位交流合作。凭借着独特的区位和人缘优势，广东成为我国与东盟经贸合作份额最大的省份。

二是广东省在《广东省教育厅关于推进共建"一带一路"教育行动（2018—2020年）》中提出了积极建立和参与双边、多边合作机制，建立健全与东南亚教育合作机制，完善与太平洋岛国教育合作机制，健全与西亚、中东欧、非洲国家教育合作机制，携手港澳共同推进"一带一路"建设。目前，广东的中山大学等10多所高校与新加坡、泰国、越南、印尼、柬埔寨等国家的80余所高校建立了友好合作关系。自2012年以来，广东省政府先后支持中山大学、华南理工大学、华南师范大学、暨南大学、广东外语外贸大学等高校向国家申报中国—东盟教育培训中心，支持

广东省高校拓展与东盟地区高校合作建设良好的教育交流与合作基地①。

二、广东与"海丝"沿线国家友省(州)教育合作机制

广东省历来重视巩固和发展友省和友市建设,通过与"海丝"沿线国家共建友省和友市,进一步扩大对外友好交往。

截至2016年12月30日,广东省正式缔结的友城关系有175对,其中省级46对,地级市117对,县级市(区)12对。广东省已与9个"海丝"沿线国家建立了友省关系,包括菲律宾、越南、老挝、马来西亚、印度、埃及、希腊、土耳其和印度尼西亚,占比全省46个友省的20%。广东省各地市已与包括泰国的曼谷、阿联酋的迪拜、尼泊尔的博卡拉在内的16个"海丝"沿线国家的20个城市建立了友市关系,占比117个友市的17.09%。广东省已与"海丝"沿线国家总共缔结29对友城关系,占比全省175对友城关系的16.57%(见表6-3)。

表6-3 广东省与"海丝"沿线国家共建的友省、友市

友好省(州/县/区/)、市(外文、简称)	国 别	签字时间、地点
广东省9对(共46对)		
1. 伊斯坦布尔省(Istanbul)	土耳其(Turkey)	2001-06-18 伊斯坦布尔市
2. 北苏门答腊省(North Sumatra)	印尼(Indonesia)	2002-03-11 棉兰市
3. 宿务省(The Cebu province)	菲律宾(Philippines)	2009-10-23 宿务市

---

① 《广东省教育厅罗伟其在中国—东盟教育合作与交流论坛上的讲话:打造平台 做好服务》,见贵州省教育厅网站(http://www.gzsjyt.gov.cn/ztzl/hd/2014ndmjyjlz/ldjbfyg/201712/t20171212_2940421.html)。

续表 6-3

友好省（州/县/区/）、市（外文、简称）	国 别	签字时间、地点
4. 胡志明市（Ho Chi Minh city）	越南（Vietnam）	2009-11-12 广州市
5. 伊拉克利翁州（Heraklion） 希腊行政区域更名： 克里特省（Region of Crete）	希腊（Greece）	2010-06-04 伊拉克利翁市 2011-06-16 伊拉克利翁市
6. 亚历山大省（Alexandria）	埃及（Egypt）	2010-10-21 亚历山大市
7. 古吉拉特邦（Gujarat）	印度（India）	2014-09-17 古吉拉特邦市
8. 万象市（Vientiane）	老挝（Lao People's Democratic Republic）	2015-04-28 广州市
9. 马六甲州（Malacca）	马来西亚（Malaysia）	2015-09-21 吉隆坡市
广州市 10 对（共 36 对）		
1. 马尼拉市（Manila）	菲律宾（Philippines）	1982-11-05 马尼拉市
2. 泗水市（Surabaya）	印尼（Indonesia）	2005-12-21 广州市
3. 汉班托塔区（Hambantota）	斯里兰卡（Sri Lanka）	2007-02-27 北京市
4. 曼谷市（Bangkok）	泰国（Thailand）	2009-11-13 广州市
5. 迪拜市（Dubai）	阿联酋（U. A. E.）	2012-04-18 迪拜市
6. 科威特城（Kuwait City）	科威特国（State of Kuwait）	2012-04-25 广州市
7. 伊斯坦布尔市（Istanbul）	土耳其（Turkey）	2012-07-18 伊斯坦布尔市
8. 拉巴特市（Rabat）	摩洛哥（Morocco）	2013-10-03 拉巴特市
9. 艾哈迈达巴德市（Ahmedabad）	印度（India）	2014-09-18 艾哈迈达巴德市

续表6-3

友好省（州/县/区/）、市（外文、简称）	国　别	签字时间、地点
10. 博卡拉市（Pokhara）	尼泊尔（Nepal）	2014-11-29 广州市
深圳市2对（共18对）		
1. 卢克索市（Luxor）	埃及（Egypt）	2007-09-06 卢克索市
2. 海法市（Haifa）	以色列（Israel）	2012-09-10 海法市
珠海市1对（共12对）		
瓜达尔地区（Gwadar）	巴基斯坦（Pakistan）	2015-04-20 巴基斯坦伊斯兰堡市
汕头市2对（共4对）		
1. 芹苴市（Can Tho）	越南（Vietnam）	2005-08-01 汕头市
2. 海法市（Haifa）	以色列（Israel）	2015-12-15 汕头市
汕尾市1对（共1对）		
日里昔利冷县（Deli Serdang）	印尼（Indonesia）	2009-11-12 广州市
东莞市1对（共4对）		
萨洛尼卡市（Thessaloniki）	希腊（Greece）	2008-10-24 萨洛尼卡市
肇庆市（广宁县）1对（共4对）		
诗巫市（Sibu City）	马来西亚（Malaysia）	2013-06-28 诗巫市
潮州市1对（共4对）		
曼谷市（Bangkok）	泰国（Thailand）	2005-11-23 曼谷市
揭阳市1对（共1对）		
南邦市（Lampang）	泰国（Thailand）	2006-08-14 南邦市

资料来源：广东省人民政府外事办公室网站。

截至2015年9月3日，广西已与31个国家建立友好城市91对，其中，省级友城20对，市级友城57对，县级友城14对。在91对友城中，广西与"海丝"沿线国家缔结友城关系的有45对，占比91对友城的

49.45%。而截至 2015 年 12 月 31 日,福建省已与世界上 34 个国家建立了 83 对友城关系,其中与"海丝"沿线国家建立的友城关系有 11 个,占比 83 对友城中的 13.25%(见表 6-4)。

表 6-4　广东与广西、福建缔结友城情况比较

省份	友城总数量(个)	与"海丝"沿线国家建立的友城数量(个)	占比
广东	175	29	16.57%
广西	91	45	49.45%
福建	83	11	13.25%

从广东省与各个"海丝"沿线国家缔结友城的时间来看,广州市与马尼拉市于 1982 年建立友好城市关系,开创了广东省友城的先河。从 2001 年开始,广东陆续与一些"海丝"沿线国家的城市缔结友城关系,2009—2015 年间缔结的友城数目较多(见图 6-1)。

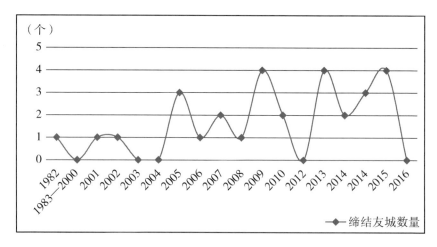

图 6-1　广东省与"海丝"沿线国家缔结友城关系时间分析图

从友城之间的合作来看,以东盟十国为例,截至 2016 年 8 月 30 日,广东省与东盟十国正式缔结友城友省关系 12 对,占广东省正式缔结友城关系总数(175 对)的 7%。

从以上的分析可以看出,目前广东在与"海丝"沿线国家的友城建

设中存在三点不足。

第一,广东省缔结的友城总数量较多,但与"海丝"沿线国家的城市缔结友城关系的数量较少。特别是与广西相比,广西与"海丝"沿线国家城市缔结友城的数量占友城总数的一半,而广东省只占16.57%。

第二,从广东省与"海丝"沿线国家的城市缔结友城的时间上看,从2016年开始就没有缔结友城的行动了。这说明广东省在与"海丝"沿线国家建立友城关系方面缺乏新的进展。

第三,广东省与各友城的合作主要是经贸以及文化方面的合作,教育方面的合作不多,未能就师资培训与交流、人才培养、合作办学等进行深入商讨与行动。

第七章 广东与『海丝』高校人才培养

人才培养是高等教育的基本功能，也是广东与"海丝"高等教育合作的首要使命。"一带一路"倡议所涵盖的建设内容，包括基础设施建设、技术、资本、货币、贸易、文化、政策、民族、宗教，无一不需要教育特别是高等教育提供人才支撑。以"人"的国际化和专业化培养为战略重心，着力"培养人才，打通人脉，互通人心"，是民心相通的重要途径，也是实现互联互通的必由之路。因此，广东高等教育要通过加强与"海丝"高等教育的教师、学生的人员交流，广泛开展合作办学，培养广东"海丝"建设所需要的政策互通、设施联通、贸易畅通、资金融通和民心相通人才。

第七章 广东与"海丝"高校人才培养

第一节 广东高校参与"海丝"人才培养

"一带一路"顺应世界多极化、经济全球化、文化多样化、社会信息化的潮流,致力于维护全球自由贸易体系和开放型世界经济,促进"一带一路"跨区域的经济要素有序自由流动、资源高效配置和市场深度融合,推动沿线各国开展更大范围、更高水平、更深层次的区域合作,加强不同文明之间的对话,求同存异、兼容并蓄、和平共处、共生共荣,打造政治互信、经济融合、文化包容的利益共同体、命运共同体和责任共同体。

要想实现中国与沿线国家的"互联互通",要重视道路交通等基础设施的"硬联通",但更应强调规则制度的"软联通",尤其是文化教育的"人联通"。"一带一路"建设只有不断加强政府部门、工商业界等有关方面提供全面、深入的文化和专业培训,才能有效实现"政策沟通";只有大力培养一批具有国际交往能力、社会影响力与社会声誉,往来于各国间的专家学者、文化使者,通过学术研究、文化交流等方式进入到整个社会的肌体中,才能实现"民心相通"。① 因此,在《愿景与行动》中,我国政府提出,"一带一路"共同体建设,主要是以政策沟通、设施联通、贸易畅通、资金融通、民心相通为主要内容。而要推进"五通"建设,离不开大学提供人才的支持和智力支持,这也是我国高校参与"一带一路"建设的重大使命。在参与"海丝"建设中,广东高校应该自觉地为"五通"建设进行专业、课程和教学的调整与改革,培养具有"海丝"特色的各类专门人才和跨学科人才。为此,教育部在《教育行动》中提出,

---

① 周谷平、阚阅:《"一带一路"战略的人才支撑与教育路径》,载《教育研究》2015年第10期。

培养大批共建"一带一路"急需人才,支持沿线各国实现政策互通、设施联通、贸易畅通、资金融通。"一带一路"、亚投行所涉及的区域对中国诸多企业而言,是非常陌生的地区,没有大量的专业性人才的储备,很难推动"一带一路"的建设。广东省提出,积极争取、参与"丝绸之路"中国政府奖学金,为沿线国家专项培养行业领军人才和优秀技能人才。根据"一带一路"沿线国家教育合作需求,支持高校在语言、交通运输、建筑、医学、能源、环境工程、水利工程、交通运输、生物科学、海洋科学、生态保护、文化遗产保护、金融业务、旅游、农业科学、机械装备、电信运营和电气工程等沿线国家发展急需的专业领域开展人才联合培养。鼓励高校与沿线国家知名高校联合开发在线课程,构建校际课程互选、学分互认机制。支持广东省职业院校与沿线国家职业院校开展职业标准、人才培养标准研究,共同培养具有国际视野、熟悉国际规则的高素质技术技能人才。

一、培养政策互通人才

加强政策沟通是"一带一路"建设的重要保障,是指加强政府间合作,积极构建多层次政府间宏观政策沟通交流机制,深化利益融合,促进政治互信,达成合作新共识。沿线各国可以就经济发展战略和对策进行充分交流对接,共同制定推进区域合作的规划和措施,协商解决合作中的问题,共同为务实合作及大型项目实施提供政策支持。要实现政策沟通与对接,需开展广泛的政府外交、公共外交、教育政策对接与谈判协商等,这些都对服务"海丝"政策沟通的法律、政治、历史、管理、教育、非通用语言等人才提出巨大的需求。例如,清华大学设立了发展中国家研究博士项目,旨在培养潜心研究基础性课题、深入了解包括"一带一路"沿线国家在内的对我国长远发展具有战略意义的发展中国家或地区的学术型人才,是一个覆盖人文、社会科学、管理学、法学等多学科的博士培养项目,招收有志于以发展中国家或地区一国或多国研究作为学术事业的博士研究生。经过国内外的专业学习和田野工作等方面的专业训练，使博士生对目标国家或地区的政治、经济、文化、外交等具有较深入的认识，初步具备完成高水平研究成果的能力。①

因此，广东省高校要根据我国、广东省"海丝"政策互通的人才需要，在原有相关专业如法律、政治、历史、管理、教育、非通用语言等基础上，加大面向"海丝"政策人才的改革力度，重视"外语+专业"的复合人才培养模式，培养掌握"海丝"沿线国家语言的熟知其文化的复合型法律、政治、历史、管理、教育人才，为政策互通和对接提供人才和智力支持。广东省充分意识到"海丝"沿线国家语言对政策互通人才培养的重要性，发挥广东外语外贸大学等院校语言人才培养优势，推进多语种师资队伍建设和外语教育教学工作。从 2017 年起，广东省财政调整提高省属高校非通用语言相关专业生均拨款折算系数，加大对非通用语种人才培养的投入力度。加大非通用语种硕博点建设力度，增加非通用语种人才招生指标，加快培养非通用语种人才。广东外语外贸大学开设"海丝"沿线国家语言如希腊语、印尼语、泰语、越南语、印地语、老挝语、缅甸语、柬埔寨语、马来语、乌尔都语、阿拉伯语等 14 门语言的专业，很好地支持了"海丝"政策互通人才的培养。

二、培养设施联通人才

基础设施互联互通是"一带一路"建设的优先领域。其任务是，在尊重相关国家主权和安全关切的基础上，沿线国家宜加强基础设施建设规划、技术标准体系的对接，共同推进国际骨干通道建设，逐步形成连接亚洲各次区域以及亚欧非之间的基础设施网络。基础设施互联互通是"海丝"发展的最重要领域，亚洲基础设施投资银行的目的主要是投资基础

---

① 李正穹：《赵可金：尽快打造"一带一路"立体化人才培养体系》，见中国青年网（http://news.youth.cn/gn/201705/t20170512_9743984.htm）。

设施建设,它反映了我国经济社会发展"要想富先修路"的宝贵经验。为推动"海丝"地区的经济社会发展与安全,应对交通(公路、铁路、航空以及道路安全,交通管理防护和口岸)、能源(输油、输气管道等运输通道安全,跨境电力与输电通道建设,区域电网升级改造)、跨境光缆等通信干线网[洲际海底光缆项目、空中(卫星)信息通道]等基础设施进行合作投资、建设与管理,不仅合作修建和完善沿线国家内部的交通、能源及通信等基础设施,而且要联通"海丝"区域的基础设施,为形成一个统一的"海丝"区域市场服务。"海丝"沿线国家众多,国情各异,国际和国内利益集团错综复杂,实现交通、能源、通信这些含有高利益的基础设施联通建设,难度可想而知。而这些难题的解决,需要培养精通专业又要熟悉当地文化的复合型人才。

例如,清华大学推动"一带一路"建设国际实践项目,2016年暑期,首次建立清华大学博士生必修环节社会实践海外基地,并派出首支社会实践队伍远赴非洲肯尼亚,投入当地近百年第一条新建铁路——蒙内铁路的建设;2017年,清华大学与"一带一路"沿线的中资企业共建博士生必修环节社会实践海外项目30余项,挑选优秀研究生赴海外开展必修社会实践,在服务"一带一路"建设中培养高水平国际化人才;启动建设核能与核技术工程领域专业学位硕士国际人才培养项目。为服务国家"核电走出去"战略,清华大学与中核集团、国家电投集团和中广核集团共同策划设计国际核电工程与管理硕士学位项目,由教育部和国家能源局设立专项政府奖学金支持,旨在培养一批了解中国社会、熟悉中国核电企业、掌握核电知识和技能的国际人才。自2017年起,每年向海外招收30名核电工程硕士国际学生。2017年,有9个国家的国际研究生报考,全部是来自"一带一路"沿线国家。清华大学启动建设水利系英文博士、硕士学位项目,以清华大学目前参与的"一带一路"沿线国家水利水电开发建设项目为依托,以良好的企业合作背景拓展与沿线国家的教育合作契机,为"一带一路"沿线国家水利水电开发建设项目培养高水平人才。①

广东省高校要根据"海丝"基础设施联通所需要的交通、能源和通信等基础设施建设人才来调整、改革和建设相关专业。"海丝"基础设施联通人才主要包括两种人才：一种是我国相关企业以及"海丝"沿线国家当地合作企业所需要的普通高校毕业生，包括留学生；另一种是我国相关企业及"海丝"合作企业在职人才，包括中高级管理人才、工程技术人才。对于第一种人才，广东省高校要重视"外语+专业"的复合人才培养模式的改革，为企业输送熟知"海丝"沿线国家语言文化的复合型工程人才和管理人才。对于第二种人才，高校要与广东相关基础设施建设企业及"海丝"当地企业进行产学研合作，为广东企业"走出去"培养复合型应用性相关专业人才，并为其进行技术研发和工程设计，提高技术支持。

三、培养贸易畅通人才

投资贸易合作是"一带一路"建设的重点内容。其任务是研究解决投资贸易便利化问题，消除投资和贸易壁垒，构建区域内和各国良好的营商环境，积极同沿线国家和地区共同商建自由贸易区。加强信息互换、监管互认、执法互助的海关合作，以及检验检疫、认证认可、标准计量、统计信息等方面的双多边合作，推进跨境监管程序协调；发展跨境电子商务等新的商业业态；开展农林牧渔业、农机及农产品生产加工等领域深度合作，形成上下游一体化产业链；推动新兴产业合作，促进沿线国家加强在新一代信息技术、生物、新能源、新材料等新兴产业领域的深入合作；合作建设境外经贸合作区、跨境经济合作区等各类产业园区，促进产业集群发展。"海丝"贸易联通，涉及领域很广，所需要的计量、标准、电子商

---

① 李正穹：《赵可金：尽快打造"一带一路"立体化人才培养体系》，见中国青年网（http://news.youth.cn/gn/201705/t20170512_9743984.htm）。

务、信息、新技术（生物、能源、材料、医药）等复合型专业人才，与广东高校的专业发布与人才培养有极大的相关性。

因此，广东省高校相关专业要密切对接广东省贸易企业及"海丝"合作企业的人才需求，一方面，培养计量、国际贸易、电子商务、信息、生物、能源、材料、医药等复合型应届毕业生，包括国内生和"海丝"国际生；另一方面，要加强国内和"海丝"企业的相关管理与技术人员的培训工作，产学研相结合，为海丝贸易畅通提供人才服务。

四、培养资金融通人才

资金融通是"一带一路"建设的重要支撑。其任务是通过深化金融合作，推进亚洲货币稳定体系、投融资体系和信用体系建设。包括：扩大沿线国家双边本币互换、结算的范围和规模；推动亚洲债券市场的开放和发展；共同推进亚洲基础设施投资银行、金砖国家开发银行筹建，有关各方就建立上海合作组织融资机构开展磋商；加快丝路基金组建运营；深化中国—东盟银行联合体、上合组织银行联合体务实合作，以银团贷款、银行授信等方式开展多边金融合作；支持沿线国家政府和信用等级较高的企业以及金融机构在中国境内发行人民币债券。金融一体化对"海丝"地区的经济发展与安全稳定非常重要，需要大批熟悉"海丝"文化与金融规则的专业人才来支撑、引领和开拓"海丝"的货币体系、债券体系与信用体系。

2017年5月，清华大学金融学院开设"一带一路"东南亚项目，53名学员全部是东南亚企业家和高层管理人员，分布在全球8个国家或地区，企业最高决策者占比98%，来自金融投资、房地产、基建、科技金融、高端制造领域的学生比例最大。近10位学生在各自国家地区受封，包括丹斯里、拿督斯里、拿督。此项目使东南亚企业家和高层管理人员参与金融高级工商管理硕士学位教育项目的学习，促进深度学习交流、共同成长，促进金融互通，吸引更多中国投资。

广东省不仅有专门的金融学院与财经大学,而且一批高水平大学和"双一流"大学都拥有金融优势学科和专业,无疑能为国家及广东省"海丝"企业"走出去"以及"海丝"金融一体化提供强大的人才支持。因此,广东省具有金融专业和学科的高校要主动地瞄准"海丝"金融互通建设的市场需要,重新调整专业设置,改革课程体系和人才培养方式,采用"海丝""语言+金融"专业的复合型培养体系,培养复合型金融管理人才和金融技术人才。

五、培养民心相通人才

民心相通是"一带一路"建设的社会根基。我们可以通过传承和弘扬丝绸之路友好合作精神,广泛开展文化交流、学术往来、人才交流合作、媒体合作、青年和妇女交往、志愿者服务等,为深化双多边合作奠定坚实的民意基础,推进民心相通;开展更大范围、更高水平、更深层次的人文交流,不断推进沿线各国人民相知相亲。高等教育在"海丝"民心相通方面作用巨大。一方面,可以通过扩大相互间留学生规模和开展合作办学的方式,促进我国广东省与"海丝"沿线国家的学生、管理人才以及学术人才的广泛交流,加强这些人员的相互理解和尊重,并在学习、研究、工作中建立友谊。中国每年向"一带一路"沿线国家提供1万个政府奖学金名额,广东省每年向"一带一路"沿线国家提供1000个政府奖学金名额,这些积极措施将会进一步扩大广东省与"海丝"沿线国家的人员交流与合作。广东省高校的教师专业艺术团体与学生艺术团体以及体育专业团体要主动到"海丝"沿线国家举办文化年、艺术节、电影节、电视周、图书展、体育交流等活动,合作开展广播影视剧精品创作及翻译,促进广东省与"海丝"人民的文化、艺术、体育交流与合作。

为加强旅游合作,扩大旅游规模,促进沿线国家的旅游交流与发展,广东省高校要培养"海丝"旅游人才。广东省的医学院校和专业要强化与周边国家在传染病疫情信息沟通、防治技术交流、专业人才培养等方面的合作，在妇幼健康、残疾人康复以及艾滋病、结核、疟疾等主要传染病领域开展务实合作，扩大在传统医药领域的合作。

为了更好地为我国及广东省"海丝""五通"建设提供人才支持、智力支持与文化理解，建议广东省高校成立"海丝人才培养产学研联盟"，把广东省参与复合型"海丝"专门人才培养的高校以及相关企业、"丝绸之路"政府奖学金等单位组织起来，整合全省资源，探讨广东省"海丝"人才培养的协作方案，建立协作机制、平台，提高"海丝"人才培养的质量与效率。

除了建立协作平台和机制外，广东省教育厅要鼓励高校"走出去"，与"海丝"沿线国家的大学和其他非营利组织进行合作办学和培训，培养和培训"海丝""五通"建设所需要的管理、法律、交通、能源、信息、金融、文化等方面熟知中国文化的专门人才。这些人才可以成为广东省"走出去"企业的员工、合作伙伴，是"海丝"民心相通的文化大使，是我国及广东省"海丝"建设的重要海外力量。

第二节　广东高校人员国际化

在分析广东与"海丝"高校人员交流之前，有必要对广东省高校人员国际化做一下基本的介绍。广东与"海丝"高校人员交流是广东省高校人员国际化的一个组成部分，也是"一带一路"倡议后广东省高校人员国际化的优先发展重点。40年的改革开放中，广东省高校人员国际化率先发展，无论是高校教师还是学生国际交流人数都在不断增长，规模在不断扩大，其中在来粤留学生中，来自"一带一路"沿线国家的留学生数占了一半以上，为广东省与"海丝"高校人员的进一步流动打下了坚实的基础。

一、学生国际化

学生国际化是教育国际化的主要要素。教育是培养社会人才的活动,教育国际化就是培养学生的外语能力、国际交往能力、国际问题解决能力等全球能力。从概念上看,学生国际化包括本地学生和海外学生两个维度的国际化。总体上来说,广东省学生国际化发展在全国位于前列,保持在第六名左右,2016年降至第七名,排在江苏、浙江和辽宁及北京、上海、天津之后。

(一)来粤留学生流动

改革开放40年来,来粤留学生人数不断增长,经历了由少到多三个不同的发展阶段。

1. 1978年到20世纪末的初始发展

在这一阶段,来粤留学生数从几十人增加到1800余人,实现了广东接收外国留学生的初始发展和原始积累。例如,1978—1983年,广东接纳来自外国和地区的留学生仅有63人。这一时期是广东教育改革开放的初级阶段,在国际上的声誉较低,接收的外国留学生规模偏小,但是与全国来华留学生形势基本符合。与此同时,这个时期的来粤留学生人数也受限于对接收外国留学生院校资格的审查。1999年,广东省具有接收外国留学生资质的高校仅为21所,校均留学生数近100人。①

2. 21世纪前10年的高速发展

随着我国加入世界贸易组织(WTO),我国经济和教育全面对外开放,既派遣出国留学人员和开放国内教育市场,又大力宣传中国教育和招收外国留学生。广东作为改革开放的先行区,开始以更加开放的姿态走向世界,教育国际化的步伐也逐渐加大。21世纪以后,来粤留学进入一个

---

① 资料来源:广东省教育厅网站。

新的发展时期，留学生数量开始迅速增长，十年来稳居全国第 6 位。2000 年，来粤留学生数为 1930 人，占当年来华留学生总数的 3.70%，居全国第 6 位；2009 年，来粤留学生首次突破万人，达 11331 人，占当年来华留学生总数的 4.76%，仍居全国第 6 位（见图 7-1）。

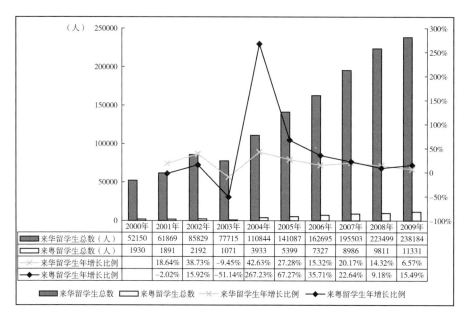

	2000年	2001年	2002年	2003年	2004年	2005年	2006年	2007年	2008年	2009年
来华留学生总数（人）	52150	61869	85829	77715	110844	141087	162695	195503	223499	238184
来粤留学生总数（人）	1930	1891	2192	1071	3933	5399	7327	8986	9811	11331
来华留学生年增长比例		18.64%	38.73%	-9.45%	42.63%	27.28%	15.32%	20.17%	14.32%	6.57%
来粤留学生年增长比例		-2.02%	15.92%	-51.14%	267.23%	67.27%	35.71%	22.64%	9.18%	15.49%

图 7-1　2000—2009 年来华留学生及来粤留学生人数统计情况

数据来源：根据中华人民共和国教育部网站所发布的相关数据整理而来。

从图 7-1 可以看出，除 2003 年"非典"疫情导致留学生人数下降外，2000—2009 年来华留学生数及来粤留学生数均呈增长趋势。自 2004 年之后，来粤留学生数量增长迅速，至 2009 年，来粤留学生人数达 11331 人，相比 2000 年增加了 9401 人，增长了 487%；且从留学生年增长率来看，除 2001 年、2002 年、2008 年外，其他年份来粤留学生年增长率均高出全国来华留学生年增长率。

3. 2010 年至今的持续发展

这个时期是广东社会事业发展"十二五""十三五"时期，广东省教育国际化迈入高水平发展阶段，来粤留学生规模稳步持续扩大，留学生来源日益丰富。2010 年,来粤留学生数达 14110 人,占当年全国来华留学生总数的 5.3%。2012 年,来粤留学生数首次突破两万人,达 20940 人。至 2016 年,来粤留学生数增长到 24605 人,较 2010 年来粤留学生数增长了 10495 人,增长了 74.38%(见图 7-2)。

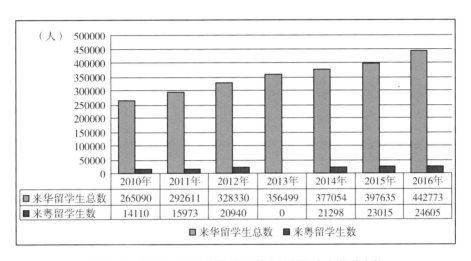

图 7-2 2010—2016 年来华留学生总数及来粤留学生数

资料来源:根据中华人民共和国教育部网站所发布的相关数据整理而来。

注:2013 年来粤留学生数据暂缺。

这一时期除了来粤留学生人数增加,留学生生源地也越来越多元化,从原来占据较大份额的第三世界国家发展到五大洲的 100 多个国家。以中山大学为例,2012 年,中山大学留学生中韩国占 17%,越南占 8%,泰国占 7%,美国占 6%,印尼占 6%,日本、尼泊尔分别占 4%,其他国家占 48%。近年来,随着"一带一路"建设的推进,广东省积极推动省内高校招收更多沿线国家优秀留学生,至 2015 年,广东省约有 1.2 万名留学生来自"一带一路"沿线国家,占全省留学生总量的 52%。广东省职业院校也积极参与到来粤留学生的教育和培训中来。2016 年年底,广东省高职院校全日制国(境)外留学生共 486 人,对非全日制国(境)外人员培训量达到36373人次①。

4. 个案分析与省域比较

从广东省4所"211"工程大学的来粤留学生数及其占比来看,各校无论是留学生人数还是占比都发展到了一个较高的水平。除华南师范大学外,其他3所学校的学历留学生占在校生总数的比例都超过了3%,暨南大学由于其特殊的学校历史与定位,更是在5%以上(见表7-1)。

表7-1 广东4所"211"大学来粤留学生数及占比

大学	年份	留学生数(人)	学历生数(人)	留学生占比
中山大学	2016	3368	1600	6.6%/3.1%
华南理工大学	2016	2279	1367	5.3%/3.2%
暨南大学	2016	4063	1999	11%/5.4%
华南师范大学	2016	1439	461	4.3%/1.4%

数据来源:四校官网。

与国内兄弟省市相比,广东省留学生数排名第7,但是,与广东省的经济地位以及国家对广东省改革开放的定位要求有较大的距离(见表7-2)。与浙江、江苏、辽宁来华留学生数大幅上升的情况相比,广东省来华留学生数量不升反降,着实值得反思。

表7-2 2014—2018年我国前7省市留学生数量排名

(单位:人)

年份	北京	上海	江苏	浙江	天津	辽宁	广东	粤排名
2014	74342	55911	23209	22190	25720	21298	21010	7
2015	73779	55218	25489	25658	24511	22784	23015	6
2016	77234	59887	32228	30108	26564	25273	24605	7
2018	80786	61400	38190	45778	23691	27879	22034	7

数据来源:根据中华人民共和国教育部网站所发布的相关数据整理而来。

---

① 广东省教育厅:《广东省高等职业教育质量年度报告》,广东高等教育出版社2017年版。

（二）粤学生出国流动

从全国来看，40年来我国出国留学生人数要高于来华留学生人数。广东省出国留学生人数也大致呈现出相同的趋势，但是，广东省关于出国留学生人数没有完整具体的统计，所以资料不全。据统计，1978—1983年，广东省珠三角地区高校派往12个国家公费留学生达519人。2000年，广东省教育厅办理了具有大专以上学历的学生自费出国留学学历审核2329人次。

从广东省4所"211"大学来看，各校学生出国交流项目较多，如中山大学有142个项目，华南理工大学也有103个项目。但是，出国交流的人数远不及各校来华留学生人数，这是需要各校引起重视的学生国际化的一个重要方面（见表7-3）。

表7-3 广东省高校学生出国交流项目与人数比较

学校	学生交流项目（个）	出国人数（人）（2017年）
中山大学	142	1297
华南理工大学	103	835
暨南大学	54	612
华南师范大学	39	389

数据来源：四校官网。

二、教师交流

古之学者必有师。教师国际化是教育国际化、学校国际化与学生国际化之根本，它可以让学生不出国门就可以接受国际化教育，成为国际化人才。教师国际化是推动教育改革和开放的主要动力，教师尝试应用国际上行之有效的教育理念、模式和方法，能促进人才更加有效地成长。对高等教育而言，教师国际化还可以促进教师研究的国际化，与国际科学界建立网络联系，进入世界科学研究的前沿。因此，教师国际化对广东省高质量的人才培养和科学研究具有重大的意义和价值。从概念上看，教师国际化包括引进海外教师与教师国际培训两个方面，其中后者又包括海外培训与国内培训两种（即聘请国际教师来对国内教师进行培训）。

（一）高校教师国际化发展

1. 改革开放前 30 年——广东省教师国际化起步发展和探索时期

除了1996年建立的国家留学基金委资助高校教师出国进修外，国家和广东省政府尚未出台海外人才引进计划和派出计划。因此，这个时期广东省教师国际化的特点是人数少，政府资助计划少，教师出国访学、交流以及引进外籍教师在广东省高校中凤毛麟角。

据统计，1978—1983 年，有来自60多个国家和地区的2995名专家、教授来粤高校讲学、考察，有43人被聘为广东省高校的名誉教授、名誉顾问、兼职教授，与国外68所相应的院校建立了不同形式的校际联系。① 例如，到20世纪90年代初，先后到中山大学任教、短期讲学或进行合作研究的海外学者有400多人，中山大学则派出了200多名教师到境外高校访学或攻读学位（很多是到香港）。由于这一时期相关资料比较少，还不能准确描述广东省教师国际化发展情况。2000 年，广东省教育厅办理单位公派出国留学做访问学者或攻读学位的教师共46人次，其中，中青年教师占比90%；办理院校短期出访团组346批1638人；办理95所院校768名外国专家（教师）的聘请审批手续；受理9所学校聘请外国专家资格申请并上报国家外国专家局。② 广东省高校2003年向国外派遣学者人数为1051人次，接收865人次。

2. 改革开放最近 10 年——广东省教师国际化活跃时期

（1）海外高层次人才引进。进入改革开放第四个10年，我国开启了

---

① 冯增俊、董凌波：《珠江三角洲教育现代化研究》，广东高等教育出版社2016年版，第221~225页。

② 资料来源：广东省教育厅网站。

海外高层次人才引进计划，呈现出多层次特点，体现了自上而下且竞相仿效的同心与竞争的局面。2008年，我国出台相关政策，围绕国家发展战略目标，在国家重点创新项目、重点学科和重点实验室，中央企业和国有商业金融机构，以高新技术产业开发区为主的各类园区等，引进并有重点地支持海外高层次人才回国（来华）创新创业。在国家政策的带动下，全国各地迅速兴起了引进海外高层次人才的高潮。各地方政府除了积极落实和参与国家的相关政策与计划外，也纷纷出台本地的海外高层次人才计划。2009年，广东省提出"珠江人才计划"，当年11月面向海内外实施引进首批创新科研团队、领军人才项目。广东省此次引进了12个创新科研团队，按技术领域划分为电子信息技术3个，光机电一体化1个，新医药技术2个，生物技术3个，新材料技术2个，新能源、节能与环境工程技术1个。此次引进的15名领军人才中，包括诺贝尔化学奖获得者1人，美国国家工程院院士1人，瑞典皇家科学院院士、诺贝尔奖评委1人，中科院院士1人。该项目首批共引进高端人才包括两院院士10位、"国家杰青"7位、"长江学者"8位。[①] 自这一计划启动以来，广东省共引进了162个创新科研团队和122名省领军人才，聚集各类高端人才逾千人，其中诺贝尔奖获得者2名，国内外院士31名。

广东省除积极参与国家相关的人才引进计划外，2016年"珠江人才计划"还实施了两个新子项目。一是"海外青年人才引进计划"（博士后资助项目），吸引外籍（境外）和有留学经历的博士毕业生来粤从事博士后研究工作，集聚储备一批中青年高层次国际人才。二是"海外专家来粤短期工作资助计划"，通过放宽来粤工作时间要求，取消年龄限制，吸引海外"高精尖缺"人才来粤工作。其中最具特色、最灵活的是"双短"柔性引才做法。即从2016年1月起实施和签发"外国专家来华邀请函"，对90天以内来华外国专家短期工作豁免工作许可，简化外国专家短期来

[①] 杞人、朝胜：《广东首批创新科研团队及领军人才初步确定》，载《科技日报》2010年1月26日。

华工作的办理程序，按照属地管理原则，最大限度地为用人单位引进短期专家提供便利。这两个新项目给广东省带来更多的海外青年高层次科技人才，增强广东省科技发展的活力。

（2）高校教师海外交流。广东省高校教师海外交流项目包括以下四个层次。

1）国家留学基金资助出国计划。1996年国家留学基金委成立，即设立了资助高校教师出国进修计划。例如，2018年公派高级研究学者、访问学者、博士后项目，计划共派3500人，其中博士生导师500人。高校合作项目（青年骨干教师出国研修项目）计划选派3200人。

2）国家公派出国留学广东省地方合作项目。2013年，广东省教育厅与国家留学基金委联合实施国家公派留学"地方合作项目"，每年选派、资助100名优秀教师赴国外知名大学、科研机构访学研修。

3）青年优秀科研人才国际培养计划。2017年，广东省出台了《关于加快新时代博士和博士后人才创新发展的若干意见》，通过加大资金的投入、建立海外人才工作站、打造离岸人才研发基地等举措，靶向引进海外优秀博士和博士后人才。广东省还注重培养具有国际视野和研究能力的优秀人才，通过实施青年优秀科研人才国际培养计划，每年资助100名优秀在站博士后科研人员、申请进博士后流动站的应届博士毕业生到国外（境外）高校、科研机构、企业的优势学科领域，合作开展博士后研究工作。每年选派200名优秀博士、博士后赴国（境）外开展短期培训和学术交流活动。每年选派100名优秀博士、博士后作为访问学者赴国（境）外访问进修、合作研究，派出时间一般为6至12个月。

4）高校教师出国（境）研修资助项目。该项目是高校教师国际化建设的一种努力。广东省高校尤其是高水平大学建设的高校，一般都会实施教师出国（境）研修计划，扩大本校教师出国研修的规模，期望提高教师的国际化和学术水平。例如，华南师范大学2013年修订了其资助教师出国的条例，提出学校每年资助总名额不少于100名。其中，国家留学基金委和地方合作项目按实际入选名额资助，国家和高校合作项目资助

20 名,第四层次华南师范大学留学基金访问学者项目资助 40 名,教学能力提升及课程建设研修项目(含双语教学项目)资助 30 名(其中,双语教学项目资助 20 名)。①

近 10 年,广东省高校与国外高校的交流与合作日益频繁,广东省高校每年派遣和接收的人数基本保持递增趋势。据统计,2013 年,广东省高校派遣人数增加至 1687 人次,相比 10 年前增长了 61%;接收 1478 人次,相比 2003 年增长了 71%。2016 年,广东省高校向国外派遣人数达 2338 人次,占当年全国高校向国外派遣人数的 5.2%;接收 1926 人次,同样占当年全国高校接收国际合作研究人次的 5.2%(见图 7-3)。

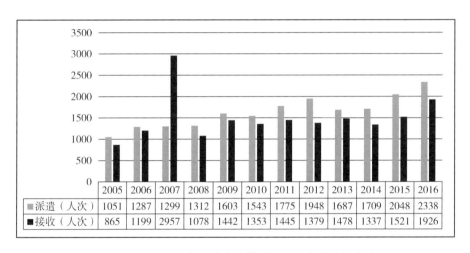

图 7-3　2005—2016 年广东省高校科研国际合作人员交流情况

数据来源:根据中华人民共和国教育部科学技术司官网公布数据整理而来。

这一时期,广东省高校人文社会科学交流也不断增加,教师参加的国际活动也非常丰富,包括参加学术会议、受聘国外大学讲学、国外进修学习和合作研究(见表 7-4)。此外,广东省高校领导的国际化也受到前所未有的重视。例如,2008 年中共广东省委还举办了"广东高校校长美国培训

---

① 《华南师范大学教师公派出国研修管理办法(修订)》(华师〔2013〕209 号)。

班",赴美国马里兰大学培训学习,提高他们的国际视野和大学领导能力。

表 7-4 2006 年、2007 年、2009 年广东省高校人文、社科国际交流情况

(单位:人次)

年　份	2006 年	2007 年	2009 年
国际学术会议(参与人次)	2046	1993	2668
国外受聘讲学(派出人次+来校人次)	401	588	649
国外进修学习(派出人次+来校人次)	297	421	459
国外合作研究(派出人次+来校人次)	169	117	209
合　　计	2913	3119	3985

资料来源:教育部社会科学司:《全国高校社科统计资料汇编》(2006—2009),高等教育出版社。

第三节　广东与"海丝"高校人员交流

广东与"海丝"高校的人员交流是广东高校参与培养"海丝"人才的重要途径。一方面,通过教师、学生的交流,增进对彼此文化、社会和专业状况及实践的了解,提高"海丝"人才培养的质量;另一方面,人员交流可以促进民心相通,为"海丝""五通"建设提供民意基础。因此,我国及广东省都设立了"丝绸之路"政府奖学金,推行"丝绸之路"留学计划以及人才培养计划,引领和推动高校的人员交流。广东与"海丝"高校人员交流包括教师和学生的派出和引进两个部分。

一、"海丝"高校人员来粤留学和交流

广东省教育发展"十三五"规划明确提出,实施"丝绸之路"留学推进计划。具体策略有 7 条,包括:第一,积极争取、参与"丝绸之路"

中国政府奖学金，为沿线国家专项培养行业领军人才和优秀技能人才。第二，落实"广东省人民政府来粤留学奖学金"政策，打造"留学广东"品牌，其中每年向沿线国家提供1000个奖学金名额，到2020年，沿线国家在粤留学生力争超过9000人次，广东力争成为沿线国家学生出国留学首选目的地之一。第三，支持高校设立面向沿线国家学生奖学金，鼓励高校前往沿线国家开展招生宣传或举办教育展，吸引更多沿线国家留学生来粤留学，逐步提升来粤留学人才培养质量，提高高校招收来华留学生的生源质量与层次，高等教育学历生比例力争达到45%~50%，研究生层次的留学生占比8%以上。第四，鼓励高校结合学校优势和特色，加强来华留学课程建设，改进留学教学内容和方式。第五，充分发挥已有的来华留学示范基地和"中国—东盟教育培训中心"作用，打造一批来粤留学示范基地。第六，鼓励并支持来粤留学毕业生成立海外校友会。第七，根据有关政策允许部分无工作经历的优秀外籍高校毕业生在粤就业。这7条推进"丝绸之路"的留学策略，既提出了近期把广东建成"一带一路"沿线国家留学目的地的目标，又提出了实现该目标的策略，即设立国家和省奖学金、开展招生宣传和教育展、课程建设、示范基地建设、成立海外校友会以及允许优秀外籍毕业生在粤就业等。

近年来，在广东省内高校就读的东盟地区学生人数稳步上升。2010年，共有来粤留学生13000多人，其中东盟生源5610人，占广东省外国留学生总数的40%，主要来自印度尼西亚、菲律宾、马来西亚和柬埔寨。2015年这个比例也没有变化，从广东省留学生来源地分布来看，来粤留学生最多的前20个国家（地区）中，6个为东盟国家，人数占到了总留学生数的41%（见表7-5），东盟已经成为广东省重要的留学生生源地。其他14个国家的占比如下：印度11.51%、韩国11.22%、俄罗斯6.19%、哈萨克斯坦3.51%，其他国家26.57%。[①] 可见，广东来华留学

---

① 顾志敏：《广东对东盟高等教育服务贸易出口的影响因素及潜力研究》，广东外语外贸大学硕士学位论文，2017年。

生有60%左右来源于"海丝"沿线国家,高于全国的平均水平。

表7-5 广东来华留学生生源地

生源地	东盟	印度	韩国	俄罗斯	哈萨克斯坦	其他
占比	41%	11.51%	11.22%	6.19%	3.51%	26.57%

关于"海丝"高校来粤人员交流,所了解的资料仅限于来粤留学生的情况,而来粤教师交流以及粤高校教师和学生到"海丝"沿线国家大学交流的资料则极少。一方面,这种情况显示出这三个方面的数据建设急需加强;另一方面,广东省要加大这三个方面的建设力度,促进"海丝"高校教师的双向交流以及粤高校学生到"海丝"沿线国家大学交流,形成广东与"海丝"高校师生双向交流良好生态。

第八章

广东与『海丝』高校合作办学

跨境教育是教育国际化的重要形式，尤其是 WTO 组织把教育作为贸易的商品之后，在利益驱动下，它在全球发展很快，甚至一些发达国家如美国、英国和澳大利亚等把其作为国家的一个重要产业来发展和推广。我国在改革开放的大战略下，迅速成为世界教育的重要市场。2017 年，我国合作办学的机构与项目数为 2539 个，其中本科以上机构与项目为 1266 个，各级各类在校生达 56 万人。[①] 广东省中外合作办学开始于 20 世纪 90 年代。1998—1999 年，中山大学与法国里昂第三大学、美国明尼苏达大学先后合作举办了国际贸易硕士学位教育项目和高级管理人员工商管理硕士学位教育项目，开启了广东省中外合作学历教育的先河。进入 21 世纪，广东省中外合作办学进入了高速发展的快车道。

---

① 修菁：《我国与 24 个 "一带一路" 沿线国家互认学历》，见人民政协网（http://www.rmzxb.com.cn/c/2017-05-16/1538382.shtml）。

第一节 来粤合作办学

来粤合作办学,又称在广东省境内开办的中外合作办学机构与项目,是广东省合作办学的主体,也体现了一个发展中国家或区域在跨境教育上所表现出的主要特点。相比广东省高校到境外办学方面的进展不大,来粤合作办学发展迅速,在全国范围内居于前列地位,广东也可视为教育改革开放前沿地区。按照我国中外合作办学的分类,广东省中外合作办学可以分为来粤合作办学机构与项目两类。下面分述之。

一、来粤合作办学机构

(一) 来粤合作办学机构概况

截至2017年12月,广东省共有中外合作办学机构(含境外)9个(8个本科及以上学历教育、1个专科学历教育),数量排在全国第4位,仅次于上海(12个)、江苏(10个)、辽宁(10个),与北京持平。其中,全国具有独立法人资格的中外合作办学机构有9所(未包括长江商学院),广东独占了4所。北京师范大学—香港浸会大学联合国际学院是广东省首个境外合作办学机构,于2005年开始招收本科生;中山大学中法核工程与技术学院是广东省首个中外合作办学机构,该机构从2010年开始招收本科生,从2014年开始招收硕士研究生。

2017年是广东省中外合作办学机构大发展之年,暨南大学伯明翰大学联合学院、深圳北理莫斯科大学、广东以色列理工学院、东莞理工学院法国国立工艺学院联合学院4个中外合作办学机构均在该年开始招生。从广东省中外(境外)合作办学机构办学层次和类别来看,本科学历教育及以上层次的合作办学机构居多,有5个为外国(境外)硕士、博士学位教育，专科层次的合作办学机构仅有1个（见表8-1）。从办学的规模来看，各个机构招生人数不一，但每期招生人数均超过百人，整体办学规模在逐年扩大。例如，香港中文大学（深圳）规划发展一期阶段（2014—2017年）在校生3300人；二期阶段（2018—2021年）在校生6200人；三期阶段（2022—2025年）在校生11000人。由此可见广东省中外（境外）合作办学机构发展之迅猛。

表8-1　广东省中外（境外）合作办学机构设立情况

序号	合作办学机构名称	办学层次和类别
中外合作办学机构	中山大学中法核工程与技术学院	本科教育；硕士生教育
	中山大学—卡内基梅隆大学联合工程学院	本科教育；硕士生教育；博士生教育
	暨南大学伯明翰大学联合学院	本科教育
	深圳北理莫斯科大学	本科教育；外国硕士学位教育；外国博士学位教育
	广东以色列理工学院	本科学历教育；外国硕士学位教育；外国博士学位教育
	东莞理工学院法国国立工艺学院联合学院	本科教育
	广东水利电力职业技术学院杰克逊国际学院	专科教育
与港澳台合作办学机构	北京师范大学—香港浸会大学联合国际学院	本科教育；境外硕士生教育；境外博士生教育
	香港中文大学（深圳）	本科教育；硕士生教育；博士生教育

资料来源：根据中华人民共和国教育部教育涉外监管信息网公布数据整理而来。

（二）"海丝"来粤合作办学机构

截至2017年2月16日，中国经教育部批准、依法设立和举办的实施本科以上高等学历教育的中外合作办学机构有83个（含内地与港澳台地区合作办学机构),合作的国家大多是美国、英国、澳大利亚、德国等发达国家,而与"海丝"沿线国家合作办学的机构只有1个,即广东与以色列合作创建的广东以色列理工学院,占比83个合作办学机构的1.2%,占比9个来粤合作办学机构的12.5%。与广东省相比,福建、江西、云南以及广西这些相邻省份都没有经教育部批准、依法设立和举办的中外合作办学机构(见表8-2)。

表8-2 全国及广东省中外合作办学机构概况

		中外合作办学机构数量(个)	与"海丝"沿线国家合作办学机构数量(个)	占中外合作办学机构数量百分比
全国		83	1	1.2%
广东	数量	8	1	12.5%
	占全国百分比	9.64%	100%	

广东省与"海丝"沿线国家合作办学的唯一的一个机构为广东以色列理工学院(GTIIT),这也是我国第一所理工型的中外合办大学,由全球知名的以色列理工学院与广东汕头大学合作创办。广东以色列理工学院于2016年12月5日由中国教育部批准正式设立,2017年第一年招生,是我国第一所引进以色列优质高等教育资源的具有独立法人资格的中外合作大学。2018年,广东以色列理工学院被列入广东省"高水平大学建设计划",成为入选该项计划的最年轻的高校。材料科学与工程、食品科学与工程、化学工程与技术、环境科学与工程4个学科同时被列为高水平大学重点建设学科。广东以色列理工学院的目标是建设成为一所具有国际公认高水平教育、科研和创新能力的研究型大学,全面引进全球知名的以色列理工学院的优质教育资源,开展教育教学创新,培养具有创新能力、全球视野和人文素养的卓越工程师和科技人才。教学语言为英语,设置涵盖工学、理学和生命科学3个领域的10个专业,在校学生规模达5000人,授予广东以色列理工学院的毕业证书、学位证

书以及以色列理工学院的学位证书。

二、来粤合作办学项目

(一) 来粤合作办学项目概述

广东省中外合作办学项目起步较早,发展较为迅速。截至2017年,广东省由教育部审批和复核的本科及以上中外合作办学项目(含内地与港澳台地区合作办学项目)共有29个,包括5个内地与港澳台地区合作办学项目。其中博士生项目有3个,硕士生项目有14个,本科项目有12个。由地方审批报教育部备案的专科学历教育层次的中外合作办学项目(含内地与港澳台地区合作办学项目)共40个(见表8-3)。其来源国和地区除了一个项目是韩国和另外一个项目是香港外,其他所有项目都来自五大英语国家:英国、美国、澳大利亚、加拿大和新西兰。这种情况一方面说明英语国家高职教育市场化和全球化的发达程度,另一方面说明广东省高职教育的中外合作办学项目来源国比较单一,缺乏寻求与高职教育发达的欧洲国家合作的适应度和敏感度。

表8-3 广东省各层次中外合作办学项目一览表

序号	项目名称	办学层次和类别	每期招生人数	开始招生年份
1	中山大学与法国格勒诺布尔管理学院合作举办工商管理博士学位教育项目	博士学位教育	20人	2004年
2	南方医科大学与葡萄牙里斯本工商管理大学合作举办公共卫生政策与管理博士学位教育项目		25人	2012年
3	清华大学与美国约翰霍普金斯大学合作举办公共卫生博士学位教育项目		25人	2016年

续表 8-3

序号	项目名称	办学层次和类别	每期招生人数	开始招生年份
4	中山大学与美国明尼苏达大学合作举办高级管理人员工商管理硕士学位教育项目	硕士学位教育	45人	1999年
5	广东外语外贸大学与英国利兹大学合作举办英语教学硕士学位教育项目		30人	2002年
6	中山大学与法国里昂第三大学合作举办国际贸易硕士学位教育项目		30人	1998年
7	广州大学与澳大利亚詹姆斯·库克大学合作举办国际会计商学硕士学位教育项目		50人	2004年
8	广东外语外贸大学与英国雷丁大学合作举办英语教育硕士学位教育项目		40人	2013年
9	天津大学与美国佐治亚理工学院合作举办电子与计算机工程硕士学位教育项目		120人	2014年
10	广东外语外贸大学与葡萄牙科英布拉大学合作举办葡萄牙语语言文学硕士学位教育项目		20人	2016年
11	北京大学与香港科技大学合作举办工商管理硕士学位教育项目		80人	2013年
12	清华大学与香港中文大学合作举办工商管理（金融与财务方向）硕士学位教育项目		70人	2000年
13	清华大学与香港中文大学合作举办高级管理人员物流与供应链管理理学硕士学位教育项目		70人	2000年

续表 8-3

序号	项目名称	办学层次和类别	每期招生人数	开始招生年份
14	北京大学与香港大学合作举办经济学和金融学硕士研究生教育项目	硕士学位教育	80人	2006年
15	北京大学与香港中文大学合作举办金融学专业硕士研究生教育项目		65人	2012年
16	北京大学与新加坡国立大学合作举办西方经济学专业硕士研究生教育项目		50人	2014年
17	北京大学与新加坡国立大学合作举办企业管理专业（金融工程）硕士研究生教育项目		30人	2015年
18	华南师范大学与澳大利亚南昆士兰大学合作举办商学学士学位教育项目	本科学历教育	50人	—
19	广东技术师范学院与英国哈德斯菲尔德大学合作举办教育管理与发展学士学位教育项目		90人	2004年
20	广州大学与法国昂热大学、尼斯大学合作举办旅游管理专业本科教育项目		120人	2012年
21	广东工业大学与印度韦洛尔理工大学合作举办动画专业本科教育项目		200人	2012年
22	华南农业大学与爱尔兰都柏林大学合作举办生物科学专业本科教育项目		30人	2012年
23	广州商学院（原华南师范大学增城学院）与美国贝尔维尤大学合作举办物流管理专业本科教育项目		180人	2013年

续表 8-3

序号	项目名称	办学层次和类别	每期招生人数	开始招生年份
24	华南理工大学广州学院与美国佐治亚州托马斯大学合作举办宝石及材料工艺学（珠宝鉴定与营销）专业本科教育项目	本科学历教育	100 人	2013 年
25	北京师范大学珠海分校与加拿大圣玛丽大学合作举办金融学专业本科教育项目		100 人	2014 年
26	华南师范大学与英国阿伯丁大学合作举办金融学专业本科教育项目		80 人	2015 年
27	北京师范大学珠海分校与德国汉堡传播与管理应用科学大学合作举办视觉传达设计专业本科教育项目		90 人	2015 年
28	北京理工大学珠海学院与美国布莱恩特大学合作举办会计学专业本科教育项目		100 人	2015 年
29	北京师范大学珠海分校与德国柏林斯泰恩拜斯大学合作举办数字媒体技术专业本科教育项目		120 人	2017 年
30	广东海洋大学与加拿大北大西洋学院合作举办商务管理（会计）专业专科教育项目	专科学历教育	150 人	2014 年
31	广东海洋大学与加拿大北大西洋学院合作举办商务管理（人力资源管理）专业专科教育项目		150 人	2014 年
32	广东海洋大学与加拿大北大西洋学院合作举办商务管理（市场营销）专业专科教育项目		150 人	2014 年

续表 8-3

序号	项目名称	办学层次和类别	每期招生人数	开始招生年份
33	广东岭南职业技术学院与澳大利亚北墨尔本职业技术及继续教育学院合作举办国际商务专业高等专科教育项目	专科学历教育	50人	2015年
34	广东岭南职业技术学院与澳大利亚北墨尔本职业技术及继续教育学院合作举办会计专业高等专科教育项目		50人	2015年
35	广州体育职业技术学院与芬兰哈格-赫利尔应用科学大学合作举办体育运营与管理专业专科教育项目		50人	2015年
36	广东水利电力职业技术学院与澳大利亚霍姆斯格兰政府理工学院合作举办建筑工程技术专业高等专科教育项目		50人	2012年
37	广东水利电力职业技术学院与澳大利亚霍姆斯格兰政府理工学院合作举办建筑设计专业高等专科教育项目		50人	2012年
38	广东水利电力职业技术学院与澳大利亚霍姆斯格兰政府理工学院合作举办应用英语（酒店与会展英语）专业高等专科教育项目		50人	2012年
39	广东工程职业技术学院与新西兰尼尔森马尔伯勒理工学院合作举办建筑工程技术专业高等专科教育项目		120人	2014年
40	深圳职业技术学院与澳大利亚TAFE新南威尔士州北悉尼学院合作举办国际商务专业中外合作教育项目		200人	2006年

续表 8-3

序号	项目名称	办学层次和类别	每期招生人数	开始招生年份
41	深圳职业技术学院与澳大利亚联邦大学（原名：澳大利亚巴拉瑞特大学）合作举办金融与证券专业专科教育项目	专科学历教育	200人	2011年
42	深圳职业技术学院与美国西雅图城市大学合作举办软件技术专业专科教育项目		40人	2012年
43	深圳职业技术学院与美国西雅图城市大学合作举办物流管理专业专科教育项目		40人	2012年
44	广东东软学院（原名：南海东软信息技术职业学院）与英国格林威治大学合作举办电子商务专业高等专科教育项目		50人	2009年
45	广东东软学院（原名：南海东软信息技术职业学院）与英国格林威治大学合作举办软件工程专业高等专科教育项目		50人	2009年
46	韶关学院与澳大利亚联邦大学（原名：澳大利亚巴拉瑞特大学）合作举办计算机应用技术（信息管理方向）专业专科教育项目		200人	2011年
47	韶关学院与英国北安普顿大学合作举办国际商务（创业管理）专业专科教育项目		100人	2012年
48	中山职业技术学院与澳大利亚堪培门政府理工学院合作举办旅游管理专业专科教育项目		100人	2012年

续表 8-3

序号	项目名称	办学层次和类别	每期招生人数	开始招生年份
49	中山职业技术学院与澳大利亚堪培门政府理工学院合作举办市场营销专业专科教育项目	专科学历教育	100 人	2012 年
50	中山职业技术学院与澳大利亚威廉·安格理斯职业与继续教育学院合作举办旅游管理专业专科教育项目		55 人	2012 年
51	广州民航职业技术学院与加拿大卡纳多文理学院合作举办飞机机电设备维修专业高等专科教育项目		150 人	2001 年
52	广州民航职业技术学院与加拿大圣力嘉文理学院合作举办电子信息工程技术（电子工程技术）专业高等专科教育项目		100 人	2001 年
53	广州民航职业技术学院与加拿大圣力嘉文理学院合作举办空中乘务专业高等专科教育项目		200 人	2000 年
54	广州民航职业技术学院与加拿大卡纳多文理学院合作举办飞机结构修理专业专科教育项目		200 人	2015 年
55	广州民航职业技术学院与加拿大卡纳多文理学院合作举办飞机电子设备维修专业高等专科教育项目		200 人	2005 年
56	广东白云学院与澳大利亚联邦大学（原名：澳大利亚巴拉瑞特大学）合作举办市场营销专业高等专科教育项目		100 人	2012 年

续表 8-3

序号	项目名称	办学层次和类别	每期招生人数	开始招生年份
57	广东白云学院与英国布莱福德学院合作举办市场营销专业高等专科教育项目		100人	2003年
58	广东轻工职业技术学院与澳大利亚阳光海岸大学合作举办财务管理专业专科教育项目		100人	2012年
59	广东轻工职业技术学院与澳大利亚阳光海岸大学合作举办食品营养与检测专业专科教育项目		100人	2012年
60	深圳信息职业技术学院与英国中央兰开夏大学合作举办电子信息工程技术专业高等专科教育合作项目		20人	2006年
61	清远职业技术学院与澳大利亚布里斯班北部职业技术与继续教育学院合作举办国际经济与贸易专业专科教育项目	专科学历教育	30人	2011年
62	广东女子职业技术学院与澳大利亚阳光海岸大学合作举办旅游管理专业专科项目		100人	2012年
63	广东女子职业技术学院与澳大利亚阳光海岸大学合作举办人力资源管理专业专科项目		100人	2012年
64	中山火炬职业技术学院与加拿大北方应用技术与艺术学院合作举办应用电子技术（光电源及开关电源技术）专业专科项目		150人	2012年
65	广东理工职业学院与新西兰尼尔森马尔伯勒理工学院合作举办动漫制作技术专业高等专科教育项目		120人	2017年

续表 8-3

序号	项目名称	办学层次和类别	每期招生人数	开始招生年份
66	广东行政职业学院与韩国济州观光大学合作举办法律事务（安保方向）专业高等专科教育项目	专科学历教育	120 人	2017 年
67	东莞职业技术学院与加拿大不列颠哥伦比亚理工学院合作举办计算机应用技术专业高等专科教育项目		135 人	2017 年
68	广州涉外经济职业技术学院与香港公开大学合作举办酒店管理专业高等专科教育项目		80 人	2017 年
69	广州番禺职业技术学院与加拿大北大西洋学院合作举办机械制造与自动化专业高等专科教育项目		100 人	2017 年

数据来源：根据中华人民共和国教育部教育涉外监管信息网公布数据整理而来。

从历史发展来看，广东省举办的中外合作办学项目呈现不断增长的趋势。从1998—2008 年，广东省设立的中外合作办学项目仅有16 个，但是从2009—2017 年，广东省中外合作办学项目数已增长至68 个（见图 8-1）。

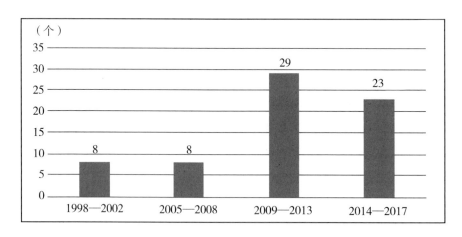

图 8-1　1998—2017 年广东省中外合作办学项目新增情况

(二) 国内中外合作办学项目和机构比较

从国内各省（市）中外合作办学机构和项目比较来看，广东省与兄弟先进省（市）还有一定的距离。广东省本科及以上中外合作办学机构数虽然与北京相同，并列第3位，但是机构和项目数总和排在第12位，是排在第3位的江苏的1/3（见表8-4）。从一定意义上来说，广东省的教育国际化还有很长的路要走。

表8-4 我国前12省（市）中外合作本科及以上教育机构和项目数

省（市）	合作办学机构（个）	合作办学项目（个）	总数（个）
黑龙江	1	178	179
上海	12	114	126
江苏	10	105	115
北京	8	103	111
河南	5	105	110
山东	5	77	82
浙江	7	68	75
湖北	3	66	69
吉林	3	55	58
辽宁	10	43	53
天津	2	38	40
广东	8	29	37

资料来源：根据中华人民共和国教育部教育涉外监管信息网公布数据整理而来。

广东省的专科层次中外合作项目与机构数排在全国的第6位，处于前列。但是与排在第一位的江苏省相比，无论是合作机构还是项目都仅是它的1/5，相距甚远（见表8-5）。

表8-5 我国前10省（市）中外合作专科教育机构和项目数

省（市）	合作办学机构（个）	合作办学项目（个）	总数（个）
江苏	5	204	209

续表 8-5

省（市）	合作办学机构（个）	合作办学项目（个）	总数（个）
浙江	4	71	75
上海	3	54	57
河北	1	48	49
湖北	1	46	47
广东	1	40	41
山东	5	34	39
四川	1	31	32
湖南	0	32	32
安徽	1	28	29

资料来源：根据中华人民共和国教育部教育涉外监管信息网公布数据整理而来。

（三）"海丝"来粤合作办学项目

截至2017年2月，中国经教育部批准、依法设立和举办的实施本科以上高等学历教育的中外合作办学本科及以上项目有1168个（含内地与港澳台地区合作办学项目），合作的国家也大多数聚集于经济发达、教育发展程度高的国家，与"海丝"沿线国家合作办学的项目仅有10个，占比1168个合作办学项目的0.86%。合作的国家为新加坡、印度和泰国。

广东省依法设立和举办的中外合作办学本科及以上项目总共有29个（含广东省与港澳台地区合作办学项目），合作的国家主要是美国、欧洲各国、加拿大、澳大利亚、俄罗斯、日本、韩国等发达国家。而广东省高校与"海丝"沿线国家高校合作办学项目虽然较少，仅有3项（见表8-6），但与全国相比比重较高，占比29个项目的10.34%。与广东省相比，福建、江西、云南及广西这些相邻省份只有少量教育部批准并依法举办的中外合作办学项目，数量都比广东省少，并且与"海丝"沿线国家合作设立办学项目的数量也较少，仅云南省有两项（见表8-7）。

第八章 广东与"海丝"高校合作办学

表8-6 广东省与"海丝"沿线国家合作办学项目

中外合作办学项目	广东工业大学与印度韦洛尔理工大学合作举办动画专业本科教育项目（2012年获教育部批准）
	北京大学与新加坡国立大学合作举办西方经济学专业硕士研究生教育项目（办学地址：广东省深圳市南山区大学城北大园区）（2014年获教育部批准）
	北京大学与新加坡国立大学合作举办企业管理专业（金融工程）硕士研究生教育项目（办学地址：北京大学深圳研究生院北京大学汇丰商学院）（2015年获教育部批准）

表8-7 全国与部分省中外合作办学项目数据

		中外合作办学项目数量（个）	与"海丝"沿线国家合作办学项目数量（个）	占中外合作办学项目数量百分比
全国		1168	10	0.86%
广东	数量	29	3	10.34%
	占全国百分比	2.48%	30%	
福建		20	0	0
江西		27	0	0
云南	数量	13	2	15.38%
	占全国百分比	1.11%	20%	
广西		18	0	0

资料来源：根据中华人民共和国教育部教育涉外监管信息网公布数据整理而来。

广东省与"海丝"沿线国家大学举办的本科以上合作项目有3个。

2012年，广东工业大学与印度韦洛尔理工大学合作举办动画专业本科教育项目获得我国教育部的批准。该项目根据协商制定了培养方案和确定了教材，由双方师资队伍共同执行教学和考核，学习期间学生可以到印度韦洛尔理工大学交换学习一年。学制四年，立足国内，计划每年在广东省内招生 200 名，学生完成四年本科学习，成绩合格者获得"广东工业大学毕业证书""广东工业大学学士学位证书"和"印度韦洛尔理工大学学士学位证书"。

2014 年，北京大学与新加坡国立大学合作举办西方经济学专业硕士研究生教育项目通过教育部审批，在广东省深圳市南山区大学城北大园区正式办学，开设专业为西方经济学。该项目纳入全国研究生招生计划，参加全国统一研究生招生考试，学制三年，每期招生 50 名，成绩合格者可获得中方颁发的硕士研究生毕业证书、硕士学位证书以及新加坡国立大学颁发的金融工程学专业理学硕士学位证书。

2015 年，北京大学与新加坡国立大学合作举办企业管理专业（金融工程）硕士研究生教育项目在北京大学深圳研究生院北京大学汇丰商学院创办，获教育部审批。该项目纳入国家研究生招生计划，参加全国研究生招生统一入学考试，学制三年，每期招 30 人，成绩合格者可获得中方颁发的硕士研究生毕业证书、硕士学位证书以及新加坡国立大学颁发的金融工程学专业理学硕士学位证书。

第二节　海外合作办学

"走出去"办学是一国高等教育强大的表现形式，也是高等教育全球化和国际化的重要组成部分。随着"一带一路"建设的推进，我国高等教育国际化开始由"引进来"向"引进来"与"走出去"并重的方向转变。在"海丝"建设过程中，广东省高校也要与企业并肩"走出去"，不仅开办孔子学院和孔子课堂，还要针对当地高等教育的需求与"海丝""五通"建设的人才需要，开办合作办学专业、学院和大学分校，与欧美高校一起在"海丝"发展广东省高校的海外办学市场。广东省提出，实施"丝绸之路"合作办学推进计划，促进高校、中职学校与行业企业深化产教融合，配合广东企业"走出去"，探索开展多种形式的境外合作办学，合作设立境外分校、研究机构、联合实验室、培训中心，合作开发教育资源与项目；支持华南师范大学、广东轻工职业技术学院、广东建设职业技术学院、广东机电职业技术学院、深圳职业技术学院等高校在泰国、菲律宾、赞比亚、马来西亚等国开展的境外办学项目；利用现代信息技术手段，推动职业教育输出优质资源。

"走出去"是我国教育国际化近10年来新的发展战略。它改变过去"引进来"教育价值单一取向，试图走一条较为平衡的教育国际化道路。目前，我国教育"走出去"的形式有三个。一是举办海外分校。中国大学在海外开设的分校有10所（见表8-8），但是，广东省并无一所高校设立海外分校。二是在海外开办国际项目，但具体数目不详。三是设立海外孔子学院和孔子课堂。截至2016年年底，我国共在140个国家设立了513所孔子学院和1073个孔子课堂。中外专兼职教师总数4.6万人，各类面授学员155万，网络注册学员59.7万。①

表8-8 中国大学的海外分校

学校名称	正式创立时间	正式招生时间
北京语言大学曼谷分校	2002年4月	2006年9月
上海交通大学新加坡分校	2003年1月	2003年9月
上海复旦大学新加坡分校	2003年8月	2003年9月
老挝苏州大学	2011年7月	2012年9月
云南财经大学曼谷商学院	2013年12月	2014年12月
同济大学佛罗伦萨校区	2014年3月	2014年4月
北京语言大学东京分校	2015年4月	2015年4月
清华大学全球创新学院（美国华盛顿州）	2015年6月	2016年9月
厦门大学马来西亚分校	2016年2月	2016年6月
北京大学汇丰商学院牛津校区	2017年4月	

---

① 宁继鸣：《孔子学院年度发展报告》，商务印书馆2017年版。

在国家汉语国际推广战略的指导下，广东省海外孔子学院建设起步较早，发展迅速。第一所海外孔子学院是由中山大学与菲律宾亚典耀大学合作举办的（2006年），经过数十年的发展，广东省已有7所高校在海外共举办了17所孔子学院（不包括已停办的法国里昂孔子学院）和1所孔子课堂，开展汉语教学，汉语国际推广也取得明显成就。

广东省海外孔子学院发展较为迅速，10年间建设起17所孔子学院，占全国孔子学院总数的3.3%。在广东省的149所院校中，有7所大学承办海外孔子学院和孔子课堂，占比4.7%。中山大学和广东外语外贸大学分别举办了4所孔子学院，华南理工大学和华南师范大学各自举办了3所孔子学院。这17所孔子学院分布在亚洲、欧洲、北美、南美和非洲的14个国家，其中发达国家有9个，发展中国家有5个。不过，在"海丝"沿线国家只有1所孔子学院，即由中山大学承办的菲律宾亚典耀大学孔子学院。

此外，暨南大学华文学院自2002年起在印尼开展海外函授本科学历教育和硕士研究生教育。截至2014年6月，已在包括印尼在内的5个国家开设了近30个海外函授教学点（印尼有20个），培养了800多位合格的函授本科毕业生。从2005年开始，中国华文教育基金会"雅居乐助学金"累计资助暨南大学海外华文教育专业函授学历教育学员已超过4000人次，吸引着越来越多的海外汉语专业人士主动、积极地参与到海外华教事业中来。

第九章

广东与『海丝』师资培训合作与教育援助

实施"丝绸之路"师资培训推进计划和教育援助计划是国家《教育行动》提出的"一带一路"教育共同体建设重要的人才培养计划和合作机制。前者通过加强"丝绸之路"教师交流，推动沿线各国校长交流访问、教师及管理人员交流研修，推进优质教育模式在沿线各国互学互鉴，为沿线国家培养培训教师、学者和各类技能人才，提升区域教育质量；后者通过发挥教育援助在"一带一路"教育共同行动中的重要作用，统筹利用国家、教育系统和民间资源，积极开展优质教学仪器设备、整体教学方案、配套师资培训一体化援助；加大对沿线国家尤其是最不发达国家的支持力度，重点投资于人、援助于人、惠及于人。广东作为经济发达省份和教育先行省份，能够在"海丝"教育援助与师资培训上发挥更大的作用。

广东省在"丝绸之路"师资培训计划中，提出支持推动海外华文教育发展，利用广东侨务大省优势，做好"请进来""走出去"师资培训工作；继续选派优秀华文教师赴海外任教，开展广东文化名师巡讲等活动。在教育援助上，广东省提出，支持南方医科大学"一带一路"医药卫生合作与发展研究院建设，支持南方科技大学承办国家国际发展合作署的援外教育培训项目，开展沿线国家对外医疗援助和医药卫生人才培训工作；积极配合国家工作部署，做好优质教学仪器设备、整体教学方案、配套师资培训一体化援助工作。

第九章 广东与"海丝"师资培训合作与教育援助

第一节 师资培训合作

广东省实施"丝绸之路"师资培训推进计划,一方面,要在教育部的统筹安排下进行,完成国家交给的为"海丝"沿线国家培养师资的任务;另一方面,要发挥广东省在"海丝"建设中的枢纽作用,积极主动地利用广东省师范高校的资源,加强与"海丝"沿线国家师资培训方面的交流与合作,不仅包括中小学、大学教师的培训合作,而且包括语言、数学、科学、艺术、体育学科教师的培训合作,提升广东省及"海丝"沿线国家师资专业水平,提升区域教育质量。

一、语言教师培训合作

语言教师培训合作是"海丝"教师培训计划的首要任务。语言相通是我国与"海丝"各国在民心相通、贸易和政策互通的前提和基础。因此,对我国"海丝"各种官方语言人才和复合型专业人才的培养来说,需要与"海丝"沿线国家的大学合作,聘请这些国家的语言专业教师到广东省大学相关"海丝"语言专业任教,满足广东省高校对"海丝"语言教师的需求,加快高质量培养广东省的"海丝"语言人才和复合型人才。对"海丝"沿线国家而言,也需要与广东省高校汉语国际教育专业和中文教育专业进行交流合作,培养更多的高校和中小学、幼儿园汉语教师,推动当地汉语教育的发展,以满足"海丝""五通"建设的需要。广东省是华文教育的大省,是华文教育的重要基地,位于广州的暨南大学无论是在编写华文教材还是在培养华文师资方面都起到了带头和领导作用。

（一）汉语教师培训合作

从 1987 年开始，国务院侨办首先从广东这个侨务大省选派华文教师出国支教。自 2004 年起，广东省侨办开始有规模地选派华文教师。到 2014 年，已向海外选派了华文教师 700 多人次，得到海外学校的高度赞誉。2009 年，广东省人民政府侨务办公室、广东省教育厅印发了《广东省外派华文教师管理办法》，对外派华文教师的选拔与管理、教师职责、奖励与惩罚等方面做出相关规定，使对外派华文教师的管理更加规范化、科学化、制度化。

为推动海外华文教育"标准化、正规化、专业化"建设，进而引导华文教育的转型升级，国务院侨办推出"华文教师证"。暨南大学华文学院多次承办"华文教育·华文教师证书"的培训与测试工作，在 2016 年冬季班，就有来自马来西亚、新加坡的 50 位学员参加。在这次华文教师证培训中，学员们通过系统学习华文语法教学、汉语教学知识与能力、中国文化知识、汉语拼音及难音校正等课程内容，掌握更多的华文知识，提高华文教学能力，并深入体验岭南文化。暨南大学华文学院长期以来致力于华文教育和对外汉语教学，在海内外都设有华文教育相关专业，形成完善的华语人才培养体系。同时，该校自 2002 年起，开始在印尼、泰国等国设立函授教学点，以培养当地的华文教师。华文学院也承担华文教材的建设工作，以满足海外学校对华文教材的需求。

华南师范大学国际文化学院和印尼亚洲国际友好学院有多年的合作历史，自该院 2007 年建立以来，与华南师范大学在课程设置、师资选派及培训等方面密切合作，双方之间经常开展教师交流与合作。2010 年 5 月 27 日，华南师范大学汉语国际教育专业硕士实习基地在印尼亚洲国际友好学院举行挂牌仪式。华南师范大学与亚洲国际友好学院联合培养中文师资，提高了印尼苏北的汉语教学水平，也对华南师范大学汉语国际教育专业硕士的培养具有积极的意义。同时，两校还签署了"2＋2"双学位合作协议书，进一步扩大两校在学生培养方面的合作。

（二）"海丝"语言师资培训合作

自"21世纪海上丝绸之路"倡议实施以来，广东省对精通"海丝"沿线42个国家官方语言的人才需求急剧增加。语言人才培养，师资要先行。然而，正如本书第四章所述，目前，广东省高校共开设"海丝"沿线国家13种语言的专业，涵盖了沿线35个国家的官方语言，占比85.3%，并且仅在广东外语外贸大学开设。在"海丝"的41个沿线国家中，还有6个国家（孟加拉国、斯里兰卡、马尔代夫、阿富汗、伊朗、土耳其）的官方语言专业没有在广东省高校开设。此外，广东省高校普遍缺乏希腊语、印尼语、泰语、越南语、印地语、老挝语、缅甸语、柬埔寨语、马来语、乌尔都语、阿拉伯语、孟加拉语、僧伽罗语、迪维希语、普什图语、波斯语、土耳其语等"海丝"沿线国家官方语言教师。

因此，为了加快广东省"海丝"建设对"海丝"沿线国家语言人才的培养，满足广东省高校对"海丝"语言教师的需求，广东省高校需要与"海丝"沿线国家高校进行语言教师的交流与合作。具体措施如下：

第一，广东省高校到"海丝"沿线国家招聘高水平的语言教师，组建"海丝"语言专业教师队伍，建设"海丝"语言专业，并提供复合型专业人才培养的语言教师。

第二，广东省高校与"海丝"沿线国家高校进行语言教师交流合作，即广东省高校中文教师与"海丝"沿线国家大学的语言教师进行交流，帮助对方国家高校改进语言教学，提高语言教学质量。

第三，广东省高校与"海丝"沿线国家高校互帮互助，互派教师到对方高校进修和培训，帮助合作双方培养语言教师和提高他们的水平。

二、基础教育教师培训合作

如果说广东省"海丝"师资培训在中小学中文教师培训方面做了较多的工作，那么在其他学科如数学、科学、艺术、体育等方面的教师培训,可以说几乎是空白。而要把"一带一路"打造成繁荣、安全的利益共同体、命运共同体和责任共同体,在帮助建设基础设施的同时,还必须帮助提高"一带一路"国家人民的受教育程度和文化水平。要提高沿线国家教育水平,就必须培养大量优秀的各学科基础教育教师。因此,广东省从事教师教育的高校除了要重视对"海丝"沿线国家汉语教师培训合作外,还要启动基础教育各科教师的培训合作计划,帮助这些国家提高中小学教师的教学质量。

广东省已经建立了成熟的师范教育体系,有 5 所本科及以上师范院校,即华南师范大学、广东技术师范大学、韩山师范学院、岭南师范学院和广东第二师范学院;11 所综合性本科及以上院校从事教师教育,包括中山大学、广东外语外贸大学、广州大学、深圳大学、华南农业大学、佛山科技学院、肇庆学院、惠州学院、嘉应学院、韶关学院、北京师范大学珠海分校等,以及一些专科师范院校。在参与"一带一路"教育合作建设中,广东省从事教师教育的高校要按照对接沿线国家教师教育的要求,重新对学校的师范专业进行一定的调整和改革,参与到对"海丝"沿线国家教师的培训和发展中。主要策略如下:

第一,广东省教育厅要出台"一带一路"师资培训合作计划,对合作的目标、原则、内容、资助等提出具体的要求和规定,指导和鼓励省内各教师教育高校和专业开展"海丝"师资培训的合作。这个计划是广东省"海丝"师资培训合作的顶层设计,反映了省政府对"海丝"师资培训合作的期待、计划、组织及经费支持,是广东省"海丝"师资培训合作工作顺利、有序、高效、高质推进的重要政策和组织保障。

第二,建立与"海丝"教师教育高校伙伴关系。广东省教师教育高校可以通过"海丝"沿线国家使领馆和我国驻外使馆,与沿线国家教师教育高校建立伙伴关系,探讨在师资培训的教师互派、教育资料的分享、教学设备的资助以及培训语言翻译等方面合作的途径和方式,促进广东省与"海丝"师资培训合作的制度化和便利化。

第三,广东省高校提供适合"海丝"沿线国家的各科师资培训项目，在省"一带一路"师资培训合作计划的资助下，支持沿线国家中小学教师到广东省高校参与暑期或寒假的短期培训。该类项目的设计应该注重理论性、操作性，在培训过程中既要讲解通俗易懂的教育教学理论和方法，又要注重实操性，让受训教师学会教学新知识和技能。此外，要邀请省内优秀教师参与培训，并安排受训老师到中小学实地考察和听课观摩，甚至是教学，以增加培训的感知和交流，提高培训的效果。这种项目培训还应包括"海丝"语言翻译，减少"海丝"师资培训合作的语言障碍。因此，"海丝"师资培训合作项目的开展，既是对广东省中小学教师教育的一个挑战，也是促进广东省教师培训的一次检验、反省和提高。

第四，广东省高校组织培训团队到"海丝"沿线国家进行中小学师资培训，包括学校管理人员的培训。这是一种主动"走出去"进行"海丝"师资培训合作的路径。该团队应该包括高校师资培训专家和中小学优秀教师和管理人员。在过去的20年中，广东省派遣了数批中文教师到东南亚和非洲培训当地汉语教师，促进了当地汉语教师水平的提高。在"一带一路"新时期，我国高校需要借鉴"走出去"培训汉语教师的经验，参与"海丝"沿线国家中小学各科教师的培训合作工作，展示广东省高校师资培训的技能和水平，并提高当地中小学教师的教学和管理水平。

第五，广东省中小学与"海丝"沿线国家中小学建立伙伴关系，推进不同国家学校与教师之间的交流与合作，促进沿线各国优质教育模式的互相学习与教育质量的提高。建立广东省中小学与"海丝"沿线国家中小学的伙伴关系，是实施"海丝"师资培训合作计划的重要路径，通过学校与学校、教师与教师之间的交流、合作、探讨，促进彼此间的沟通、了解，增进友谊，建立中小学伙伴学校网络。

三、高校教师培训合作

高校教师培训合作也是广东省"海丝"师资培训合作计划的组成部分,它是指通过广东省高校教师与"海丝"沿线国家高校教师在教学、研究上的交流与合作,提高双方高校教师的学术水平和教育水平。广东省高校与"海丝"沿线国家高校师资培训合作,具体来说,主要包括互相访问、合作研究、学历提升、举办教学工作坊以及召开学术会议。

第一,互相访问。广东省与发达国家的高校教师访问比较频繁,体系与经验都比较成熟。当然,这种高校教师访问主要是单向的,由广东省高校教师在国家和省、学校的资助下到发达国家的高校进行学术访问,借以开阔学术视野,从事合作研究,提高学术水平。广东省除了与少数"海丝"发达国家如新加坡高校进行教师互访外,与绝大多数"海丝"沿线国家高校教师没有进行交流访问。因此,在高校教师培训合作方面,需要建立广东省高校教师与"海丝"沿线国家高校教师的访学制度,政府与高校应支持和鼓励"海丝"沿线国家高校教师到广东省高校进行短期或长期访学,加强高校教师的学术交流与合作,提高学术水平。与此同时,也要开辟访学交流的通道,推动广东省高校教师进入"海丝"沿线国家高校,进行语言、文化、历史、科学等方面的学习、交流和研究,提高广东省高校教师对"海丝"沿线国家学术的了解,并建立持久的"海丝"学术网络体系。

第二,合作研究。合作研究是世界高校研究国际化的一个重要趋势,也是师资融入国际知识网络、提升学术水平的重要手段。访学为高校教师合作研究提供了机会,而建立联合研究中心和国际合作实验室也是促进合作研究的重要平台。目前,我国教育部在推进国际合作实验室和国别、区域研究中心方面发起了2个国家级项目。在全国17个国际合作联合实验室(详见本书第四章)的建设中,广东省暨南大学、华南师范大学、广东工业大学3所学校获批设立3个国际合作联合实验室,分别是暨南大学

—香港大学中枢神经再生国际合作联合实验室、华南师范大学—荷兰埃因霍温理工大学等光信息国际合作联合实验室以及广东工业大学—香港城市大学物联网智能信息处理与系统集成国际合作联合实验室。广东省国际合作联合实验室的数量与上海并列第一，占全国总数的17.6%。不过，广东省高校与"海丝"沿线国家大学还没有建立联合实验室，需要相关部门出台专门的计划鼓励和支持建立一批广东—"海丝"国际合作联合实验室。

广东省高校和研究单位积极参与"一带一路"建设，结合地缘优势和研究传统，获教育部批准（或备案）的国别与区域研究中心有12个，其中，与"海丝"相关的研究中心有7个，分别是菲律宾研究中心、印尼研究中心、印巴研究中心、印度洋岛国研究中心、东南亚研究中心、非洲研究院、21世纪海上丝绸之路与区域创新国际战略研究中心。除此之外，暨南大学还设立了中印比较研究所、东南亚研究所、非洲研究中心3个区域和国别研究中心。深圳大学设立了印度研究中心、新加坡研究中心。广东外语外贸大学设立了越南研究中心、印度尼西亚研究中心和泰国研究中心。广东省社科院、教育厅和中山大学分别成立了"广东海上丝绸之路研究院"和"21世纪海上丝绸之路研究院"。这些"海丝"区域和国别研究中心，为广东省与"海丝"沿线国家研究合作提供了很好的平台，双方可以在合作研究中提高学术水平。

第三，学历提升。学历提升是提高教师质量和高等教育质量的重要途径。我国在高等教育大众化和大扩张过程中，无论是教师数量还是教师的学历层次都不能适应学生人数急剧增加的发展需要。大批本科学历人才进入到高校教师行列中来，提高高校教师的学历层次成为我国高等教育发展的紧要问题。因此，广东省教育厅及各高校都非常重视教师学历提升工作，并出台了提升教师学历的激励措施。通过这些年的努力，广东省高校师资的学历水平获得了巨大的提升。面向"海丝"高校师资培训合作，学历提升对许多学历层次比较低的沿线国家高校教师来说是一个重大问题。因此，在学历提升方面，广东省高校可以利用庞大的硕士点和博士点高层次人才培养体系，为"海丝"沿线国家高校提供学历提升的合作培训，从而提升"海丝"沿线国家高等教育质量。

第四，教学工作坊。举办高校教师工作坊是"海丝"高校教师培训合作的有效方法之一。广东省高校与"海丝"高校可以建立区域或跨区域教师工作坊，就高校教学中的资源共享、教学技术、教学技能、教学测试等问题进行探讨、交流，分享不同区域、国家和文化背景下教学的理念和创新，相互学习，相互交流，促进广东省高校教师与"海丝"高校教师理念的更新、教学技能的习得和教学能力的提高。当然，此类高校教师教学工作坊，必须纳入政府和高校的项目资助之中，让此项"海丝"师资培训的合作能够持续发展。

广东省与"海丝"沿线国家教师发展合作，是一项新的政治任务和挑战。这项任务的完成，牵涉到许多复杂因素。一是双边和多边的师资培训政策的互通问题。就广东而言，可以先从友省友城入手，这方面的政策通道已经打通。二是培训语言问题。"海丝"沿线国家众多，语言复杂，用何种语言进行师资培训，也决定了培训合作的广度与深度。一般而言，培训语言有三到四种选择，包括汉语、对方语言以及英语，还有就是区域语言如阿拉伯语等。三是培训的经费问题。这就需要广东省政府、地方政府以及"走出去"的企业设立"海丝师资培训基金"，支持广东与"海丝"的师资培训合作。

第二节 教育援助

国际教育援助是发展援助的重要组成部分，是在教育领域的一种国际援助方式。它从20世纪60年代实施以来，已有半个世纪的历史。国际教育援助不仅有助于改善受援国的教育条件，还带动了援助国内部的各要素向受援国进行多层次的扩散和渗透，使援助国与受援国的社会民众之间有深入的接触和了解,从而促进了不同国家的民众之间在价值观念上的交流和互动,是援助国提高国际影响力和培育国家软实力的重要途径。①

在"一带一路"沿线国家中,发展中国家占大部分,基础设施薄弱、人力资源匮乏、财政支持不足,教育的发展仍然较为落后。因此,"一带一路"教育共同体的建设,需要中国及其他国家一道对沿线发展落后的国家进行教育援助。鉴于此,教育部在《教育行动》中提出了实施"丝绸之路"教育援助计划,发挥教育援助在"一带一路"教育共同行动中的重要作用,逐步加大教育援助力度,重点投资于人、援助于人、惠及于人;发挥教育援助在"南南合作"中的重要作用,加大对沿线国家尤其是最不发达国家的支持力度。在表明教育援助的重要作用后,《教育行动》提出了4条具体的教育援助意见,包括:统筹利用国家、教育系统和民间资源,为沿线国家培养培训教师、学者和各类技能人才;积极开展优质教学仪器设备、整体教学方案、配套师资培训一体化援助;加强中国教育培训中心和教育援外基地建设;倡议各国建立政府引导、社会参与的多元化经费筹措机制,通过国家资助、社会融资、民间捐赠等渠道,拓宽教育经费来源,做大教育援助格局,实现教育共同发展。这4条意见,也在广东省实施"海丝"教育援助计划中得到反映和重视,如特别支持南方科技大学承办国家国际发展合作署的援外教育培训项目,开展沿线国家对外医疗援助和医药卫生人才培训工作。广东省积极配合国家工作部署,做好优质教学仪器设备、整体教学方案、配套师资培训一体化援助工作。

一、国际教育援助的经验

教育援助发端于西方发达国家及国际组织。国际教育援助是援助方(主要是发达国家政府、多边国际组织、非政府机构及其他私人部门或私

---

① 邝艳湘、陈静:《中国对外教育援助在公共外交中将大有可为》,载《公共外交季刊》2017年第3期。

人）对受援国在教育领域的发展提供贷款、赠款或其他资源（如教师、专业技术、知识、设备、奖学金等）的援助，以帮助这些国家和地区改善教育，并最终促进生产、经济、卫生和公共福利的改善。

第二次世界大战结束后，美国政府实施的"马歇尔计划"和"第四点计划"拉开了包括教育援助在内的国际发展援助的序幕。"马歇尔计划"又称"欧洲复兴计划"（European Recovery Program），是第二次世界大战结束后，美国对被战争破坏的西欧各国进行经济援助、协助重建的计划。该计划于1947年7月正式启动，至1951年结束。在这段时期内，西欧各国通过参加欧洲经济合作组织（OECD），总共接受了美国包括金融、技术、设备等各种形式的援助合计131.5亿美元，其中90%是赠予，10%为贷款。"马歇尔计划"对欧洲国家的发展和世界政治格局产生了深远的影响，在接下来的20余年时间里，整个西欧经历了前所未有的高速发展时期。该计划不但促进了西欧经济的恢复与快速发展，与美国一道建立起了对抗苏联社会主义体系的发达资本主义体系，而且使得美国世界老大的地位得到了巩固，获得了西欧和其他地区的经济市场。"第四点计划"是战后初期美国对不发达国家推行的所谓"援助"计划。1949年1月20日，杜鲁门在第二任总统就职演说中，提出美国外交的"四点行动计划"，其中第四点是"技术援助和开发落后地区"，即"第四点计划"。1950年，美国国会通过"对外经济援助法案"，"第四点计划"列入这一法案的第四节。通过该计划，美国与这些国家交换技术、知识和技能，向这些国家输出资本，鼓励其进行生产性投资，援助经济不发达地区，改善他们的劳动、生活状况。"第四点计划"拓展了美国在第三世界的势力范围，在"门户开放"政策下，排挤了老殖民主义国家的势力，使非洲、近东、远东以及中南美等诸多经济不发达地区成为美国的势力范围，并通过垄断资本获得巨额利润。此时，国际教育援助方式主要以技术援助为主，如派遣教师和顾问、设置高额奖学金、修建教舍、购买教科书和其他教学物资。

1950年，借鉴美国"马歇尔计划"和"第四点计划"，英联邦国家

第九章 广东与"海丝"师资培训合作与教育援助

发起实施了"科伦坡计划"。该计划是地缘政治的一部分,旨在通过以资金和技术援助、教育及培训计划等形式的国际合作,加强南亚和东南亚地区的社会经济发展,以对抗中国和苏联对该地区的影响。据统计,截至1970年12月,"科伦坡计划"共为南亚和东南亚地区培训了72544名技术人员,并向该地区派遣了14102名专家,捐赠了高达4.795亿美元的教学设备。该计划一直延续到现在,成为世界上持续时间较长久的援助计划之一。"科伦坡计划"成员国现有25个,包括22个亚洲国家和3个西方国家。

20世纪七八十年代,西方发达国家纷纷加入国际教育援助的行列中来。例如,法国非常重视对非洲国家的援助,1998年前把受援国分为"阵营国家"和"阵营外国家",前者包括原法国32个殖民地国家。之后制定了"优先团结地区"政策,并设立"优先团结基金"。从1985—1994年,法国把援助经费从31亿美元增加到85亿美元,援助侧重于技术、教育和文化。1990年,世界银行发表了一篇有关基础教育的报告,强调:"初等教育的投资回报远远大于其他层次的教育,要求援助国继续增加对基础教育的投入,特别是在教育质量差及群体低收入的国家,需要将其列为重点扶持对象。"[1]

国际教育援助是改善援助国的国家形象的重要手段。例如,日本就成功地利用教育援助的手段,对东南亚国家进行了广泛的文化渗透,提高了日本在东南亚的政治影响力,改变了其侵略国的形象。同样,日本对蒙古实施"草根计划",成功地提升了日本文化的影响力,七成以上的蒙古人将日本视为世界上较为友好的国家之一。至2011年,国际教育援助在全球达到110亿美元,约占官方发展援助总额的8%。

国际教育援助从"二战"后兴起至今,援助的理念和侧重点都发生了许多改变:"从关注经济发展到关注人类基本需求;从以双边援助方式

---

[1] 邝艳湘、陈静:《中国对外教育援助在公共外交中将大有可为》,载《公共外交季刊》2017年第3期。

为主到以多边援助、双边援助共同推进;从项目援助到部门援助和计划援助;从支持硬件设备建设到支持软件建设。"①

二、我国教育援助

我国作为一个发展中国家,既是教育受援国,也是对外援助国。总的来说,21世纪前我国主要是教育受援国,21世纪后,随着我国经济和教育的快速发展,我国开始转变为对外援助国。

(一)教育受援国

1949年以后,我国开始接受苏联的教育援助,不仅接受了其教育体系、课程体系甚至教材体系,也接受了其资金、教师的教育援助,还派遣了大量学生和教师到苏联的大学留学。1978年以后,我国开始接受来自西方国家、国际组织和非政府机构的援助。30余年来,中国作为受援国,经历了开始接受援助到成为较大的受援国,再到从国际援助体系中"毕业"的发展过程。国际对我国的教育援助的发展具有以下特点:国际组织是对华教育援助的核心力量;对华教育援助越来越重视基础教育的发展;对华教育援助越来越重视能力建设等"软件"改善;对华教育援助密切配合和支持中国教育发展政策和战略。总体来讲,国际教育援助对于弥补我国教育资金不足,促进教育在不同区域的均衡发展,引进先进技术和管理经验,培养专业人才,实现教育理念和制度创新等方面起到了不可或缺的作用,为中国教育的发展做出了特殊的贡献,产生了积极的作用和影响。②

---

① 邝艳湘、陈静:《中国对外教育援助在公共外交中将大有可为》,载《公共外交季刊》2017年第3期。
② 赵玉池:《国际教育援助研究》,西南大学博士学位论文,2010年。

(二) 对外教育援助国

中华人民共和国自成立以来，就已经开展了对外教育援助。随着综合国力的提高，中国日益成为国际援助体系中一个重要的新兴援助国，国际教育援助成为我国重要的对外援助方式。[①] 根据《中国的对外援助（2011）》白皮书，截至2009年年底，中国累计对外提供援助金额达2562.9亿元人民币。根据《中国的对外援助（2014）》白皮书，2010年至2012年，中国对外援助金额为893.4亿元人民币。自2013年"一带一路"倡议提出以来，中国对外援助金额超过了2013年之前的十年之和。中国已经成为世界第四大对外援助国。[②]

中国对外援助从帮助周边友好国家开始起步。1950年，中国开始向朝鲜和越南两国提供物资援助，从此开启了中国对外援助的序幕。1955年万隆亚非会议后，随着对外关系的发展，中国对外援助范围从社会主义国家扩展到其他发展中国家。1956年，中国开始向非洲国家提供援助。从20世纪50年代起，中国开始资助其他发展中国家学生来华学习，并帮助亚洲和非洲国家建设普通院校和技术院校，提供教学仪器和实验室设备。20世纪60年代，中国开始向发展中国家派遣援外教师。20世纪七八十年代，中国应受援国政府的要求，以接受留学生的方式，为坦赞铁路、毛里塔尼亚友谊港、坦桑尼亚煤矿、圭亚那纺织厂等部分援建成套项目，专门培养中高级技术和管理人才。近年来，中国加大对发展中国家的教育援助力度，援建了近100所农村小学校，大幅增加政府奖学金和来华培训教师名额，派遣更多的教师帮助受援国发展薄弱学科，加强与其他发展中国家在职业技术教育和远程教育等方面的合作。中国在教育领域的援助促进了受援国教育事业的发展，帮助受援国培养了大批教育、管理、科技等

---

① 邝艳湘、陈静：《中国对外教育援助在公共外交中将大有可为》，载《公共外交季刊》2017年第3期。

② 胡鞍钢、张君忆、高宇宁：《对外援助与国家软实力：中国的现状与对策》，载《武汉大学学报（人文科学版）》2017年第3期。

领域的人才，为受援国的经济和社会发展提供了智力支持。截至2009年年底，中国共帮助发展中国家建成130多所学校，累计资助来自119个发展中国家共计70627名留学生来华进行各类专业学习。其中，2009年向11185名留学生提供了奖学金；共派遣近1万名援外教师；为受援国培训校长和教师1万余名，为发展中国家在华举办各类培训班4000多期，培训人员12万人次，包括实习生、管理和技术人员以及官员，培训内容涵盖经济、外交、农业、医疗卫生和环保等20多个领域。每年在华培训发展中国家人员约1万名。①

自"一带一路"倡议提出后，对外教育援助成为一个优先发展项目。2013年，中国向东盟国家承诺在未来的3~5年，向其免费提供1.5万个政府奖学金名额。2014年，中国向非洲国家承诺，将为其免费培训20万名技术人才，免费提供3万个政府奖学金名额；向拉美国家承诺在未来5年内，向拉美和加勒比国家提供6000个政府奖学金名额、6000个赴华培训名额以及400个在职硕士名额，并于2015年启动"未来之桥"中拉青年领导人千人培训计划。2017年，在"一带一路高峰论坛"开幕式上，中国向"一带一路"相关国家承诺，每年提供1万个政府奖学金名额。②在世界经济论坛2017年年会开幕式上的主旨演讲中，习近平总书记总结到，1950年至2016年，中国在自身长期发展水平和人民生活水平不高的情况下，举办了11000多期培训班，为发展中国家在华培训各类人员26万多名，在对外教育援助方面做出了力所能及的贡献。

从近70年我国作为教育受援国和对外援助国的发展历史来看，我国已经从受援国成为重要的国际教育援助国。随着"一带一路"建设的不断推进，"海丝"教育一体化及教育援助，都在致力于"一带一路"利益共同体、命运共同体和责任共同体的建设。目前，我国对外援助主要受援

---

① 《新闻办发表〈中国的对外援助〉白皮书（全文）》，见中华人民共和国中央人民政府网站（http://www.gov.cn/gzdt/2011 - 04/21/content_1849712.htm）。

② 邝艳湘、陈静：《中国对外教育援助在公共外交中将大有可为》，载《公共外交季刊》2017年第3期。

国来自亚非拉等发展中国家和地区,援助模式按内容和方式可分为基础建设和提供物资援助等常规援助,以及在当地进行各类技术合作、邀请受援国人员来华参加人文培训的"软援助"两种类型。

这里例举一个教育援外项目,可以很好地说明我国对外教育援助的广泛开展。

2016年11月,由商务部立项主导、中南出版传媒集团具体承担的国内首个综合性教育援外项目——中国援南苏丹教育技术合作项目实施协议在南苏丹首都朱巴签署。该援助项目涉及教育规划、教材开发等多个项目。根据项目合作,该教育外援项目结合南苏丹国情特点和教育现状,从顶层教育规划、教材开发、教师培训、ICT(信息与通信技术)教师培训中心建设、教材印刷5个模块切入,帮助南苏丹实现"新国家、新教育"的发展目标,全面改善南苏丹教育环境,帮助其建成整套现代教育综合发展体系,为这个年轻的国家打下扎实的教育基础。目前,该项目已经完成了《南苏丹教育发展考察报告》《南苏丹教育信息化建设指南》和《南苏丹教育现代化建设指南》,以及进行教师培训的ICT培训中心的建设。首批58名南苏丹教师来华培训已经顺利完成,作为"种子教师",他们回到南苏丹进一步培训当地教师。项目所承担的南苏丹小学(一至八年级)数学、英语、科学3个科目的新教材编写和出版工作已完成,我国首批近75万册援助印制教材惠及南苏丹约10万师生。[①]

三、广东"海丝"教育援助

广东省对"海丝"的教育援助主要体现在两个方面:一是支持"海丝"沿线国家华文教育,并向沿线国家派遣海外华文志愿者和派出华文教师培训团;二是设立丝绸之路奖学金,资助"海丝"沿线国家留学生

---

① 侯琳良:《教育援助,走进最年轻国家》,载《人民日报》2017年7月18日第12版。

来粤留学。

（一）支持华文教育

如本章第一节所述，国务院侨办从 1987 年开始首先从广东这个侨务大省选派华文教师出国支教。自 2004 年起，广东省侨办开始有规模地选派华文教师。2008—2011 年，广东省每年资助派出 100 名华文教师到海外华文学校任教，尤其是到印度尼西亚的华文学校或三语学校。到 2014 年，广东省已向海外选派了华文教师 700 多人。

广东省侨办和教育厅还从 2000 年起向印度尼西亚等东南亚国家派出华文教师培训团，为当地培训了 3500 名华文教师。此外，广东省还举办了一年 5 期的海外华文幼师培训班，为海外华校培养了 300 名华文幼师，有力地推动了东南亚地区华文教育的发展。①

2007 年，印度尼西亚苏北省由华人领袖举办的亚洲国际友好学院联系华南师范大学国际文化学院，希望得到课程、教师和合作人才培养等方面的援助。自亚洲国际友好学院建院以来，华南师范大学在课程设置、师资选派及培训等方面与该院密切合作，签署了"2+2"双学位合作协议书，建立了华南师范大学汉语国际教育专业硕士实习基地，派遣了教授任其中文系主任，每年派遣 10 多名硕士生志愿者到该校任教，提高了中文师资培养水平，也提升了学校的知名度。

（二）设立丝绸之路奖学金

广东省利用丝绸之路奖学金进行的援助有三个层次。一是积极争取、参与"丝绸之路"中国政府奖学金，尽可能争取多一些中国政府奖学金名额，为沿线国家专项培养行业领军人才和优秀技能人才。二是建立和增加"广东省人民政府来粤留学奖学金"，每年向沿线国家提供 1000 个奖

---

① 郭军：《海外中华文化传播者：探访巴厘岛印华学校志愿者》，见中国网（http://www.china.com.cn/news/edu/2009-06/01/content_17862327.htm）。

学金名额。到 2020 年，沿线国家在粤留学生力争超过 9000 人次，广东力争成为沿线国家学生出国留学首选目的地之一。三是支持高校设立面向沿线国家学生的奖学金，鼓励高校前往沿线国家开展招生宣传或举办教育展，吸引更多沿线国家留学生来粤留学，并提升来粤留学的生源质量与学历层次。2018 年，广东来华留学生有 22034 人，其中 60% 左右来源于"海丝"沿线国家，高于全国平均水平。

第十章

广东参与『海丝』高等教育的挑战与应对

高等教育作为一种"软实力",为"一带一路"建设夯实民意基础、社会基础。广东省与"一带一路"沿线国家和地区进出口占比达20%以上,"走出去"企业45%的投资都投在"一带一路"相关国家和地区。毫无疑问,广东省高等教育需要为"一带一路""五通"建设培养各种复合型专业人才。近年来,虽然广东省在参与"海丝"高等教育的机制、渠道、人才培养、奖学金、师资培训等方面做了很多的工作,但是,这些工作还远远不能满足国家和全省"一带一路"建设对高等教育的要求。可以说,广东省高等教育参与"海丝"建设服务才刚刚起步,面临的挑战要远远大于已做的工作和所取得的成绩。广东省需要自上而下高度重视面向"海丝"高等教育建设所面临的挑战,从顶层设计、计划安排、资金支持和人才培养等方面积极应对,完成新时代广东省"海丝"高等教育及"21世纪海上丝绸之路"命运共同体建设。

第十章 广东参与"海丝"高等教育的挑战与应对

第一节 广东参与"海丝"高等教育的挑战

广东省在与"21世纪海上丝绸之路"沿线国家的高等教育合作方面做了很多工作,但同时也存在许多问题,归纳起来主要存在政策与渠道互通不够、合作机制不全、人才培养和师资培训不足、教育援助缺乏四大问题。

一、政策与渠道互通不够

(一)高等教育合作政策有待完善

1. 高等教育的合作需要得到进一步的重视

2015年5月22日,中共广东省委常委会审议并通过了《广东省参与丝绸之路经济带和21世纪海上丝绸之路建设实施方案》。广东省是全国率先上报实施方案、率先完成与国家"一带一路"建设规划衔接、率先印发实施方案的省份,该方案提出将广东省打造成为"一带一路"的战略枢纽、经贸合作中心和重要引擎。为了切实推进方案实施,广东省成立了推进"一带一路"建设工作领导小组,制定了《广东省参与"一带一路"建设重点工作方案(2015—2017年)》,梳理形成《广东省参与"一带一路"建设实施方案优先推进项目清单》,共计40项工作,包含68个项目。广东省设立了"丝路基金"支持"一带一路"项目建设,总投资达550多亿美元,涵盖了基础设施建设、能源资源、农业、渔业、制造业、服务业六个领域。①

广东省先后与新加坡、泰国、越南等东盟地区国家建立年度合作协调

---

① 广东省发展改革委:《广东省参与建设"一带一路"的实施方案》,2015年。

会制度,并连续 5 年举办广东—东盟战略合作论坛,发布了《关于深化与东盟战略合作的指导意见》和《关于进一步加强与东盟交流合作的实施方案(2014—2018 年)》。但是,在高等教育合作方面,还未能形成广东省与东盟以及其他"海丝"地区高等教育合作的政策互通的协议和平台。

从以上材料可以看出,广东省与国家"一带一路"建设对接方面,显示出了广东省争当"21 世纪海上丝绸之路"建设排头兵的积极性,投巨资推进六大领域"一带一路"项目建设,充满着浓厚的经贸特色,但是,教育领域不在其列,不是优先发展的领域。"21 世纪海上丝绸之路"既是一条经贸合作之路,也是一条教育合作与文化交流之路,是全面交流的桥梁和纽带。教育在"一带一路"建设中有着举足轻重的地位,发挥着基础性、全局性、先导性的作用。教育是"五通"的基础,特别是"民心相通"的基础。教育特别是高等教育具有人才培养、科学研究、社会服务、促进彼此之间的文化认同和国际理解等多种职能,为经贸合作奠定坚实基础,在海上丝绸之路建设中起着不容忽视的重要作用。

2. 广东省"一带一路"教育行动计划需要加快推进

为贯彻落实中办、国办《关于做好新时期教育对外开放工作的若干意见》和国家发展改革委、外交部、商务部经国务院授权发布的《推动共建丝绸之路经济带和 21 世纪海上丝绸之路的愿景与行动》,教育部于 2016 年 7 月 13 日印发了《推进共建"一带一路"教育行动》,明确提出:"2016 年,各省市制定并呈报本地'一带一路'教育行动计划,有序推进教育互联互通、人才培养培训及丝路合作机制建设。2017 年,基于三方面重点合作的沿线各国教育共同行动深入开展。"①

广东省随后印发了相应的行动计划,但整体发展规划还需要根据实际

---

① 《教育部关于印发〈推进共建"一带一路"教育行动〉的通知》,见中华人民共和国教育部网站(http://www.moe.gov.cn/srcsite/A20/s7068/201608/t20160811_274679.html)。

情况进一步完善,并要加快推进落实行动计划。

3. 广东省与"海丝"沿线国家的高等教育合作政策需进一步完善

高等教育合作的重要前提在于制定和推动强有力的相关政策,从而为教育合作的开展保驾护航。在政策制定方面,广东省颁布的《广东省教育发展"十三五"规划(2016—2020年)》提出推进共建"一带一路"教育行动三年规划,从宏观层面对高等教育合作的总体指导思想、原则与发展方向进行确定。但是,有两个方面仍需完善。

一是宏观层面的政策还不完善,尚未与沿线国家签署双边、多边和次区域教育合作框架协议,需要制定沿线各国教育合作交流国际公约,逐步实现学分互认、学位互授联授,协力推进教育共同体建设。

二是微观层面的政策和措施的可操作性还不够高,对地方政府与高校如何参与"一带一路"教育建设的指导需要进一步细化和落实。

二、合作机制不全

为参与国家"一带一路"教育行动,广东省高校在拓宽和深化与沿线国家教育交流合作机制方面取得一定的进展,但还存在以下两方面的不足。

(一) 广东省高校参与国家合作机制不够深入

如前所述,国家层面的高等教育合作机制主要有:沿线国家校长论坛、国际合作联合实验室(研究中心)、"海上丝绸之路"大学联盟和"一带一路"学术交流平台。广东省只有少数高校深入参与国家渠道如"一带一路"大学联盟、大学校长论坛、高等教育论坛以及东盟教育周等。据不完全统计,参与较多的高校仅有中山大学、华南理工大学、广东外语外贸大学和广州大学等。虽然广东省高校在建立国际合作实验室方面取得了较好的成绩,但仍尚未建立与沿线国家合作的实验室。

究其原因,与我国长期以来"超英赶美"的目标和观念有关。我国的对外开放学习长时期以来局限于发达国家，这种观念也反映在教育交流上。从官方的主导来看，广东省教育的对外开放主要面向的是发达国家或地区，对与海上丝绸之路国家的交流与合作重视得还不够。例如，从目前广东省合作的孔子学院来看，面向的大部分都是发达国家，与"海丝"国家联合兴建的孔子学院目前仅有1所。广东省教育的对外开放比较注重向发达国家学习，而对其他较为落后的国家推广中华文化还未全面开展，未能让广东省高校"走出去"。这种对教育国际化认识的偏颇，一定程度上导致了忽视与具有较大潜力和空间的"海丝"国家之间的合作。因此，在重视与发达国家学习交流的同时，也要着眼于与"海丝"国家之间的交流。

（二）自建"海丝"高等教育合作机制方面薄弱

目前，广东省在自建渠道方面，取得比较突出的成绩就是由华南理工大学、中新广州知识城管委会、中新广州知识城投资开发有限公司以及新加坡南洋理工大学联合建立的中新国际联合研究院。该研究院将充分利用两校在人才培养、科学研究、学科建设等方面的优势资源，努力建设成为世界一流的新型研发机构，搭建良好的高等教育合作渠道。除此之外，广东省高校在自建"海丝"高等教育合作机制如广东—"海丝"大学校长论坛、大学联盟、国际学术会议等方面还较为薄弱，任重道远。

三、人才培养和师资培训不足

（一）"海丝"人才培养的不足

1."海丝"语言与复合型人才培养滞后

"海丝""五通"建设，需要大量优秀的法律、政治、历史、管理、教育、非通用语言、金融、交通、通信、建筑、贸易等专业的熟知"海丝"沿线国家语言文化的复合型专业人才。然而，广东省高校在"海丝"人才培养上明显滞后，在专门服务广东省企业走入"海丝"的人才需要以及"海丝"本地"五通"人才的培训方面做得还不够。

广东省高校在"海丝"语言人才和"五通"复合型人才的培养上有所滞后,开设"海丝"沿线国家语言如希腊语、印尼语、泰语、越南语、印地语、老挝语、缅甸语、柬埔寨语、马来语、乌尔都语、阿拉伯语11门语言专业的只有广东外语外贸大学开设,其他高校没有开设"海丝"语言专业。这种"海丝"语言专业的布局结构,不仅不能满足广东省"海丝"建设对"海丝"语言人才的需求,还阻碍了广东省高校对"海丝""五通"复合型专业人才的培养。除了广东外语外贸大学在"海丝"语言人才和复合型贸易、金融人才培养上与"海丝"建设紧密对接外,其他高校则未见实质性的行动。因此,广东省高校"海丝"人才培养的工作还需要进一步推动。

2."海丝"人才培训滞后

除了人才培养外,广东省高校对"海丝"人才的培训工作比较少。虽然2015年中山大学和华南理工大学获外交部批准成立了中国—东盟教育培训中心,但是相关培训工作还需进一步加强。2018年,中山大学中文系开设了"一带一路"沿线国家国际职业汉语培训示范班,这是全国首次有针对性地对"一带一路"沿线国家中资企业的外籍员工进行职业汉语培训,来自32个国家的56名"零基础"学员接受了为期6个月的职业汉语培训并顺利结业。[①] 该培训班提出,"中企走到哪里,国家职业汉语培训就走向哪里",为中企招聘合格的当地人才提供职业汉语培训服务。

3. 合作办学滞后

合作办学是培养"海丝""五通"人才的重要路径。广东与"海丝"沿线国家的中外合作办学主要存在三方面的不足。

第一,广东省乃至全国开展合作办学的国家主要为美国、澳大利亚、

---

① 贺蓓:《首期"一带一路"国际职业汉语培训示范班结业》,载《南方都市报》2018年1月21日第AA05版。

英国以及欧洲的其他发达国家，而与"海丝"沿线国家开展合作办学的数量极少。"海丝"沿线国家有42个，而广东省开展合作办学的国家只有以色列、新加坡和印度3个国家，这表明广东省相对来说更重视与发达国家建立教育上的合作关系，而一定程度上忽略了与"海丝"沿线的发展中国家进行教育合作。

第二，广东省高校众多，达到163所，而来粤合作办学机构和项目却只有69个，校均仅0.4个。广东高校与"海丝"沿线国家合作办学项目和机构更少，仅有4个，校均0.02个。

很显然，与来粤合作办学相比，广东省高校在"走出去"方面显得更为薄弱。广东省高校在与"海丝"沿线国家合作办学互动（包括"引进来"和"走出去"）方面，也同样乏善可陈。

第一，在"海丝"沿线国家设立的孔子学院数量少。广东省在与"海丝"沿线国家共建孔子学院方面力度不大。广东省高校与"海丝"沿线国家合建的孔子学院数量仅有1所——菲律宾亚典耀大学孔子学院。相较于一些与海外院校开办孔子学院较多的国内其他省份，广东省在这方面的差距甚大，所建孔子学院的数量和质量均与广东省与"海丝"沿线国家的经贸合作水平不匹配。例如，北京高校与"海丝"沿线国家共建孔子学院13所，广西有7所，福建有6所，天津有5所。

第二，广东省在"海丝"沿线国家尚未建立海外分校。截至目前，中国高校在海外建立并已成功招生的分校有10所，其中分布在"海丝"沿线国家合作办学的分校有7所。按地域划分，北京开办4所，上海开办3所，江苏、福建和云南各开办1所。而广东省既没有高校在"海丝"沿线国家设立海外分校，也没有在其他国家设立海外分校。对比"引进来"广东省的4所海外分校——香港浸会大学珠海分校、香港中文大学深圳校区、广东以色列理工学院（汕头）和深圳北理莫斯科大学，广东省在"走出去"方面所做的还非常不够，没有在"引进优质教育资源"的同时，向"海丝"沿线国家开展教育输出，并借此带动更加频繁的人才交往和流动，进而扩大高校的国际或区域影响力和知名度，真正提升自身的国际化办学能力。

第三,广东省与"海丝"沿线国家的合作办学项目不足。中国在"海丝"沿线国家合作办学的项目有90多个,涉及14个国家和地区,而广东省乃至全国开展合作办学的国家主要为美国、澳大利亚、英国以及欧洲的其他发达国家,而与"海丝"沿线国家开展合作办学的数量极少,这表明广东省重视与发达国家建立高等教育上的合作,过分注重输入发达国家的教育模式和成功经验,而忽略与"海丝"沿线的发展中国家进行教育合作。

(二) 师资培训合作不足

1. 华文师资培训不足

虽然广东省重视培训华文教师,但是也存在以下两个方面的问题。

第一,缺乏"海丝"教师培训专项计划。到目前为止,广东省还没有出台"海丝"师资培训专门政策的引导,也没有整体的规划,因此,针对"海丝"沿线国家的师资培训工作开展得比较松散,缺乏动力。

第二,教师的培养以及选派教师出国执教所面向的国家比较有限。广东省培养的中文师资主要面向东盟各国,如菲律宾、泰国、马来西亚等国家,而较少面向南亚、西亚和北非区域的国家。

2. 基础教育非华文教师培训合作不足

如果说广东省"海丝"师资培训在中小学华文教师培训方面做了较多的工作,那么在其他学科如数学、科学、艺术、体育等方面的教师培训,可以说几乎是空白。毫不夸张地说,对"海丝"沿线国家各学科基础教育教师的培训合作,甚至比华文教师的培训工作更加重要,因为它既可以扩大我国教师教育对"海丝"沿线国家主流教育的实质性影响,也可以帮助"海丝"沿线国家提高基础教育质量,提高国民的素质和劳动力水平。究其原因,一是广东省与"海丝"沿线国家及友省、友市的教育合作还没有提上议事日程,主要关注的是经济贸易合作与文化的传播,特别是帮助海外华人华侨中文或三语学校培训中文教师。二是相关部门的规划、推动和鼓励还不够。目前,广东省还没有出台"一带一路"师资培训合作计划,在如何对接"海丝"沿线国家和省市的基础教育非中文师资的培训、哪些学校可以参与、可以得到何种资助和激励等方面,还没有政策给予指导。三是广东省高校对"海丝"非中文教师的培训合作尚未找到切入口,它涉及政策的联通、学历和培训学分的互认、教学语言等问题,而这些问题还需要各相关主体以及高校、中小学之间的相互协商和沟通。

3. 高校教师培训合作不足

广东省与"海丝"高校教师培训合作方面基本没有启动,在高校教师互访、合作研究、学历提升和教学工作坊等方面的合作都缺乏实质性的计划和实践。正如本书第九章所述,广东省除了与少数"海丝"发达国家如新加坡高校进行教师互访以及在国别和区域合作研究上有一定程度的合作外,与绝大多数"海丝"沿线国家高校教师没有进行以上四个培训方面的师资合作。

四、教育援助缺乏

广东省对"海丝"沿线国家的教育援助目前主要是华文教育教师培训、派出志愿者以及提供来粤留学奖学金。对于《教育行动》提出的4条具体的教育援助意见,如统筹利用国家、教育系统和民间资源,为沿线国家培养培训教师、学者和各类技能人才;积极开展优质教学仪器设备、整体教学方案、配套师资培训一体化援助;加强中国教育培训中心和教育援外基地建设;倡议各国建立政府引导、社会参与的多元化经费筹措机制,通过国家资助、社会融资、民间捐赠等渠道,拓宽教育经费来源,做大教育援助格局,广东省则还没有建立起有效的"海丝"教育援助政策与机制。

第二节 广东应对"海丝"高等教育合作的策略

随着"一带一路"倡议的提出,"21世纪海上丝绸之路"建设成为广东省"十三五"规划的一项重要议题。2016年8月,教育部颁布了《推进共建"一带一路"教育行动》,明确提出"一带一路"教育合作是共建"一带一路"的重要组成部分,合作交流是沿线各国共建"一带一路"教育共同体的主要方式。换言之,高等教育合作也是广东省海上丝绸之路建设的题中应有之义。从上述现状可以看出,广东省与"海丝"沿线国家的高等教育合作虽然已经取得了一定的成果,但是还存在一些亟待解决的问题。为进一步推进高等教育合作,可以从五个方面来应对现存的问题。

一、充分认识高等教育合作在海上丝绸之路建设中的作用

作为教育对外开放的重要组成部分,高等教育合作在广东省海上丝绸之路建设中发挥着积极的作用,主要体现在三个方面。

第一,高等教育合作是岭南文化走进"海丝"沿线国家的有效途径。一方面,高等教育具有文化传承与创新的功能,对岭南文化的传承与创新是广东省高校的基本功能。高校对岭南文化的历史、方言、民俗、思想以及宗教等方面的系统研究,既传承了岭南文化,也为岭南文化走进"海丝"沿线国家奠定了厚重的基础与智库支撑。另一方面,广东省高校身处岭南文化的发祥地,其校园建筑的布局、物质景观以及校园文化活动等都在一定程度上受到岭南文化的影响,形成了较为浓厚的岭南文化氛围。广东省高校是"海丝"沿线国家了解岭南文化的一个鲜活窗口。

第二,高等教育合作有助于提升广东省在"海丝"沿线国家中的国

际影响力。通过高等教育合作，吸引沿线国家的优秀学生来广东高校学习，引进沿线国家高校中杰出学者与高科技人才来广东高校工作或交流，提高广东高等教育质量与科研水平，从而提升广东高校以及广东省的国际影响力。

第三，高等教育合作是加快培养海上丝绸之路建设中紧缺人才的一种捷径。一是通过高等教育合作，将沿线国家先进的教育理念、教材、课程体系、教学方法融进广东省高校人才培养体系之中，为广东省培养海上丝绸之路建设中急需的各种高层次技术人才提供助力。二是通过高等教育合作，邀请沿线国家的学者来广东省高校进行小语种教学，是培养广东省急需的各种小语种人才的基本途径。因此，要充分认识高等教育合作在海上丝绸之路建设中的"基础性、全局性、先导性"作用，构建以"教育合作为基础，以经贸合作为引领"的格局。

二、完善政策体系，实现政策互通

政策为高等教育合作提供法律依据与制度保障，使高等教育合作在更为规范的法制化背景下进行思考与运作，促使高等教育合作健康有序发展。2017年1月9日，广东省教育厅颁布了《广东省教育发展"十三五"规划（2016—2020年）》[简称为《教育规划（2016—2020年）》]。《教育规划（2016—2020年）》提出了推进共建"一带一路"教育行动三年规划，内容包括实施"丝绸之路"留学推进计划、加强"一带一路"教育合作国别和区域研究、实施"丝绸之路"合作办学推进计划、支持非通用语种人才培养等。《广东省教育厅关于推进共建"一带一路"教育行动（2018—2020）》已经发布，需要省级教育主管部门、地方教育主管部门和各学校努力去落实、推进。

高等教育合作是一种跨境、跨国、跨院校的教育实践活动，从高等教育合作的规划到高等教育合作项目的实质性"落地"，不仅需要政府层面宏观政策的牵引，还需要各种具体的、可操作的微观政策支持。根据广东省与"海丝"沿线国家关于高等教育合作政策的现状，可以从两个方面来进一步完善高等教育合作的政策体系。

第一，完善专门针对高等教育合作的宏观政策。一是面向省内高校制定关于高等教育合作双方学历、学位与学分互认的政策、质量监督与评估政策、经费政策、与沿线国家进行合作办学的制度与条例等。二是与沿线国家高校签订教育合作协议、教育交流协议、教育合作行动计划、高等教育等值的协定等。三是制定与"海丝"沿线国家进行高等教育合作的具体目标，例如，广东省每年向沿线国家公派汉语教师数与留学生数、每年向沿线国家资助来粤学习或研修的留学生数，对未来5年在"海丝"沿线国家建成的办学机构、项目、孔子学院以及汉语培训基地数等做出具体的政策性规定。

第二，在宏观政策框架下，制定相应的推进高等教育合作的详细政策，为高等教育合作过程中出现的细节性问题予以支持。一是细化"海丝"沿线国家留学生教育政策，对入学标准、奖励与资助的经费金额、签证以及在广东省工作与活动等做出政策性的引导。二是对引进沿线国家优秀课程、原版教材、课程体系等教育内容方面制定一些指导性政策。三是语言教育政策。汉语国际教育与非通用语种建设是海上丝绸之路语言教育的核心。关于汉语国际教学，建议在中国国家汉办发布的《孔子学院发展规划（2012—2020年）》框架下，根据广东省自身的情况，制定广东省汉语国际教育实施方案，对汉语教学与孔子学院发展做出规定。例如，在华侨华人分布比较密集的印尼、泰国、马来西亚、新加坡、菲律宾、越南、柬埔寨等国大力推广汉语教育，设立汉语教学中心、本土师资培训中心、汉语等级考试中心与本土汉语教材开发中心等部门；同时，根据沿线各国的特殊需求，对孔子学院的重点合作内容、特色发展与合作原则给予政策指引。关于非通用语种建设，对广东省各层次高校的非通用语种发展的要求、资源互享、学生的学分要求等做出具体的规定。

三、加强合作平台的多元化建设

基于目前广东省与"海丝"沿线国家高等教育合作平台的数量、种类以及层次上的局限性，加强合作平台的多元化建设是推进与"海丝"沿线国家进行高等教育合作的重中之重。

第一，加大新创建的高等教育合作平台的后续建设。近年来，广东省陆续搭建了一些与"海丝"沿线国家进行高等教育合作的平台，如广东以色列理工学院、中国—东盟工科大学联盟国际联合研究院、21世纪海上丝绸之路协同创新中心等。对于这些初步建立的平台，要健全、完善其交流机制与运行机制，提高互相交流的频率，真正落实与发挥新建平台的作用。

第二，充分发挥其他平台在高等教育合作中的作用。一是推动政府部门、民间组织与"海丝"沿线国家的互通互联平台，助力高等教育合作。例如，各"海丝"沿线国家驻穗领事馆是广东省政府部门与"海丝"沿线国家进行外事交流的重要平台，它们既为高等教育合作创造了稳定的、开放的政治环境，也为高等教育合作中人员对外交流的渠道顺畅提供保障。二是建立友好省（州）、友好城市平台中高等教育合作机制。在与"海丝"沿线国家缔结的友好省（州）、友好城市平台中，打破主要集中在高层往来、经贸合作与旅游项目等方面合作的现状，大力促进友好省、州、市内高等院校缔结姊妹学校，开展联合办学、教师与学生互访、学术交流等合作项目，建立常态化的高等教育合作机制。

第三，搭建国家与广东省对接平台，助推高等教育合作。在国家层面，有各种与"一带一路"沿线国家进行高等教育合作的平台，例如，校长论坛、国际合作实验室、研究中心等。鼓励、引导广东省高校积极参与国家层面高等教育合作平台中的活动与项目，推进国家层面与广东省层面的资源对接，最大程度共享优质资源。

第四，探索创建新的高等教育合作平台。从人员互动、短期交流至实现科研成果的转移与高层次人才培养,高等教育合作是一个由浅至深的发展过程,需要不断创造新的平台予以支撑。我们可以鼓励高校与对方的政府、企业、高校以及研究院合作,创建"政—企—校—研"合作的新平台,加快科研合作成果的转化,提高学生综合素质,实时解决与"海丝"沿线国家合作中出现的技术难题与人才短缺的困境。

四、拓宽经费来源,建设"海丝"教育援助体系

对"海丝"沿线国家教育援助是建设"海丝"教育共同体和"一带一路"共同体的一个必要的措施,因为大部分的"一带一路"沿线国家都是发展中国家和欠发达国家,基础设施薄弱、人力资源匮乏、财政支持不足,教育的发展仍然较为落后。可以想见,没有对"海丝"的教育援助,就不可能赢得"海丝"沿线国家对我国开展"海丝"教育合作的支持和信心,也就不可能建设"一带一路"教育共同体以及为"一带一路"建设提供人才支持和民心基础。鉴于此,《教育行动》提出要建立"一带一路"教育援助计划。因此,在教育部提出的"一带一路"教育援助计划总体框架下,广东省需要在广东丝路基金(200亿元)之下建立广东丝路教育基金,配合受援国教育发展整体战略,并考虑受援群体的实际需求,分设"海丝"留学生专项基金、"海丝"国别与区域研究专项基金、"海丝"教育设施基金、"海丝"师资培训基金和"海丝"合作办学基金,支持、保障和鼓励广东省与"海丝"沿线国家的留学推进计划、合作办学计划、师资培训合作计划、人才合作培养计划以及科研合作计划。

经费是高等教育合作顺利开展的必备条件,主要可以从三个渠道筹措经费。一是政府部门的经费投入。二是华侨华人的资助。广东省是著名的侨乡,祖籍广东的华侨华人在"一带一路"沿线国家有2072万人,占中

国在沿线国家华侨华人总数的1/2,① 华侨华人有力地推动了广东省的发展。据统计,"改革开放以后至2011年,海外侨胞、港澳同胞捐赠折合人民币逾470亿元,捐建道路、桥梁、学校、医院、图书馆、体育馆等逾3.2万项,建立各种公益事业基金会近3000个。截至2011年年底,全省累计实际利用外资2700多亿美元,其中近七成是侨港澳资金"②。教育是华侨华人热衷于家乡建设的一个领域,华侨华人的资助是高等教育合作经费的一个重要来源。三是工商企业界的经费支持。《广东省参与丝绸之路经济带和21世纪海上丝绸之路建设实施方案》显示,基础设施、对外贸易、投资、海洋、能源以及金融等领域的合作是海上丝绸之路建设的重点任务。工商企业界是实现重点任务的最大参与者,也是高层次专业技能人才需求的主力军。我们可以借助工商企业界的财力来灵活、有效地培养其所急需的高层次专业技能人才。

五、优化合作布局,分类实施广东省"海丝"高等教育合作

我们需要在《广东省教育发展"十三五"规划(2016—2020年)》的指引下,合理布局广东省与"海丝"沿线国家的高等教育合作。

第一,统筹兼顾,整体布局。"海丝"沿线42个国家经济发展水平差距很大,既有少数高度发达国家,也有一些中等发达国家,还有大量发展中国家以及一些最不发达的国家。经济发展水平从根本上制约着高等教育的发展,决定了沿线国家高等教育发展水平呈现出参差不齐的态势。因此,在与"海丝"沿线国家高等教育合作的布局中,一方面要重视与高等教育发达国家的合作,如新加坡、泰国、以色列等;另一方面要加大与

---

① 吴哲:《参与"一带一路"建设 广东提出9项重点任务》,见南方网(http://news.southcn.com/g/2015-06/04/content_125624363.htm)。

② 引自广东省人民政府网站"侨乡侨情"栏目(http://www.gd.gov.cn/gdgk/sqgm/qxqq/201303/t20130312_176017.htm)。

海上丝绸之路东南亚四个战略支点国家——越南、马来西亚、印度尼西亚以及印度的高等教育合作。此外，还要兼顾与周边不发达的国家如老挝、越南、缅甸等国的合作。

第二，差异化定位。根据不同区域、国家间的地理位置、经济发展水平、政治与文化环境以及高等教育发展现状，对高等教育合作的内容、方式等进行差异化定位，提高合作的针对性与有效性。一是与发达国家的高等教育合作，例如新加坡的南洋理工大学、以色列的顶尖大学等，主要采用"引进来"的方式，服务于广东省高水平理工科大学、高水平大学建设。二是与东南亚四个战略支点国家的高等教育合作，采用"引进来"与"走出去"协调发展的方式，一方面，积极拓展与四个国家中顶尖大学的教育合作，如印度理工学院，引进对方优质资源，推动广东省高校内涵式发展；另一方面，促进广东省重点高校的优势、重点学科所取得的研究成果与创新技术"走出去"，如中山大学的医学研究成果与技术、华南农业大学的植物优质丰产与畜禽高效健康养殖技术等，到对方国家或地区开设分校、联合办学，为对方培养其所需的专业技能人才，提升广东省高校优势学科、特色专业的国际影响。三是与周边不发达国家的高等教育合作，以"走出去"为主导方式，采用人员交流或远程教育的形式，一方面大力援助对方高等教育所急需发展的专业，另一方面促进广东省示范性高等职业学校中的优势学科与创新技术"走出去"，为对方培养职业技术人才。

参 考 文 献

[1] Altbach P G. Gigantic Peripheries India and China in World Knowledge System [J]. Economic and Political Weekly, 1993, 28 (24): 1220-1225.

[2] Pieterse J N. Globalization as Hybridization [M] //Featherstone M, Lash S, Robertson R. Global Modernities. London: Sage, 1995.

[3] [美]菲利普·G. 阿特巴赫. 全球化驱动下的高等教育与 WTO [J]. 蒋凯, 译. 比较教育研究, 2002 (11).

[4] [印尼]李文正. 在危机中觅生机 [M]. 孔远志, 林六顺, 译. 北京: 中国友谊出版公司, 2001.

[5] 陈时见, 冉源懋. 欧盟教育政策的历史演进与发展走向 [J]. 教师教育学报, 2014 (5).

[6] 杜海坤. 欧洲发表欧洲高等教育质量保障发展报告 [N]. 中国教育报, 2016-05-06 (6).

[7] 冯增俊, 董凌波. 珠江三角洲教育现代化研究 [M]. 广州: 广东高等教育出版社, 2016.

[8] 侯琳良. 教育援助, 走进最年轻国家 [N]. 人民日报, 2017-07-18 (12).

[9] 江振鹏, 丁丽兴. 印度尼西亚民主化改革以来华人经济的新发展及其启示 [J]. 当代中国史研究, 2010 (6).

[10] 姜志达."一带一路"合作机制建设: 成就与前瞻 [J]. 海外投资与

出口信贷,2017(6).

[11] 邝艳湘,陈静.中国对外教育援助在公共外交中将大有可为[J].公共外交季刊,2017(3).

[12] 宁继鸣.孔子学院年度发展报告(2017)[M].北京:商务印书馆,2017.

[13] 瞿振元."一带一路"建设与国家教育新使命[N].光明日报,2015-08-13(11).

[14] 覃玉荣.东盟高等教育一体化的发展历程[J].东南亚纵横,2009(4).

[15] 王小海,刘凤结.欧盟教育政策中的"欧洲维度"与欧洲认同建构——对两岸三地身份认同建构的启示[J].广东外语外贸大学学报,2014(3).

[16] 杨雪冬.西方全球化理论:概念、热点和使命[J].国外社会科学,1999(3).

[17] 袁景蒂.东盟高等教育一体化动力与阻力探究[J].上海教育评估研究,2018(2).

[18] 张瑾.姆贝基"非洲复兴"思想剖析[J].改革与开放,2009(8).

[19] 赵玉池.国际教育援助研究[D].重庆:西南大学,2010.

[20] 周谷平,阚阅."一带一路"战略的人才支撑与教育路径[J].教育研究,2015(10).

[21] 庄小萍.拉丁美洲高等教育评鉴及认可制度:论区域主义对单一国家之影响[J].教育研究集刊,2010(1).

附录1 教育部《推进共建"一带一路"教育行动》

(2016年7月13日)

推进共建"丝绸之路经济带"和"21世纪海上丝绸之路"(以下简称"一带一路"),为推动区域教育大开放、大交流、大融合提供了大契机。"一带一路"沿线国家教育加强合作、共同行动,既是共建"一带一路"的重要组成部分,又为共建"一带一路"提供人才支撑。中国愿与沿线国家一道,扩大人文交流,加强人才培养,共同开创教育美好明天。

一、教育使命

教育为国家富强、民族繁荣、人民幸福之本,在共建"一带一路"中具有基础性和先导性作用。教育交流为沿线各国民心相通架设桥梁,人才培养为沿线各国政策沟通、设施联通、贸易畅通、资金融通提供支撑。沿线各国唇齿相依,教育交流源远流长,教育合作前景广阔,大家携手发展教育,合力推进共建"一带一路",是造福沿线各国人民的伟大事业。

中国将一以贯之地坚持教育对外开放,深度融入世界教育改革发展潮流。推进"一带一路"教育共同繁荣,既是加强与沿线各国教育互利合作的需要,也是推进中国教育改革发展的需要,中国愿意在力所能及的范

附录1 教育部《推进共建"一带一路"教育行动》

围内承担更多责任义务,为区域教育大发展做出更大的贡献。

二、合作愿景

沿线各国携起手来,增进理解、扩大开放、加强合作、互学互鉴,谋求共同利益、直面共同命运、勇担共同责任,聚力构建"一带一路"教育共同体,形成平等、包容、互惠、活跃的教育合作态势,促进区域教育发展,全面支撑共建"一带一路",共同致力于:

推进民心相通。开展更大范围、更高水平、更深层次的人文交流,不断推进沿线各国人民相知相亲。

提供人才支撑。培养大批共建"一带一路"急需人才,支持沿线各国实现政策互通、设施联通、贸易畅通、资金融通。

实现共同发展。推动教育深度合作、互学互鉴,携手促进沿线各国教育发展,全面提升区域教育影响力。

三、合作原则

育人为本,人文先行。加强合作育人,提高区域人口素质,为共建"一带一路"提供人才支撑。坚持人文交流先行,建立区域人文交流机制,搭建民心相通桥梁。

政府引导,民间主体。沿线国家政府加强沟通协调,整合多种资源,引导教育融合发展。发挥学校、企业及其他社会力量的主体作用,活跃教育合作局面,丰富教育交流内涵。

共商共建,开放合作。坚持沿线国家共商、共建、共享,推进各国教育发展规划相互衔接,实现沿线各国教育融通发展、互动发展。

和谐包容,互利共赢。加强不同文明之间的对话,寻求教育发展最佳契合点和教育合作最大公约数,促进沿线各国在教育领域互利互惠。

四、合作重点

沿线各国教育特色鲜明、资源丰富、互补性强、合作空间巨大。中国将以基础性、支撑性、引领性三方面举措为建议框架,开展三方面重点合作,对接沿线各国意愿,互鉴先进教育经验,共享优质教育资源,全面推动各国教育提速发展。

(一)开展教育互联互通合作

加强教育政策沟通。开展"一带一路"教育法律、政策协同研究,构建沿线各国教育政策信息交流通报机制,为沿线各国政府推进教育政策互通提供决策建议,为沿线各国学校和社会力量开展教育合作交流提供政策咨询。积极签署双边、多边和次区域教育合作框架协议,制定沿线各国教育合作交流国际公约,逐步疏通教育合作交流政策性瓶颈,实现学分互认、学位互授联授,协力推进教育共同体建设。

助力教育合作渠道畅通。推进"一带一路"国家间签证便利化,扩大教育领域合作交流,形成往来频繁、合作众多、交流活跃、关系密切的携手发展局面。鼓励有合作基础、相同研究课题和发展目标的学校缔结姊妹关系,逐步深化拓展教育合作交流。举办沿线国家校长论坛,推进学校间开展多层次多领域的务实合作。支持高等学校依托学科优势专业,建立产学研用结合的国际合作联合实验室(研究中心)、国际技术转移中心,共同应对经济发展、资源利用、生态保护等沿线各国面临的重大挑战与机遇。打造"一带一路"学术交流平台,吸引各国专家学者、青年学生开展研究和学术交流。推进"一带一路"优质教育资源共享。

促进沿线国家语言互通。研究构建语言互通协调机制,共同开发语言互通开放课程,逐步将沿线国家语言课程纳入各国学校教育课程体系。拓展政府间语言学习交换项目,联合培养、相互培养高层次语言人才。发挥外国语院校人才培养优势,推进基础教育多语种师资队伍建设和外语教育教学工作。扩大语言学习国家公派留学人员规模,倡导沿线各国与中国院校合作在华开办本国语言专业。支持更多社会力量助力孔子学院和孔子课堂建设,加强汉语教师和汉语教学志愿者队伍建设,全力满足沿线国家汉语学习需求。

推进沿线国家民心相通。鼓励沿线国家学者开展或合作开展中国课题研究,增进沿线各国对中国发展模式、国家政策、教育文化等各方面的理解。建设国别和区域研究基地,与对象国合作开展经济、政治、教育、文化等领域研究。逐步将理解教育课程、丝路文化遗产保护纳入沿线各国中小学教育课程体系,加强青少年对不同国家文化的理解。加强"丝绸之路"青少年交流,注重利用社会实践和志愿服务、文化体验、体育竞赛、创新创业活动和新媒体社交等途径,增进不同国家青少年对其他国家文化的理解。

推动学历学位认证标准连通。推动落实联合国教科文组织《亚太地区承认高等教育资历公约》,支持教科文组织建立世界范围学历互认机制,实现区域内双边多边学历学位关联互认。呼吁各国完善教育质量保障体系和认证机制,加快推进本国教育资历框架开发,助力各国学习者在不同种类和不同阶段教育之间进行转换,促进终身学习社会建设。共商共建区域性职业教育资历框架,逐步实现就业市场的从业标准一体化。探索建立沿线各国教师专业发展标准,促进教师流动。

(二)开展人才培养培训合作

实施"丝绸之路"留学推进计划。设立"丝绸之路"中国政府奖学金,为沿线各国专项培养行业领军人才和优秀技能人才。全面提升来华留学人才培养质量,把中国打造成为深受沿线各国学子欢迎的留学目的地国。以国家公派留学为引领,推动更多中国学生到沿线国家留学。坚持"出国留学和来华留学并重、公费留学和自费留学并重、扩大规模和提高质量并重、依法管理和完善服务并重、人才培养和发挥作用并重",完善全链条的留学人员管理服务体系,保障平安留学、健康留学、成功留学。

实施"丝绸之路"合作办学推进计划。有条件的中国高等学校开展境外办学要集中优势学科，选好合作契合点，做好前期论证工作，构建人才培养模式、运行管理模式、服务当地模式、公共关系模式，使学校顺利落地生根、开花结果。发挥政府引领、行业主导作用，促进高等学校、职业院校与行业企业深化产教融合。鼓励中国优质职业教育配合高铁、电信运营等行业企业走出去，探索开展多种形式的境外合作办学，合作设立职业院校、培训中心，合作开发教学资源和项目，开展多层次职业教育和培训，培养当地急需的各类"一带一路"建设者。整合资源，积极推进与沿线各国在青年就业培训等共同关心领域的务实合作。倡议沿线国家之间开展高水平合作办学。

实施"丝绸之路"师资培训推进计划。开展"丝绸之路"教师培训，加强先进教育经验交流，提升区域教育质量。加强"丝绸之路"教师交流，推动沿线各国校长交流访问、教师及管理人员交流研修，推进优质教育模式在沿线各国互学互鉴。大力推进沿线各国优质教学仪器设备、教材课件和整体教学解决方案输出，跟进教师培训工作，促进沿线各国教育资源和教学水平均衡发展。

实施"丝绸之路"人才联合培养推进计划。推进沿线国家间的研修访学活动。鼓励沿线各国高等学校在语言、交通运输、建筑、医学、能源、环境工程、水利工程、生物科学、海洋科学、生态保护、文化遗产保护等沿线国家发展急需的专业领域联合培养学生，推动联盟内或校际教育资源共享。

（三）共建丝路合作机制

加强"丝绸之路"人文交流高层磋商。开展沿线国家双边多边人文交流高层磋商，商定"一带一路"教育合作交流总体布局，协调推动沿线各国建立教育双边多边合作机制、教育质量保障协作机制和跨境教育市场监管协作机制，统筹推进"一带一路"教育共同行动。

充分发挥国际合作平台作用。发挥上海合作组织、东亚峰会、亚太经合组织、亚欧会议、亚洲相互协作与信任措施会议、中阿合作论坛、东南亚教育部长组织、中非合作论坛、中巴经济走廊、孟中印缅经济走廊、中蒙俄经济走廊等现有双边多边合作机制作用，增加教育合作的新内涵。借助联合国教科文组织等国际组织力量，推动沿线各国围绕实现世界教育发展目标形成协作机制。充分利用中国—东盟教育交流周、中日韩大学交流合作促进委员会、中阿大学校长论坛、中非高校 20+20 合作计划、中日大学校长论坛、中韩大学校长论坛、中俄大学联盟等已有平台，开展务实教育合作交流。支持在共同区域、有合作基础、具备相同专业背景的学校组建联盟，不断延展教育务实合作平台。

实施"丝绸之路"教育援助计划。发挥教育援助在"一带一路"教育共同行动中的重要作用，逐步加大教育援助力度，重点投资于人、援助于人、惠及于人。发挥教育援助在"南南合作"中的重要作用，加大对沿线国家尤其是最不发达国家的支持力度。统筹利用国家、教育系统和民间资源，为沿线国家培养培训教师、学者和各类技能人才。积极开展优质教学仪器设备、整体教学方案、配套师资培训一体化援助。加强中国教育培训中心和教育援外基地建设。倡议各国建立政府引导、社会参与的多元化经费筹措机制，通过国家资助、社会融资、民间捐赠等渠道，拓宽教育经费来源，做大教育援助格局，实现教育共同发展。

开展"丝路金驼金帆"表彰工作。对于在"一带一路"教育合作交流和区域教育共同发展中做出杰出贡献、产生重要影响的国际人士、团队和组织给予表彰。

五、中国教育行动起来

中国倡导沿线各国建立教育共同体，聚力推进共建"一带一路"，首先需要中国教育领域和社会各界率先垂范、积极行动。

加强协调推动。加强国内各部门各地方的统筹协调工作，有序开展"一带一路"教育合作交流。推动中国教育治理体系完善、相关法律法规修订和教育综合改革,提升中国开展"一带一路"教育行动的质量和水平。教育部与国家发展改革委、外交部、商务部等部门和全国性行业组织紧密配合,围绕共建"一带一路"大局,寻找合作重点、建立运行保障机制,畅通教育国际合作交流渠道,对接沿线各国教育发展战略规划。

地方重点推进。突出地方推进共建"一带一路"的主体性、支撑性和落地性,要求各地发挥区位优势和地方特色,抓紧制定本地教育和经济携手走出去行动计划,紧密对接国家总体布局。有序与沿线国家地方政府建立"友好省州""姊妹城市"关系,做好做实彼此间人文交流。充分利用地方调配资源优势,积极搭建海内外平台,促进校企优势互补、良性合作、共同发展。多措并举,支持指导本地教育系统与"一带一路"沿线国家广泛开展合作交流,打造教育合作交流区域高地,助力做强本地教育。

各级学校有序前行。各级各类学校秉承"己欲立而立人"的中国传统,有序与沿线各国学校扩大合作交流,整合优质资源走出去,选择优质资源引进来,兼容并包、互学互鉴,共同提升教育国际化水平和服务共建"一带一路"能力。中小学校要广泛建立校际合作交流关系,重点开展师生交流、教师培训和国际理解教育。高等学校、职业院校要立足各自发展战略和本地区参与共建"一带一路"规划,与沿线各国开展形式多样的合作交流,重点做好完善现代大学制度、创新人才培养模式、提升来华留学质量、优化境外合作办学、助推企业成长等各项工作的协同发展。

社会力量顺势而行。开展更大范围、更深层次、更高水平的"一带一路"教育民间合作交流,吸纳更多民间智慧、民间力量、民间方案、民间行动。大力培育和发展我国非营利组织,通过购买服务、市场调配等举措,大力支持社会机构和专业组织投身教育对外开放事业,活跃民间教育国际合作交流。加快推动教学仪器和中医诊疗服务走出去步伐,支持企业和个人按照市场规则依法参与中外合作办学、合作科研、涉外服务等教育对外开放活动。企业要积极与学校合作走出去,联合开展人才培养、科技创新和成果转化,积极服务"一带一路"国家经贸发展。

助力形成早期成果。实施高度灵活、富有弹性的合作机制，优先启动各方认可度高、条件成熟的项目，明确时间节点，争取短期内开花结果。2016年，各省市制定并呈报本地"一带一路"教育行动计划，有序推进教育互联互通、人才培养培训及丝路合作机制建设。2017年，基于三方面重点合作的沿线各国教育共同行动深入开展。未来3年，中国每年面向沿线国家公派留学生2500人；未来5年，建成10个海外科教基地，每年资助1万名沿线国家新生来华学习或研修。

六、共创教育美好明天

独行快，众行远。合作交流是沿线各国共建"一带一路"教育共同体的主要方式。通过教育合作交流，培养高素质人才，推进经济社会发展，提高沿线各国人民生活福祉，是我们共同的愿望。通过教育合作交流，扩大人文往来，筑牢地区和平基础，是我们共同的责任。

中国愿与沿线各国一道，秉持开放合作、互利共赢理念，共同构建多元化教育合作机制，制订时间表和路线图，推动弹性化合作进程，打造示范性合作项目，满足各方发展需要，促进共同发展。

中国教育部倡议沿线各国积极行动起来，加强战略规划对接和政策磋商，探索教育合作交流的机制与模式，增进教育合作交流的广度和深度，追求教育合作交流的质量和效益，互知互信、互帮互助、互学互鉴，携手推动教育发展，促进民心相通，构建"一带一路"教育共同体，共创人类美好生活新篇章。

附录2 《广东省教育厅关于推进共建"一带一路"教育行动（2018—2020）》

为贯彻落实教育部《推进共建"一带一路"教育行动》，根据中共中央办公厅、国务院办公厅《关于做好新时期教育对外开放工作的若干意见》《关于加强和改进中外人文交流工作的若干意见》及《广东省教育发展"十三五"规划（2016—2020年）》等文件精神，进一步做好广东教育对外开放工作，发挥教育在"一带一路"建设中的基础性作用，根据教育部工作部署，结合广东省实际，制定本行动计划。

一、总体要求

（一）指导思想

全面贯彻党的十九大精神，以习近平新时代中国特色社会主义思想为指导，深入贯彻习近平总书记重要讲话精神，紧密对接国家总体布局，秉持开放合作、互利共赢理念，坚持教育对外开放，深度融入世界教育改革发展潮流，携手港澳推进务实与"一带一路"沿线国家的教育合作，促进民心相通，为广东奋力实现"四个走在全国前列"提供人才支撑，为将广东建设成为与沿线国家合作的战略枢纽、经贸合作中心和重要引擎做出重要贡献。

附录2 《广东省教育厅关于推进共建"一带一路"教育行动(2018—2020)》

(二)行动目标

进一步加强与"一带一路"沿线国家教育交流合作,扩大人文交流,加强人才培养,增进相互理解,开展更大范围、更高水平、更深层次的人文交流,不断推进沿线各国民心相通。培养大批共建"一带一路"急需人才,提升人才培养质量。推动教育深度合作、互学互鉴,积极参与和实施各项教育合作项目,全面提升区域教育影响力。

二、重点任务

(一)开展人才培养培训合作

1. 实施"丝绸之路"留学推进计划

积极争取、参与"丝绸之路"中国政府奖学金,为沿线国家专项培养行业领军人才和优秀技能人才。落实"广东省人民政府来粤留学奖学金"政策,打造"留学广东"品牌。其中每年向沿线国家提供1000个奖学金名额,到2020年,沿线国家在粤留学生力争超过9000人次,广东力争成为沿线国家学生出国留学首选目的地之一。支持高校设立面向沿线国家学生奖学金,鼓励高校前往沿线国家开展招生宣传或举办教育展,吸引更多沿线国家留学生来粤留学,逐步提升来粤留学人才培养质量,提高高校招收来华留学生的生源质量与层次,高等教育学历生比例力争达到45%~50%,研究生层次的留学生占比8%以上。鼓励高校结合学校优势和特色,加强来华留学课程建设,改进留学教学内容和方式。充分发挥已有的来华留学示范基地和"中国—东盟教育培训中心"作用,打造一批来粤留学示范基地。鼓励并支持来粤留学毕业生成立海外校友会。根据有关政策允许部分无工作经历的优秀外籍高校毕业生在粤就业。

加大公派出国留学力度。以国家公派留学为引领,推动更多广东学生到沿线国家研修、留学。用好用足国家留学基金委公派出国留学政策,围绕国家"一带一路"建设和外交发展需求,扩大派出规模,优化派出结构,支持高校配套资助国别和区域研究人才等相关专业的学生出国留学。加强公派出国留学人员绩效评估和管理,鼓励公派出国留学人员加强对沿线国家的研究,积极参与当地学术交流活动,积极为广东省引进高层次人才和项目,成为与沿线国家沟通的桥梁和纽带。

2. 实施"丝绸之路"合作办学推进计划

促进高校、中职学校与行业企业深化产教融合,配合广东企业"走出去",探索开展多种形式的境外合作办学,合作设立境外分校、研究机构、联合实验室、培训中心,合作开发教育资源与项目。发挥职业教育优势,鼓励职业院校向沿线国家输出优质教育资源,建立海外职业技术教育基地,开展职业技能培训、企业实习、学生交换与学历教育,为"走出去"的中国企业联合培养高素质的本土化技术技能人才。支持华南师范大学、广东轻工职业技术学院、广东建设职业技术学院、广东机电职业技术学院、深圳职业技术学院等高校在泰国、菲律宾、赞比亚、马来西亚等国开展的境外办学项目。利用现代信息技术手段,推动职业教育输出优质资源。促进优质教学仪器设备、整体教学解决方案的形成和输出。

3. 实施"丝绸之路"教师交流互访计划

开展"一带一路"教师交流,推动沿线国家之间的校长交流访问、教师及管理人员交流研修,推进优质教育模式在沿线各国互学互鉴,加大教师、校长跨区域培训和国(境)外培训力度,拓展教师、校长的国际视野。结合广东省"强师工程"计划,推进实施广东省—国家留学基金委地方合作项目,积极争取扩大派出规模,推动更多教师到沿线国家访学、研修。推进与东南亚、南亚、中东欧、大洋洲等沿线国家的研究访学活动。

4. 实施"丝绸之路"人才联合培养计划

根据"一带一路"沿线国家教育合作需求,支持高校在语言、交通运输、建筑、医学、能源、环境工程、海洋领域、水利工程、交通运输、生物科学、海洋科学、生态保护、文化遗产保护、金融业务、旅游、农业科学、机械装备、电信运营和电气工程等沿线国家发展急需的专业领域开

附录2 《广东省教育厅关于推进共建"一带一路"教育行动（2018—2020）》

展人才联合培养。鼓励高校与沿线国家知名高校联合开发在线课程，构建校际课程互选、学分互认机制。支持广东省职业院校与沿线国家职业院校开展职业标准、人才培养标准研究，共同培养具有国际视野、熟悉国际规则的高素质技术技能人才。

（二）促进沿线国家语言互通

1. 加强多语种尤其非通用语种人才培养

拓展语言学习交换项目，联合培养、互相培养高层次人才。鼓励和支持高校争取国家留学基金委政府间互换项目及区域国别及高水平外语人才项目的资助，扩大语言学习国家公派留学人员规模。鼓励沿线各国与有条件的高校在粤合作开办本国语言专业。发挥广东外语外贸大学等院校语言人才培养优势，推进多语种师资队伍建设和外语教育教学工作，从2017年起，省财政调整提高省属高校非通用语言相关专业生均拨款折算系数，加大对非通用语种人才培养投入力度。加大非通用语种硕博点建设力度，增加非通用语种人才招生指标，加快培养非通用语种人才。着力加强汉语国际推广力度，支持更多国家将汉语教学纳入国民教育体系。加强对外汉语教师和汉语教育志愿者队伍建设，增设海外华文教学点，更好地满足沿线国家汉语学习需求。

2. 推动孔子学院（课堂）改革发展

从战略高度推动孔子学院改革发展，完善广东省孔子学院的总体布局，争取在"一带一路"沿线国家开设新的孔子学院和孔子课堂。积极发挥广东高校在国外合作设立的孔子学院和孔子课堂的作用，以孔子学院（课堂）为平台，促进中外方合作院校开展师生交流、科研合作、合作办学等合作，提升孔子学院在增进人文交流方面的影响力，利用广东企业海外优势，支持企业参与孔子学院建设。

3. 支持推动海外华文教育发展

利用广东侨务大省优势，做好"请进来""走出去"师资培训工作。继续选派优秀华文教师赴海外任教、开展广东文化名师巡讲等活动。利用侨务渠道，促进省内院校与沿线国家海外华校交流，推动省内学校与海外华文学校缔结姐妹学校，加强教育交流合作。每年举办海外华裔青少年夏（冬）令营活动，组织推动华裔青少年来粤寻根问祖，以举办海外新生代侨领研习班、华商青年企业家研修班等形式，增强对华裔新生代的凝聚力。

（三）推进沿线国家民心相通

1. 加强"一带一路"沿线国家研究，加强区域国别人才培养

鼓励高校建设国别和区域研究基地，支持中山大学"一带一路"研究院、广东外语外贸大学广东国际战略研究院等一批国别研究中心建设，与对象国合作开展经济、政治、教育、文化等领域研究，重点加强对东南亚区域的国别研究，整合省内高校、研究机构、相关职能部门以及企业的研究力量，开展与东南亚合作的长期研究，为广东高校、企业与东南亚合作建立智库支撑。建立"一带一路"教育交流专家咨询委员会，定期召开研讨会和咨询会，为广东制定"一带一路"教育交流合作政策提供决策参考。创办有关学术研究刊物，支持办好有关学术论坛，搭建研究交流平台。增加区域国别人才招生指标，探索语言加专业的培养模式，提高培养质量。鼓励高校与国际组织和区域组织建立合作关系，鼓励高校与国际知名智库、国际组织建立"旋转门"制度，加快培养国际智库人才和国别、区域人才。

2. 加强青少年国际理解教育

结合广东省推进基础教育现代化工作，逐步将理解教育课程、丝路文化遗产保护纳入沿线各国中小学教育课程体系，加强青少年对不同国家文化的理解。加强"丝绸之路"青少年交流，注重利用社会实践和志愿服务、文化体验、体育交流、创新创业活动和新媒体交流等途径，增进不同国家青少年对其他国家文化的理解。支持广东省中小学与沿线国家中小学建立校际合作关系，重点开展师生交流、教师培训和国际理解教育。

3. 以多种形式开展沿线国家人才培训和教育援助

利用广东省优势教育资源和社会资源，支持和鼓励高校组织对东南亚、太平洋岛国、非洲国家等21世纪海上丝绸之路沿线国家的青年领袖、高级公务员、社会精英有针对性的短期培训，使其更好地了解"一带一路"、中国国情和广东省省情。支持南方医科大学"一带一路"医药卫生合作与发展研究院建设，支持南方科技大学承办国家国际发展合作署的援外教育培训项目，开展沿线国家对外医疗援助和医药卫生人才培训工作。积极配合国家工作部署，做好优质教学仪器设备、整体教学方案、配套师资培训一体化援助工作。

4. 加强文化艺术教育交流

积极推进"广东文化精品丝路行"项目，将具有鲜明广东特色的岭南文化载体输出到"海丝"沿线国家。推进广东省体育和艺术院校与沿线国家合作交流，推动建立广东地方戏曲和岭南舞蹈培训联系点，推动广东省博物馆与沿线国家合作交流和展览，促进传统历史文化的互相认知和尊重理解。开展区域文化的教学和传播工作。

5. 推动中医、武术、太极文化"走出去"

推进与沿线国家和地区在中医药、武术、太极等方面的交流与合作。充分利用广东优质中医药教育资源，与沿线大学合作办学，逐步将中医药学科建设纳入沿线国家高等教育体系，建成国际中医药合作办学特色学院，扩大中医药在沿线国家的学历教育和继续教育规模；探索在广东成立中医药国际教育基地，培养一批中医药国际传播人才。对接海外孔子学院，开展中医、武术和太极文化课程。加强师资的专业、学术和语言培训，将中医、武术和太极文化精髓准确传递到全世界。

（四）加强科研合作平台建设

鼓励广东省高校加强与沿线国家大学、科研院校以及一流专家合作，打造"一带一路"学术交流平台，吸引各国专家学者、青年学生开展合作研究和学术交流。鼓励广东省世界一流大学和一流学科建设高校、高水平大学重点建设高校和重点学科建设项目高校利用本校优势学科开展与沿线国家科研合作，共建联合研究院，建立产学研用结合的国际合作联合实验室（研究中心）、国际技术转移中心，打造一流学科交流合作平台，鼓励广东省省市共建高校围绕本校定位和当地人才需求与沿线国家开展人才联合培养、科技创新平台建设等合作。鼓励和支持广东省高校与沿线国家（地区）科技园区交流合作。鼓励广东高校与沿线国家高校合作撰写高水平的"一带一路"教育调研报告，并分享研究成果，以广东不同高校类型为主体组织举办"一带一路沿线大学校长对话机制""一带一路职业教育国际研讨会"等活动，为不同类型院校合作搭建交流平台，鼓励支持省内高校与"一带一路"沿线国家和地区大学联合主办学术会议和学术考察活动。

（五）共建丝路合作机制

1. 积极建立和参与双边、多边合作机制

充分发挥国际合作平台作用，积极参与双边、多边合作机制，丰富教育合作内涵。发挥中外人文交流机制作用，积极参加国家已建立的高级别人文交流机制，切实加强与沿线国家的人文交流，扩大人文交流网络，打造一批中外人文交流品牌项目。充分利用亚洲大学校长论坛、中阿大学校长论坛、东盟教育周等已有教育合作平台，开展务实教育合作交流。支持在共同区域，有合作基础、具备相同专业背景的学校组建联盟，不断延展教育务实合作平台。支持广东省"一带一路"职业教育联盟、华南"一带一路"轨道交通产教融合联盟、联合国教科文组织高等教育创新中心（中国深圳）等平台建设。

2. 建立健全与东南亚教育合作机制

积极发挥教育部"中国东盟丝绸之路奖学金"的作用，吸引更多东南亚学生来粤留学。充分利用中国东盟教育交流周、中印尼副总理级人文交流机制以及新加坡—广东合作理事会、广东省与泰国外交部合作协调会议、越南—广东合作协调会议等对外交流合作平台，进一步加强与东南亚

国家的合作。组织举办东南亚国家政府官员、高校行政人员及行业领导的高级研修班,加强沟通交流,促进文化认同。

3. 进一步完善与太平洋岛国教育合作机制

加强与太平洋岛国教育行政部门互访交流,建立健全长效工作机制。推进我厅与斐济教育、遗产与艺术部教育交流合作备忘录的签订、落实。支持广东省院校与太平洋岛国学校缔结友好学校关系,开展教师互访、学生交流、合作办学、科研合作等方面的交流与合作,根据太平洋岛国需求重点加强医疗卫生、农渔业、旅游、艺术教育等方面的人才联合培养。支持举办太平洋岛国青年领袖研修班、高级公务员培训班,加强与太平洋岛国在人才培养等方面的研究交流。

4. 建立健全与西亚、中东欧、非洲国家教育合作机制

鼓励广东省更多高校加入欧亚丝绸之路大学联盟。积极参与中国—中东欧国家教育政策对话,推动广东省高校与中东欧国家高校交流。支持广东外语外贸大学、广州大学在佛得角、埃及、伊朗等国建设孔子学院(课堂)。支持广东省职业院校走出去,在非洲设立一批区域职业教育中心和若干能力建设学院,为非洲培训职业技术人才。支持广东外语外贸大学非洲研究院、广东建设职业技术学院赞比亚研究中心的建设。

5. 携手港澳共同推进"一带一路"建设

贯彻落实中央关于推进粤港澳大湾区发展、建设粤港澳大湾区世界级城市群的战略决策,紧抓建设粤港澳大湾区重大机遇,携手港澳共同参与"一带一路"教育行动计划。依托粤港、粤澳合作联席会议等机制,探索建立多层次的联系和合作机制,探讨举办高层次"一带一路"主题论坛。支持粤港澳高校、科研院校共建高水平的协同创新平台,开展粤港澳高校联合实验室项目,联合港澳高水平大学共同推动与"一带一路"沿线国家学术科研合作。支持大湾区建设国际教育示范区,引进世界知名大学和特色学院,推进世界一流大学和一流学科建设。支持粤港澳教师教育学院建设。携手粤港澳推进与沿线国家职业教育合作,加强产教融合。充分利用粤港澳姊妹学校、港澳教师协作计划等项目平台,粤港澳合作推动与沿线国家师生交流。

三、健全保障机制

（一）健全工作机制

强化省级统筹，发挥省委、省政府统筹管理职能，完善厅际协调机制，发挥学校主体作用。在广东省教育厅成立推进共建"一带一路"教育行动领导小组，由教育厅主要领导同志担任组长，有关处室负责人为成员，在其下成立专家咨询小组，及时研究和解决实施过程中出现的现实问题。广东省教育厅与部分沿线国家，特别是东南亚、南亚、太平洋岛国相关部门建立对口联系机制，开展信息交流，合作组织活动，落实有关计划。各校相应成立推动"一带一路"教育行动计划领导小组，制订有关工作制度。

（二）完善经费保障

积极争取国家有关部门的政策与资金支持。各校根据本校实际在年度预算安排经费支持项目落实、运转。支持通过多元化渠道募集资金，资助人员交流、课程改革、科学研究、国际会议、出版发行等国际化相关项目。

（三）营造良好氛围

加强对"一带一路"教育行动计划的宣传力度，进一步统一思想，提高认识，加强与沿线国家主流媒体和华文媒体的战略合作，创新宣传方式，利用广播、电视、报刊、网络等媒体，开展全方位、多渠道的宣传，为广东参与"一带一路"教育行动计划营造良好氛围。鼓励高校参与、开展国际论坛和专题宣传推介活动，提升广东参与"一带一路"教育行动计划的综合影响力。

（四）狠抓贯彻落实

各市各高校要根据本行动计划，结合本地本校实际和特色，抓紧制订实施方案，提出2018—2020年与"一带一路"沿线国家交流合作的重点项目，同时完善工作责任制，实行全程跟踪督办。2018年12月31日前将实施方案报送我厅。